学术引领系列

国家科学思想库

中国学科发展战略

土木工程与工程力学

国家自然科学基金委员会
中 国 科 学 院

科 学 出 版 社
北 京

图书在版编目（CIP）数据

土木工程与工程力学/国家自然科学基金委员会，中国科学院编.
—北京：科学出版社，2017.1
（中国学科发展战略）
ISBN 978-7-03-050750-1

I. ①土… II. ①国… ②中… III. ①土木工程–学科发展–发展战略–中国
②工程力学–学科发展–发展战略–中国 IV. ①TU-12②TB12-12

中国版本图书馆CIP数据核字（2016）第280121号

丛书策划：侯俊琳 牛 玲
责任编辑：侯俊琳 杨婵娟 吴春花 / 责任校对：李 影
责任印制：赵 博 / 封面设计：黄华斌 陈 敬

科学出版社 出版
北京东黄城根北街16号
邮政编码：100717
http://www.sciencep.com
北京凌奇印刷有限责任公司印刷
科学出版社发行 各地新华书店经销
*
2017年1月第 一 版 开本：720×1000 1/16
2025年2月第六次印刷 印张：14 3/4
字数：297 000
定价：75.00元
（如有印装质量问题，我社负责调换）

中国学科发展战略

中国学科发展战略·土木工程与工程力学

项　目　组

组　　长：程耿东

成　　员：（以姓氏拼音为序）

陈祖煜　杜修力　赖远明　李　刚　李宏男

李　杰　茹继平　宋振骐　杨迪雄　詹世革

钟万勰

学术秘书：杨迪雄

编　写　组

组　　长：程耿东

主要成员：杨迪雄　李　刚

总 序

白春礼　杨　卫

17 世纪的科学革命使科学从普适的自然哲学走向分科深入，如今已发展成为一幅由众多彼此独立又相互关联的学科汇就的壮丽画卷。在人类不断深化对自然认识的过程中，学科不仅仅是现代社会中科学知识的组成单元，同时也逐渐成为人类认知活动的组织分工，决定了知识生产的社会形态特征，推动和促进了科学技术和各种学术形态的蓬勃发展。从历史上看，学科的发展体现了知识生产及其传播、传承的过程，学科之间的相互交叉、融合与分化成为科学发展的重要特征。只有了解各学科演变的基本规律，完善学科布局，促进学科协调发展，才能推进科学的整体发展，形成促进前沿科学突破的科研布局和创新环境。

我国引入近代科学后几经曲折，及至上世纪初开始逐步同西方科学接轨，建立了以学科教育与学科科研互为支撑的学科体系。新中国建立后，逐步形成完整的学科体系，为国家科学技术进步和经济社会发展提供了大量优秀人才，部分学科已进入世界前列，有的学科取得了令世界瞩目的突出成就。当前，我国正处在从科学大国向科学强国转变的关键时期，经济发展新常态下要求科学技术为国家经济增长提供更强劲的动力，创新成为引领我国经济发展的新引擎。与此同时，改革开放 30 多年来，特别是 21 世纪以来，我国迅猛发展的科学事业蓄积了巨大的内能，不仅重大创新成果源源不断产生，而且一些学科正在孕育新的生长点，有可能引领世界学科发展的新方向。因此，开展学科发展战略研究是提高我国自主创新能力、实现我国科学由“跟跑者”向“并行者”和“领跑者”转变的一项基础工程，对于更好把握世界科技创新发展趋势，发挥科技创新在全面创新中的引领作用，具有重要的现实意义。

学科发展战略研究的核心是结合科学技术和经济社会的发展需求，在分析科学前沿发展趋势的基础上，寻找新的学科生长点和方向。在这个过程中，战略科学家的前瞻引领作用十分重要。科学史上这样的例子比比皆是。在1900年8月巴黎国际数学家代表大会上，德国数学家戴维·希尔伯特发表了题为“数学问题”的著名讲演，他根据过去特别是19世纪数学研究的成果和发展趋势，提出了23个最重要的数学问题，即“希尔伯特问题”。这些“问题”后来成为许多数学家力图攻克的难关，对现代数学的研究和发展产生了深刻的影响。1959年12月，美国物理学家、诺贝尔奖得主理查德·费曼在加利福尼亚理工学院举行的美国物理学会年会上发表了题为《物质底层大有空间——一张进入物理新领域的请柬》的经典讲话，对后来出现的纳米技术作出了天才的预见。

学科生长点并不完全等同于科学前沿，其产生和形成不仅取决于科学前沿的成果，还决定于社会生产和科学发展的需要。1841年，佩利戈特用钾还原四氯化铀，成功地获得了金属铀，可在很长一段时间并未能发展成为学科生长点。直到1939年，哈恩和斯特拉斯曼发现了铀的核裂变现象后，人们认识到它有可能成为巨大的能源，这才形成了以铀为主要对象的核燃料科学的学科生长点。而基本粒子物理学作为一门理论性很强的学科，它的新生长点之所以能不断形成，不仅在于它有揭示物质的深层结构秘密的作用，而且在于其成果有助于认识宇宙的起源和演化。上述事实说明，科学在从理论到应用又从应用到理论的转化过程中，会有新的学科生长点不断地产生和形成。

不同学科交叉集成，特别是理论研究与实验科学相结合，往往也是新的学科生长点的重要来源。新的实验方法和实验手段的发明，大科学装置的建立，如离子加速器、中子反应堆、核磁共振仪等技术方法，都促进了相对独立的新学科的形成。自20世纪80年代以来，具有费曼1959年所预见的性能、微观表征和操纵技术的仪器——扫描隧道显微镜和原子力显微镜终于相继问世，为纳米结构的测量和操纵提供了“眼睛”和“手指”，使得人类能更进一步认识纳米世界，极大地推动了纳米技术的发展。

作为国家科学思想库，中国科学院（以下简称中科院）学部的基本职责和优势是为国家科学选择和优化布局重大科学技术发展方向提供科学依据、发挥学术引领作用，国家自然科学基金委员会（以下简称基金委）则承担着协调学科发展、夯实学科基础、促进学科交叉、加强学科建设的重大责任。继基金委和中科院于2012年成功地联合发布“未来10年中国学科发展战略研究”报告之后，双方签署了共同开展学科发展战略研究的长期合作协议，通过联合开展学科发展战略研究的长效机制，共建共享国家科学思想库的研究咨询能力，切实担当起服务国家科学领域决策咨询的核心作用。

基金委和中科院共同组织的学科发展战略研究既分析相关学科领域的发展趋势与应用前景，又提出与学科发展相关的人才队伍布局、环境条件建设、资助机制创新等方面的政策建议，还针对某一类学科发展所面临的共性政策问题，开展专题学科战略与政策研究。自2012年开始，平均每年部署10项左右学科发展战略研究项目，其中既有传统学科中的新生长点或交叉学科，如物理学中的软凝聚态物理、化学中的能源化学、生物学中生命组学等，也有面向具有重大应用背景的新兴战略研究领域，如再生医学、冰冻圈科学、高功率高光束质量半导体激光发展战略研究等，还有以具体学科为例开展的关于依托重大科学设施与平台发展的学科政策研究。

学科发展战略研究工作沿袭了由中科院院士牵头的方式，并凝聚相关领域专家学者共同开展研究。他们秉承“知行合一”的理念，将深刻的洞察力和严谨的工作作风结合起来，潜心研究，求真唯实，“知之真切笃实处即是行，行之明觉精察处即是知”。他们精益求精，“止于至善”，“皆当至于至善之地而不迁”，力求尽善尽美，以获取最大的集体智慧。他们在中国基础研究从与发达国家“总量并行”到“贡献并行”再到“源头并行”的升级发展过程中，脚踏实地，拾级而上，纵观全局，极目迥望。他们站在巨人肩上，立于科学前沿，为中国乃至世界的学科发展指出可能的生长点和新方向。

各学科发展战略研究组从学科的科学意义与战略价值、发展规律和研究特点、发展现状与发展态势、未来5～10年学科发展的关键科学问题、发展思路、发展目标和重要研究方向、学科发展的有效资助机制与政策建议等方面进行分析阐述。既强调学科生长点的科学意义，也考虑其重要的社会价值；既着眼于学科生长点的前沿性，也兼顾其可能利用的资源和条件；既立足于国内的现状，又注重基础研究的国际化趋势；既肯定已取得的成绩，又不回避发展中面临的困难和问题。主要研究成果以“国家自然科学基金委员会—中国科学院学科发展战略”丛书的形式，纳入“国家科学思想库—学术引领系列”陆续出版。

基金委和中科院在学科发展战略研究方面的合作是一项长期的任务。在报告付梓之际，我们衷心地感谢为学科发展战略研究付出心血的院士、专家，还要感谢在咨询、审读和支撑方面做出贡献的同志，也要感谢科学出版社在编辑出版工作中付出的辛苦劳动，更要感谢基金委和中科院学科发展战略研究联合工作组各位成员的辛勤工作。我们诚挚希望更多的院士、专家能够加入到学科发展战略研究的行列中来，搭建我国科技规划和科技政策咨询平台，为推动促进我国学科均衡、协调、可持续发展发挥更大的积极作用。

前 言

本书开展土木工程与工程力学学科发展战略的研究，重点是土木工程和工程力学的交叉领域。这一领域的研究成果和技术进步直接服务于我国重大基础设施的建设和安全服役。改革开放以来及今后相当长的一个时期，我国经济建设处于高速及中高速发展阶段，大规模基础设施建设已经并将在相当长的时间内持续地蓬勃发展。这些大规模基础设施的建设和安全服役对于提高国家综合实力、改善民生、发展经济，以及全面建成小康社会具有非常重要的意义。

土木工程是一门工程学科，主要研究人类社会生产、生活及国防中基础设施建设有关的工程与科学问题。各类不同的基础设施有不同的功能要求，土木工程学科的重点是从理论和技术上确保在各种可能出现的环境荷载下基础设施的完整性，以支撑基础设施满足其功能需求。工程力学、工程材料、工程实验、计算科学等学科或学科分支是土木工程的支撑学科。土木工程的实践和学科发展已有悠久的历史，从各种土木工程材料到各类结构，从设计施工监控到维护，国内外都有大量的规范/规程可以或必须遵循。但是，一是随着新结构、新材料、超规范/规程工程的出现，需要不断研究新理论和方法；二是由于环境的变化或社会对基础设施需求的变化，已有的规范/规程仍然需要不断地修改与完善。这些都推动着土木工程学科的发展。

力学是关于力、运动及其关系的科学，主要研究介质运动、变形、流动的宏微观行为，揭示力学过程及其与物理、化学、生物学等过程的相互作用规律。工程力学是力学与工程结合的学科分支，针对工程技术和科学中的力学问题，研究其理论、方法和应用，在土木工程、水利工程、海洋工程、交通工程、机械工程、航空航天工程、材料工程等工程科学中都起着支撑作用，是这些学科的基础学科之一。

《中国学科发展战略·土木工程与工程力学》着重围绕我国经济建设和社会可持续发展对该学科的重大需求，论述了学科领域的科学意义与战略价值。遵照学科发展的自身规律和基础研究的特点，把握世界范围内土木工程与工程力学学科的前沿、动态，以及信息化、智能化的时代特征，研究了该领域发展的中长期趋势和新方向，调查了解了我国土木工程实践与科技工作者在相应学科领域研究中的贡献和地位。结合我国国民经济和国防建设的重大需求，综合本领域一批科技工作者的意见，对学科前沿重大科学问题、重大战略方向和资助机制提出了建议。从六个方面探讨了土木工程与工程力学学科的重点发展方向，包括：城市化进程中的基础设施建设；能源需求牵动的土木工程；重大基础设施的防灾减灾；可持续发展的土木工程；土木工程信息化和数字化；土木工程中的工程力学。

中国科学院技术科学部于2011年1月启动了“土木工程与工程力学学科发展战略研究”项目，2013年1月该项目被立为国家自然科学基金委员会和中国科学院联合资助的发展战略研究项目。项目组由来自大连理工大学、国家自然科学基金委员会、中国科学院、中国水利水电科学研究院、同济大学、北京工业大学、山东科技大学等单位长期从事土木工程与工程力学领域分支学科研究的著名专家和中青年学者组成。在“土木工程与工程力学学科发展战略研究”项目执行期（2011年1月～2015年12月），我们对相关领域内国家自然科学基金项目资助情况、国家重点基础研究发展计划（973计划）等发布的研究指南和有关的项目申请，以及国家科技奖励获奖情况，进行了一定的调研；参加或旁听了中国工程院和中国科学院组织的多个相关论坛；和大连理工大学图书馆专家合作，调研了国内外相关重要期刊和出版物的近期出版情况。

在“土木工程与工程力学学科发展战略研究”项目的研讨、报告撰写和修改过程中，得到了我国相关领域的众多院士、专家的鼎力支持和帮助。我们召开了多次土木工程与工程力学学科发展战略研讨会，与会专家在研讨会上提出了宝贵、中肯的意见与建议；邀请了一批相关专家，特别是一批973计划项目首席科学家提供相关资料，撰写或修改了战略研究报告的部分内容；各部分的内容先后分送给了相关专家审阅。专家为《中国学科发展战略·土木工程与工程力学》的撰写、修改和审阅付出了心血和智慧，对提高研究报告的质量做出了重要贡献。在本报告的编写过程中，杨迪雄教授投入了大量的精力执笔和审阅，李刚教授执笔了部分文稿。

由于土木工程与工程力学学科发展战略研究覆盖的内容浩瀚如海，项目组人员知识和视野有限，不足之处敬请读者批评指正。

程耿东

2016年6月

摘 要

土木工程是一门工程学科，主要研究人类社会生产、生活及国防中基础设施建设有关的工程与科学问题。各类不同的基础设施有不同的功能要求，土木工程学科的重点是从理论和技术上确保在各种可能出现的环境荷载下基础设施的完整性，以支撑基础设施满足其功能需求。工程力学、工程材料、工程实验、计算科学等学科或学科分支是土木工程的支撑学科。土木工程理论与应用发展到今天，从各种土木工程材料到各类结构，从设计施工监控到维护，国内外都有大量的规范/规程可以或必须遵循。但是，一是随着新结构、新材料、超规范/规程工程的出现，需要不断研究新理论和方法；二是由于环境的变化或社会对基础设施需求的变化，已有的规范/规程仍然需要不断地修改与完善。这些都推动着土木工程学科的发展。

力学是关于力、运动及其关系的科学，主要研究介质运动、变形、流动的宏、微观行为，揭示力学过程及其与物理、化学、生物学等过程的相互作用规律。工程力学是力学与工程结合的学科分支，针对工程技术和科学中的力学问题，研究其理论、方法和应用，在土木工程、水利工程、海洋工程、交通工程、机械工程、航空航天工程、材料工程等工程科学中都起着支撑作用，是这些工程学科的基础学科之一。

工程力学覆盖了非常广泛的问题，不同的工程领域关注不同的力学问题。本报告提及的工程力学是指与土木工程基础设施建设有关的力学理论、方法与试验，而不涉及航空航天工程、船舶工程等学科中的薄壁结构力学、空气动力学、水动力学等内容。因此，本报告探讨“土木工程及其工程力学学科”的发展战略，但为了表述简洁，这里采用“土木工程与工程力学学科”的名称。

实际上，土木工程和工程力学在历史的进程中，不仅在各自的学科领域独立发展，而且一直在一些共同耕耘的领域相互支持、协同发展。混凝土结构的强度提高、开裂防治、破坏机理和防控问题的解决依赖于固体力学强度理论、本构理论和断裂力学、损伤力学理论，有限元理论和计算力学的发展不仅为土木工程界提供了复杂结构力学响应分析、破坏模拟的强大工具，并且彻底改变了土木工程结构设计、施工和运行管理的局面。土木工程发展中提出的一系列科学问题也为工程力学提供了知识创新的素材和动力，以及理论验证的平台，并且丰富和扩展了工程力学的学科内涵和知识范围。地震工程和风工程的发展需求大大推进了结构动力学、空气动力学、随机振动理论的深入发展，而结构动力学、空气动力学和随机振动理论的纵深发展带动了地震工程和风工程的内涵提升。在工程结构分析方面，土木工程和工程力学学者都为以有限元方法为代表的计算力学发展和应用做出了重要而不可或缺的贡献。

在我国国民经济和国防建设中，大量的投资用于土木工程，包括建筑工程、道路桥梁和交通工程、港口和海洋工程结构、隧道和各类地下工程、水利水电核能风能等基础设施建设。随着国家综合实力的提高，拟建和在建的重大工程规模、数量和资金投入量之大是空前的，在世界范围处于领先地位。截至 2015 年，世界上高度前 10 位的高层建筑，我国有 6 座；世界上跨度最大的 10 座斜拉桥，我国有 7 座；世界上跨度最大的 10 座悬索桥，我国有 5 座。截至 2015 年，我国高速铁路运营总里程达到 1.9 万千米，位居世界第一；我国高速公路总里程达到 11.8 万千米，也居世界第一。近年来，我国相继制定了一系列重大能源和资源基础设施、交通基础设施和城市大型建筑等重大工程建设规划，如“西电东送”“西气东输”和“7918”国家高速公路网等。未来 20 ～ 30 年仍是我国大规模基础设施建设的高峰期，重大工程建设将是基础设施建设中的难点和重点任务。这些基础设施的建设质量及它们的经济性、安全性和耐久性对于我们社会高速、稳定和持续发展至关重要，是我国经济发展和社会进步的重要方面。

我国这些重大工程设施，规模之宏大、数量之众多、环境介质之复杂是人类历史上前所未有的，它们对土木工程科学与技术提出了严峻的挑战，其成功建设和安全运行将高度体现我国科学和技术的发展水平。抓住我国大规模工程建设的历史机遇，结合国家重大需求开展原创性研究，我国学者应该力争也一定会在工程设计、建设与维护理论和工程力学等方面的方法和理论上取得突破性、标志性成果，在新方法、新技术的发展上有更多的贡献，在世界土木工程和工程力学界具有更高的地位和影响力。

“土木工程与工程力学学科发展战略研究”项目的覆盖范围是土木工程和工程力学的交叉领域。这一领域的研究成果直接服务于我国重大基础设施建设和安全服役。我国正在努力实现全面建成小康社会的目标，在这一特定的历史发展阶段，大规模的重大基础设施建设是一个时代特征，也是国家实现现代化的一个重要基础。

《中国学科发展战略·土木工程与工程力学》着重围绕我国经济建设和社会发展对该学科的重大需求，论述了学科领域的科学意义与战略价值。遵照学科发展的自身规律和基础研究的特点，把握世界范围内土木工程与工程力学学科的前沿、动态，以及信息化、智能化的时代特征，研究了该领域发展的中长期趋势和新方向，调查了解了我国土木工程实践与科技工作者在相应学科领域研究中的贡献和地位。结合我国国民经济和国防建设的重大需求，综合本领域一批专家学者的意见，对学科前沿重大科学问题、重大战略方向和资助机制提出了建议。本项目主要研究土木工程与工程力学学科的发展战略，可为该学科领域的发展提供重要的参考。

综合分析当前形势和前瞻未来发展，土木工程与工程力学学科的国际研究前沿和基本发展趋势表现在以下诸方面。

1. 从单一学科领域研究到多学科综合研究的发展

工程结构安全研究已从传统的以力学为核心的研究发展到以力学为基础，融合材料学、数学、物理学、信息技术乃至生物科学多方位综合的研究格局。非线性、多尺度、多场耦合、纳米科学、生物技术等日益成为土木工程与工程力学学科共同关注的焦点。

2. 从单一灾害研究向多种灾害、多重风险综合研究的发展

进入21世纪，从20世纪50年代的地震工程学、70年代的风工程学、90年代的火灾工程学，逐步自觉地发展为考虑多种灾害、多重风险的研究格局。

3. 从确定性设计理念向考虑不确定性的工程决策发展

工程中存在的各种不确定性及其所引发的风险，日益得到国际学术界、技术界与公共社会的关心，深入研究各类不确定性的表征、量化和传播规律，基于可靠性分析和风险评估进行重大工程决策正在世界范围内达成共识。

4. 从对工程安全极限状态的关注向综合考虑工程全寿命服役功能发展

大规模的工程建设高潮之后，以综合考虑工程全寿命服役功能的基础研究、实现基于性能的工程全寿命设计成为过去20年国际工程科学学术前沿的鲜明标志。

5. 信息与智能技术在工程建设领域引发一系列新研究方向

基于图像的实验测量技术、结构控制与健康监测、智能建筑、智慧城市、智能工程、工程数字化设计与运行、建筑信息建模（building information modeling，BIM）技术应用等，不断形成全新的研究方向。

6. 对工程建设的社会效应研究开始走向工程科学研究前沿

重大基础设施建设和安全服役直接关系民生和社会安全，将工程、技术、经济和社会等因素加以综合，进行自然科学与社会科学层面的综合研究开始走向国际学术舞台前沿。

《中国学科发展战略·土木工程与工程力学》着重面向我国国民经济建设和社会可持续发展的重大需求及信息化、智能化的时代潮流，结合学科前沿和发展趋势，围绕我国基础设施建设的实践和发展需求来探讨土木工程与工程力学学科发展面临的挑战与机遇。按照这样的视角和理解，本书从以下六个方面来探讨土木工程与工程力学学科的重点发展方向。

1. 城市化进程中的基础设施建设

人类社会已经进入“城市世纪”。如何应对快速城市化、贫困、资源与环境等方面的挑战将在很大程度上决定着世界的未来。在应对这些挑战时，大规模的基础设施建设起着关键的作用。城市化是发展中国家向发达国家发展过程中的必然趋势。发展中国家的城市化呈现出明显的人口向中心城市集聚的趋势，出现了城市连绵区和巨型区域。但是，城市和城市连绵区发展到一定阶段会产生很多问题，概括为“城市病”。世界城镇化面临的这些问题使得新时期的城镇化正处在结构转型的关键时期，发达国家绿色城市化和新的城乡统筹模式探求成为新的趋势。中国也在适应时代的需要，大力推进基于可持续性理念的新型城市化战略，以城市群、网络化城市为未来城镇化进一步推进的主体形态，即通过现代化的交通、通信体系，把一个区域内的特大城市和中小城市整合起来，形成城市网络，并通过城市间基础设施一体化实现大中小城市的“同城化”。在这一过程中，一大批超高层建筑、超大跨结构、城市地下交通及城市间交通、供电供气供水及通信等基础设施在我国各地建成或正在建设，其对设计、建设和维护提出了大量的科学和技术问题，解决这些问题对于国家经济发展和社会稳定具有十分重要的意义，也是社会可持续发展的科学基础。此方面的主要研究方向包括：超高层和超大跨等重大工程结构的全寿命设计；城市地下交通、地下工程和城市间交通工程（包括高铁、地铁等轨道交通及隧道、大型地下空间）的施工建设和服役中的安全性和可靠性。

2. 能源需求牵动的土木工程

自 2011 年，我国已经超过日本成为继美国之后的第二大经济强国。根据 2013 年 7 月发布的《2013 年 BP 世界能源统计年鉴》（*BP Statistical Review of World Energy June 2013*），从 2009 年开始，中国一次能源消费量连续 4 年位居世界第一。2014 年 2 月 24 日，国家统计局发布《2013 年国民经济和社会发展统计公报》，经初步核算，2013 年全年能源消费总量为 39 亿吨标准煤，比 2012 年增长 3.7%。能源问题已经成为制约我国经济、社会更好更快发展的瓶颈。没有有效的能源供给，一切发展设想都是空谈。能源作为国民经济的基础产业，必须得到优先发展。目前，水电、核电和风电等洁净新能源是能源产业的重要组成部分。高效开发水电、核电和以海洋能源、风电为代表的新能源的基础设施建设，离不开土木工程学科的支撑。面对洁净能源开发的强烈需求，亟待深入研究这些土木工程中特有的科学和技术问题。此方面的主要研究方向包括：水利水电工程建设；核能设施建设；新能源开发的基础设施建设。

3. 重大基础设施的防灾减灾

2000～2009年，全球范围内发生的自然灾害与前一个10年相比并无显著异常，然而因灾害造成的损失却比前一个10年增加了两倍，比20世纪60年代的10年增加了近14倍。灾害所造成的人员伤亡、经济损失和社会震荡也愈来愈严重。自然灾害严重威胁着国民经济和社会的可持续发展，而且由于我国是人口大国，很多偏远地区，包括一些偏远的人口密集区，建筑物的设计施工与维护质量偏低，各类灾害造成的人员伤亡和对城市威胁的风险程度往往要高于其他国家。环视世界各地近年发生的一系列地震，世界各地地震灾害造成的人员伤亡和地震级别的关系，与这些地区的经济社会发展水平和国家管理能力密切相关。虽然很多地震的震级接近，但在我国发生时，造成的经济损失和人员伤亡一般都远高于发达国家和很多发展中国家。这深刻地说明防灾减灾在我国城市化进程和全面建成小康社会中的重要性和迫切性。近年来，反恐、防恐受到政府和社会的高度重视，密集的人口活动区及相应建筑的安保措施需要予以特别关注。此方面的主要研究方向包括：地震灾变与防灾减灾；风致灾变与防灾减灾；工程地质灾害的控制与防御；工程结构的非比例破坏和连续倒塌；火致灾变与防灾减灾；爆炸冲击灾变与防灾减灾；各类环境荷载作用与重大工程结构及其体系的抗灾减灾。

4. 可持续发展的土木工程

我国人口众多，是资源和能源消耗大国，同时环境污染和生态破坏十分严重。土木工程与建筑是人类赖以生存和开展生产活动的场所，也是人类消耗资源最主要的方式。土木工程为社会可持续发展提供解决方案和技术支撑，土木工程自身建设和运行的节能减排，是可持续发展的土木工程的重要方向。重大土木工程基础设施的建设和运行在为我国国民经济发展提供重要基础的同时，也在大量消耗能源和资源。研究长寿命结构材料和可循环利用的土木工程材料，发展高性能、自修复和自集能的可控工程结构和工程系统，建立综合全寿命期内的安全性、舒适性、耐久性、可持续性和经济性平衡的全寿命设计理论与控制原理，在满足国民经济发展需求的同时，节约资源，实现社会可持续发展的战略目标，是当前土木工程学科面临的重要课题，有力地推动着土木工程的可持续发展。此方面的主要研究方向包括：高性能结构体系；高性能和可再生材料；重大工程结构的性能设计；大型结构健康监测与安全评定；重大结构的寿命预测和风险分析。

5. 土木工程信息化和数字化

信息技术的飞速发展，使得信息采集、传输、储存、处理和解释的容量、速度、可靠度大幅度提升。任何学科、技术和工业部门，搭上信息技术的快车就可实现一系列的创新和突破。土木工程和信息化的深度融合必将推动土木工程的跨越式发展，在设计、施工和服役的各个阶段，这样的融合都将带来全新的机遇，有力地推动各个方面、不同层次的创新。当前，科学和工程研究已经由传统的理论和实验两类基本方法发展到了以理论、实验和计算为三大支柱的研究体系。结构分析和设计软件是工程设计的基础。将工程技术中的科学与技术问题定量化和数字化，采用先进的数值模拟技术，为设计人员提供高效低成本的软件工具，是发展的大趋势。近年来，尽管我国在科研基金资助和规划布局方面对数值仿真和工程分析软件比过去有了更多的支持和关注，但要改变多年形成的被动局面需要时间，需要投入，更需要发展具有自主知识产权的软件的共识。数值模拟和物理实验的关系一直受到科技和工程界的高度关注。由于人类的活动范围和视野的不断扩大，对工程分析、设计和建造的要求越来越高，需要进行物理实验（包括实验室试验和现场实测）的新问题不断涌现。然而，我们看到过去需要依靠实验才能进行的研究和设计，越来越多地被计算模拟所代替。信息化、数字化的大趋势，反映在和计算科学紧密结合的实验技术的迅猛发展，如基于重大土木工程结构健康监测技术的数据信息和不确定性研究与结构安全服役管理和风险评估，以及基于数字图像信息的结构位移、变形、应力和振动等的实验研究方面。信息化、数字化的大趋势，还反映在土木工程施工、建设和运行管理的数字化，包括近几年受到很多关注的基于分布式处理、并行处理、网格计算和“云计算”的工程管理系统及建筑信息建模综合管理系统。此方面的主要研究方向包括：可信性结构分析和数字化设计；基于数值模拟和信息化的先进实验技术；高性能计算环境下的数值模拟。

6. 土木工程中的工程力学

基础设施建设中的工程力学对于认识自然规律、支撑重大工程设计和建设及安全服役具有重要意义。大型复杂土木工程结构的设计和非线性性能分析的核心和根本基础是环境荷载的定量化描述、土木工程材料本构理论和破坏准则、结构静动力性能和承载能力、失效模式和失效判据。面对工程中荷载特性、材料结构物理和几何参数实际存在的大量不确定性因素，不确定性结构力学有助于准确把握和分析重大工程的力学行为、静动力响应和可靠性。从材料的纳观和微观层次特性，到构件的宏观层次行为，再到整个大型结构的力学性能分析，需要加强结构多尺度力学理论和方法的深入研究。另外，随着水利、港口、近海工程的大规模建设，与之有关的工程流体力学面临新的挑战与发展机遇，而高耸建筑、大跨或跨海桥梁工程、海洋油气资源开发和风电等新能源开发涉及复杂的流固耦合力学问题。对工程结构的力学和多学科耦合性能更为准确的模拟，以及设计和分析的一体化催生了新的计算力学方法，如等几何分析、无网格法、光滑有限元法等，而岩土力学的研究需要发展高性能的离散元方法。而且，在全球产业发展的节能低碳、绿色可持续发展的理念下，结构优化理论在重大工程全寿命抗灾性能设计和安全服役中扮演着不可或缺的角色。此方面的主要研究方向包括：工程材料的本构理论和破坏准则；极端条件下结构的失效和灾变；不确定性结构力学；工程流体力学；流固耦合力学；多尺度力学与跨尺度关联；计算力学；工程结构优化。

Abstract

Civil engineering is a branch of engineering discipline, and mainly studies the engineering and scientific problems in the infrastructure construction for the production, livelihood and national defense of human society. Various kinds of civil infrastructure have different functional requirements. The key of scientific research of civil engineering is to ensure the integrity of civil infrastructure under various environment loads both theoretically and technically, so as to support the infrastructure to meet the functional requirements. Engineering mechanics, engineering materials, engineering experiment and computational science etc. are the supporting disciplines of civil engineering. The practice and disciplinary development of civil infrastructure had a long history. Currently, from diverse civil engineering materials to various kinds of structures, from design, construction and monitoring to maintenance, there are lots of engineering standards and specifications at home and abroad which can be or must be complied . However, along with the emergence of new structures, new materials, transcendent-standard and transcendent-specification engineering, new theories and new methodologies need to be studied constantly. Moreover, because of environment change or the change of societal demand for civil infrastructure, the existing standards and specifications need to be revised and improved continuously. These promote the development of civil engineering discipline.

Mechanics is the science about the force, movement and their relation, which mainly studies the macrocosmic and microcosmic behaviors of media movement, deformation and flow, and reveals the law of mechanical process and interaction law between the mechanical process and the physical, chemical and biological process and so on. Further, engineering mechanics is a disciplinary branch combining the mechanics with engineering science, which aims at the mechanics problems in engineering technology and science, and investigates the associated theory, method and application. It plays a supporting role in engineering sciences such as civil engineering, hydraulic engineering, ocean engineering, transport engineering, mechanical engineering, aerospace engineering, materials engineering etc., and is one of basic subjects of them.

Engineering mechanics covers a very broad range of problems, and different engineering field focuses on different mechanical problem. The engineering mechanics mentioned in this research report refers to the mechanical theory, method and experiment related to the construction of civil infrastructure, and does not involve the contents of thin-walled structural mechanics, aerodynamics and hydrodynamics etc. in aerospace engineering, ship engineering and other disciplines. Therefore, this research report investigates the development strategy of "Civil Engineering and Its Engineering Mechanics" discipline, but herein adopts the name of "Civil Engineering and Engineering Mechanics" discipline in order to express concisely.

Actually, in the historic progress civil engineering and engineering mechanics not only develop independently in their own fields, but also support mutually and develop coordinately in some common fields of cultivation. The solution of problems such as strength improvement, prevention and treatment of concrete cracking, failure mechanism and its prevention and control of concrete structures depends on the strength theory, constitutive theory, fracture mechanics and damage mechanics theory of solid mechanics. Meanwhile, the development of finite element theory and computational mechanics provides a powerful tool to the mechanical response analysis and failure simulation of complex construction for civil engineering community, and completely changes the situation of design, construction and operation management of civil engineering structures. A series of scientific problems arising from the development of civil engineering offer engineering mechanics the material and impetus of knowledge innovation and a platform of theoretical verification, and also enrich and expand the discipline connotation and knowledge range of engineering mechanics. The development demand of earthquake engineering and wind engineering greatly promotes the further development of structural dynamics, aerodynamics, and random vibration theory, while the deep development of the latter in turn expedites the connotation enhancement of the former. With respect to engineering structure analysis, both civil engineering and engineering mechanics scholars have made significant and indispensable contribution to the development and application of computational mechanics with the finite element method as a representative.

In our national economy and defense construction, numerous capital are invested to civil engineering, including building engineering, road, bridge and transport engineering, port and ocean engineering structure, tunneling and various underground engineering, water resources and hydropower engineering, nuclear and wind energy engineering etc. infrastructure construction. With the enhancement of overall national strength, the scale, quantity and capital investment of major engineering proposed and under construction are unprecedented, in a leading position in the world. Untill 2015, our country has 6 buildings among the top 10 ultra high-rise buildings around the world, while 7 of 10 cable-stayed bridges and 5 of 10 suspension bridges with the largest span in the world lie in our country. By 2015, the total running mileage of high-speed rail of our country ranks first in the world, as well as that of expressway, achieving 19,000 and 118,000 kilometers, respectively. In recent years, our country successively formulates a series of major engineering construction plans on major energy and resources infrastructure, transportation infrastructure and urban large-scale buildings etc., such as "West-East Electricity Transmission Project", "West-East Gas Transmission Project" and "7918 National Expressway Network" and so on. Therefore, the next 20-30 years will still be the peak period of large-scale infrastructure construction of China, and the difficult and important task of it is the major engineering construction. The construction quality, economy, safety and durability of these infrastructures possess crucial significance to the high-speed, stable and sustainable development of our society, and are important aspects of our economic development and social progress.

For these major engineering infrastructures in our country, the grand scale, quantity, and complicated environmental media are unprecedented in human history, which put forward severe challenges to the civil engineering science and technology, and the successful construction and safe operation of which will highly embody the development level of science and technology of our country. Seizing the historic opportunity of large-scale engineering construction in our country, and integrating with national major demands to conduct original research, our scholars should strive to and also will be certain to attain breakthrough and landmark achievements of methodology and theory in aspects of engineering design, construction and maintenance theory, and engineering mechanics etc., make more contribution to the development of new method and technology, and gain higher status and influence in the civil engineering and engineering mechanics community of the world.

The project of the disciplinary development strategic study of civil engineering and engineering mechanics covers the interdisciplinary intersections of civil engineering and engineering mechanics. The research results of this field directly serve for the construction and safe operation of great civil infrastructures in our country. Our country is striving to attain the goal of building well-off society comprehensively. In the specific historical development stage, large-scale infrastructure construction is a characteristic of the times, and is also an important foundation of national modernization.

The study of this project on disciplinary development strategy of civil engineering and engineering mechanics can provide important reference for the development of discipline field. The *China's Strategies for the Development of Academic Disciplines*: *Civil Engineering and Engineering Mechanics* emphatically focuses on the grand demand of China's economic construction and social development on this discipline, and discusses the scientific significance and strategic value in the field of discipline. In accordance with the intrinsic regulation of disciplinary development and feature of basic research, this project grasped the international academic frontier and trend, the time characteristics of informatization and intelligentization in the field of civil engineering and engineering mechanics around the world, and studied the medium and long term tendency and new directions of development in this field. Moreover, the contribution and status of civil engineering practices and professionals of China in the corresponding disciplinary field were investigated. Combining with the great needs of national economy and defense construction in our country, and considering the suggestions of a group of experts and scholars in the field, some important scientific problems and strategic directions of disciplinary frontier as well as funding mechanism were suggested.

Comprehensively analyzing current situation and prospecting future development, the international research frontier and basic trend of civil engineering and engineering mechanics discipline are represented in the following aspects:

1. Development from single-discipline to multi-disciplinary comprehensive research

The research on safety of engineering structures has developed from traditional research centering on mechanics to the multi-dimensional comprehensive research pattern, which is based on mechanics and blends materials science, mathematics, physics, information technology and even biological science. Nonlinearity, multi-scale, multi-field coupling, nanoscience and biotechnology etc. increasingly become common focus of interest of civil engineering and engineering mechanics.

2. Development from single disaster to multi-disaster and multi-risk comprehensive research

Entering the 21st century, the earthquake engineering in the 1950s, wind engineering in the 1970s and fire engineering in the 1990s are gradually and consciously developed into a research pattern with considering multi-disaster and multi-risk.

3. Development from deterministic design concept to engineering decision under uncertainty

Various uncertainties existing in engineering and the resulting risk increasingly attract the concern of international academic, technical community and public society. It is becoming a consensus around the world to deeply study the representation, quantization and propagation law of various uncertainties, and to make decision about major engineering based on the reliability analysis and risk assessment.

4. Development from focusing on limit state of engineering safety to comprehensively considering life-cycle service function

After a climax of large-scale engineering construction, the distinct symbol of academic frontier of international engineering science over the past 20 years is the basic research comprehensively considering engineering life-cycle service function and the performance based engineering life-cycle design.

5. Information and intelligence technology trigger a series of new research directions in the field of engineering construction

Experimental measurement technique based on image, structural control and health monitoring, intelligent building, smart city, intelligence engineering, digital design and operation of engineering, and application of BIM (building information modeling) technology etc. constantly form new research directions.

6. Research on the social effect of engineering construction begins to move toward the frontier of engineering science

For the major infrastructure construction and safe operation is directly related to people's livelihood and social safety, it is beginning to move forward the international academic front stage to combine with engineering, technology, economy and society and so on, and to make comprehensive research of natural science and social science.

The *China's Strategies for the Development of Academic Disciplines: Civil Engineering and Engineering Mechanics* emphasizes the great needs of national economic construction and social sustainable development in our country and time tide of informatization and intellectualization, and combines the academic frontier and development tendency, as well as focuses on the engineering practices and development demands of infrastructure construction to discuss the challenge and opportunity faced by disciplinary development of civil engineering and engineering mechanics. According to such perspective and understanding, this report expounds the key disciplinary development directions of civil engineering and engineering mechanics including the following six aspects.

1. Infrastructure construction in the urbanization process

Human society has entered the "urban century". How to cope with the challenges caused by the rapid urbanization, poverty, resources and environment issues etc. determines the future of the world to a great extent. In response to these challenges, the large-scale infrastructure construction plays a key role. The urbanization is an inevitable trend in the process of development from developing to developed country. The urbanization in developing country shows an obvious trend of agglomeration of population to center city, and then the megalopolitan region and mega-region appear. However, a lot of problems will arise when the city and megalopolitan region develop to some stage, which are summarized as "urban disease". These problems faced by the world urbanization make the urbanization of new era be in the critical period of structural transformation, and then the exploration of green urbanization in developed countries and new model of balancing urban and rural development becomes a new trend. China is also adapting to the demand of time, and vigorously impelling the new urbanization strategy based on the sustainable concept, which makes city group and networking city as the main form of urbanization in the future, i.e., integrating the megalopolises with medium and small towns in the same region via the modern transportation and communication systems, to form urban network, and realizing the "urban integration" of large, medium and small cities via the integration of intercity infrastructures. In this process, a large number of infrastructures like ultra high-rise buildings, super long-span structures, urban underground transportation, intercity transportation, power, gas and water supply, and communication network are built or under construction in our country, of which the design, construction and maintenance propose a lot of science and technology problems. To solve these problems has very important significance to national economic development and social stability, and is also the scientific foundation of social sustainable development. The main research directions of this aspect include: the life-cycle design of major engineering structures ,such as ultra high-rise buildings and super long-span bridges etc. ; the safety and reliability in the construction and operation of urban underground transportation, underground engineering, intercity transportation engineering (including the rail transit of high-speed rail and subway etc., and tunnel and major underground space) .

2. Civil engineering driven by energy demand

China has surpassed Japan to become the world's second-largest economic power following the United States since 2011. Moreover, according to the *BP Statistical Review of World Energy June 2013* published in July 2013, beginning in 2009, China's primary energy consumption ranked first in the world for four consecutive years. On February 24th, 2014, the National Bureau of Statistics of China released the *Statistical Bulletin on the 2013 National Economic and Social Development*. Through the preliminary calculation, the total energy consumption is equal to 3.9 billion tons of standard coal in 2013, 3.7% more than that in 2012. The energy problem has become a bottleneck restricting the better and faster development of China's economic society. Without effective energy supply, all development ideas are empty talks. As the basic industry of national economy, energy must be given the priority to develop. At present, clean new energy such as hydropower, nuclear power, and wind power is an important component of the energy industry. The civil engineering discipline provides an indispensable support for the highly efficient development of hydropower and nuclear power, and the infrastructure construction of new energy represented by ocean energy and wind power. Faced with strong demand for clean energy exploitation, further research on these specific science and technology issues in civil engineering is urgent.

The main research directions include: hydraulic and hydropower engineering construction; construction of nuclear energy facilities; infrastructure construction of new energy exploitation.

3. Disaster prevention and reduction of major infrastructures

The natural disasters during 2000-2009 in the world had no significant difference compared with that during the previous decade. However, the loss due to the disasters increased twice more than that of previous decade, and almost 14 times more than that of the decade of the 1960 s. What is more, the casualties, economic losses and social turbulence caused by the natural disasters are more and more severe. Natural disasters seriously threaten the national economic and social sustainable development. China is a country with large population. In a lot of remote areas, including some remote densely populated areas, the quality of design, construction and maintenance of buildings is low. Consequently, the casualties and the degree of risk to cities caused by various disasters tend to be higher than those in other countries. Looking around a series of earthquakes occurred around the world in recent years, it is seen that the relationship between the earthquake magnitude and casualty caused by the earthquake in the world's areas, is closely related to the level of economic and social development and the capability of national administration in these areas. Though many earthquake magnitudes are close to each other, the economic losses and casualties caused by these earthquakes when hitting in China, are all generally quite higher than those in developed countries and many developing ones. This profoundly indicates the importance and urgency of disaster prevention and reduction in the process of the urbanization and the building well-off society comprehensively. Recently, the anti-terrorist and terrorist-prevention attract the intensive attention of the government and society. Accordingly, the security and protection measures of densely populated areas and the corresponding buildings need to be paid special attention. The main directions of this aspect consist of: earthquake disaster evolution and disaster prevention and reduction; wind-induced disaster evolution and disaster prevention and mitigation; control and protection of engineering geological disasters; non-proportional damage and progressive collapse of engineering structures; fire-induced disaster evolution and disaster prevention and reduction; blast and shock disaster evolution and disaster prevention and reduction; action of various environmental loads, and disaster resistance and mitigation of major engineering structures and its systems.

4. Civil engineering for sustainable development

As a country with large population, China is a large resources and energy consumption country, and is also a country with serious environmental pollution and ecological destruction. Civil engineering and buildings are the places which humans depend on for living and carrying out production activity, and are also the most main way of human consumption of resources. Civil engineering provides the solutions and technical supports for the social sustainable development, and the energy conservation and emission reduction of self-construction and operation of civil engineering is an important direction of sustainable development civil engineering. When providing important basis for national economic development, the construction and operation of major civil infrastructures is consuming a lot of energy and resources. As for research on long-life structural materials and recyclable civil engineering materials; development of high-performance, self-repairing and self-energy-collecting controllable engineering structures and engineering systems; establishment of life-cycle design theory and control principle comprehensively considering the balance of safety, comfortability, durability, sustainability and economy during the life-cycle period; these works will satisfy the demand for national economic development, save resources and achieve strategic goal of social sustainable development at the same time. Moreover, these works are also the important subjects and strongly push the sustainable development of civil engineering. The main research directions of this aspect are: high-performance structural systems; high performance and renewable materials; performance based design of major engineering structures; health monitoring and safety assessment of large-scale structures; life prediction and risk analysis of major structures.

5. Informatization and digitization of civil engineering

The rapid development of information technology makes the capacity, speed and reliability of information acquisition, transmission, storage, processing and interpretation enhance significantly. Once catching the express of information technology, any discipline, technology and industrial sector can achieve a series of innovation and breakthrough. Hence, the deep fusion of civil engineering and informatization will certainly push the leaping development of civil engineering. In each stage of design, construction and operation, such fusion always brings a brand-new opportunity, and powerfully impels the innovation of various aspects and different levels. Currently, science and engineering research has evolved from two types of traditional basic methods of theory and experiment to the research system with the three pillars, namely theory, experiment and computation. Structural analysis and design software are the foundation of the engineering design. It is a megatrend of development to adopt advanced numerical simulation technology, after quantifying and digitizing science and technology issues in engineering technology, and provide efficient and low-cost software tools for designers. In recent years, our country provides more support and attention than ever to numerical simulation and engineering analysis software in terms of the financial funding and planning layout. Nevertheless, to change passive situation of many years, except for time and investment, the consensus of developing software with independent intellectual property rights is needed more. The relationship between numerical simulation and physical experiment is always attracting high attention of science, technology and engineering community. Due to the continuous extension of the range of human activities and the vision, there are more and more high requirements on engineering analysis, design and construction. Moreover, new problems, which need to do physical experiment (including laboratory experiment and field measurement), are constantly emerging. However, it is seen that the research and design only relying on experiments in the past is increasingly being replaced by computational simulation. Meanwhile, the megatrend of informatization and digitization is reflected in the rapid development of experimental techniques closely combining with computational science, such as the research on the data information and uncertainty based on structural health monitoring of major civil engineering, and management and risk assessment of structural safe operation, and experimental study on the displacement, deformation, stress and vibration etc. based on digital image information. The megatrend of informatization and digitization is also reflected in the digitization of construction and operation management of civil engineering, including engineering management system and BIM integrated management system based on distributed processing, parallel processing, grid computing and "cloud computing", which are paid much attention in recent several years. The main research directions of this aspect include: credibility structural analysis and digital design; advanced experimental techniques based on numerical simulation and informatization; numerical simulation under high-performance computing environment.

6. Engineering mechanics in civil engineering

Engineering mechanics in the infrastructure construction is of importance to comprehend the law of nature and to support the design, construction and safe operation of major engineering. As for the design and nonlinear performance analysis of large-scale complex civil engineering structures, their core and fundamental basis are the quantitative description of environmental loads, constitutive theory and failure criterion of civil engineering materials, static and dynamic performance and carrying capacity, failure mode and failure criterion of structures. Faced with a large number of uncertain factors actually existing in the loading characteristics and the physical and geometrical parameters of material and structure in engineering, the uncertain structural mechanics is helpful to grasp accurately and analyze the mechanical behavior, static and dynamic response and reliability of major engineering. From nano-level and micro-level characteristics of the materials to macro-level behavior of the members and to mechanical property analysis of whole large-scale structures, it is necessary to strengthen the in-depth study on the theory and method of multi-scale structural mechanics. In addition, with the large-scale construction of water conservancy, port and offshore engineering, the associated engineering fluid mechanics is faced with new challenge and development opportunity. However, as for high-rise buildings, long-span or sea-crossing bridge engineering, ocean oil-gas exploitation, wind power and other new energy development, all of the above are involved in the complicated mechanical problems of fluid-solid interaction. The more accurate simulation of the mechanical behaviors and the multidisciplinary coupling performance of engineering structures, as well as the integration of design and analysis push the birth of new methods of computational mechanics, such as isogeometric analysis, meshless method and smoothed finite element method and so on. Meanwhile, the research on rock and soil mechanics needs to develop high-performance discrete element method. Moreover, in the philosophy of energy saving, low-carbon, green growth and sustainable development of global industry development, structural optimization theory plays an indispensable role in the life-cycle performance-based disaster resistance design and safe service of major engineering. The main research directions of this aspect are listed as follows: constitutive theory and failure criterion of engineering materials; structural failure and disaster evolution under extreme conditions; uncertain structural mechanics; engineering fluid mechanics; fluid-solid interaction mechanics; multi-scale mechanics and trans-scale correlation; computational mechanics; engineering structural optimization.

目录

总序 …… i
前言 …… v
摘要 …… ix
Abstract …… xix
第一章　绪论 …… 1
第一节　土木工程与工程力学学科科学意义与战略价值 …… 2
第二节　土木工程与工程力学学科发展规律和特点 …… 6
第三节　土木工程与工程力学学科发展现状和趋势 …… 13
第四节　土木工程与工程力学学科重点发展方向 …… 19
第五节　土木工程与工程力学学科资助机制与政策建议 …… 23
第二章　城市化进程中的基础设施建设 …… 26
第一节　超高层和超大跨结构的全寿命设计 …… 27
一、需求分析 …… 27
二、国内外研究现状和趋势 …… 29
三、重要研究内容 …… 31
第二节　城市地下交通、地下工程和城市间交通工程的安全服役 …… 33
一、需求分析 …… 33
二、国内外研究现状和趋势 …… 35
三、重要研究内容 …… 36

第三章 能源需求牵动的土木工程 …… 38
第一节 水利水电工程建设 …… 38
一、需求分析 …… 38
二、国内外研究现状和趋势 …… 40
三、重要研究内容 …… 42
第二节 核能设施建设 …… 44
一、需求分析 …… 44
二、国内外研究现状和趋势 …… 46
三、重要研究内容 …… 47
第三节 新能源开发的基础设施建设 …… 48
一、海洋能源开发中的基础设施建设 …… 48
二、风电开发中的基础设施建设 …… 53
第四章 重大基础设施的防灾减灾 …… 59
第一节 地震灾变与防灾减灾 …… 61
一、需求分析 …… 61
二、国内外研究现状和趋势 …… 62
三、重要研究内容 …… 66
第二节 风致灾变与防灾减灾 …… 68
一、需求分析 …… 68
二、国内外研究现状和趋势 …… 69
三、重要研究内容 …… 70
第三节 工程地质灾害的控制与防御 …… 71
一、需求分析 …… 71
二、国内外研究现状和趋势 …… 73
三、重要研究内容 …… 74
第四节 火致灾变与防灾减灾 …… 75
一、需求分析 …… 75
二、国内外研究现状和趋势 …… 76
三、重要研究内容 …… 78
第五节 爆炸冲击灾变与防灾减灾 …… 78
一、需求分析 …… 78
二、国内外研究现状和趋势 …… 80

三、重要研究内容 …… 82

第五章　可持续发展的土木工程 …… 84

第一节　高性能结构体系 …… 85
一、需求分析 …… 85
二、国内外研究现状和趋势 …… 86
三、重要研究内容 …… 88
第二节　高性能和可再生材料 …… 88
一、需求分析 …… 88
二、国内外研究现状和趋势 …… 89
三、重要研究内容 …… 91
第三节　重大工程结构的性能设计 …… 92
一、需求分析 …… 92
二、国内外研究现状和趋势 …… 92
三、重要研究内容 …… 95
第四节　大型结构健康监测与安全评定 …… 96
一、需求分析 …… 96
二、国内外研究现状和趋势 …… 97
三、重要研究内容 …… 100

第六章　土木工程信息化和数字化 …… 102

第一节　可信性结构分析软件和数字化设计 …… 104
一、需求分析 …… 104
二、国内外研究现状和趋势 …… 106
三、重要研究内容 …… 108
第二节　数值模拟与先进实验技术的融合 …… 109
一、需求分析 …… 109
二、国内外研究现状和趋势 …… 111
三、重要研究内容 …… 113
第三节　高性能计算环境下的工程数值模拟 …… 114
一、需求分析 …… 114
二、国内外研究现状和趋势 …… 115
三、重要研究内容 …… 117

第七章　土木工程中的工程力学 …… 118
第一节　工程材料的本构理论和破坏准则 …… 119
一、需求分析 …… 119
二、国内外研究现状和趋势 …… 121
三、重要研究内容 …… 128
第二节　极端条件下结构的失效和灾变 …… 129
一、需求分析 …… 129
二、国内外研究现状和趋势 …… 130
三、重要研究内容 …… 133
第三节　不确定性结构力学 …… 134
一、需求分析 …… 134
二、国内外研究现状和趋势 …… 135
三、重要研究内容 …… 138
第四节　工程流体力学 …… 139
一、需求分析 …… 139
二、国内外研究现状和趋势 …… 140
三、重要研究内容 …… 142
第五节　多尺度力学与跨尺度关联 …… 143
一、需求分析 …… 143
二、国内外研究现状和趋势 …… 144
三、重要研究内容 …… 149
第六节　计算力学 …… 150
一、需求分析 …… 151
二、国内外研究现状和趋势 …… 154
三、重要研究内容 …… 165
第七节　工程结构优化 …… 166
一、需求分析 …… 166
二、国内外研究现状和趋势 …… 167
三、重要研究内容 …… 173
参考文献 …… 174
关键词索引 …… 183
致谢 …… 190

第一章 绪论

土木工程是建造各类工程设施的科学技术的统称。它既指工程建设的对象，即建造在地上、地下、水中的各种工程设施，也指所应用的材料、设备和所进行的勘测、设计、施工、管理、养护和维修等专业技术（叶列平，2006；项海帆等，2007）。工程力学是土木工程的一个支撑学科。“土木工程与工程力学学科发展战略研究”项目的重点是土木工程和工程力学的交叉领域。这一领域的研究成果和技术进步直接服务于我国重大基础设施建设和安全高效运营。改革开放以来及今后相当长的一个时期，我国经济建设处于高速及中高速发展阶段，大规模基础设施建设已经并将在相当长的时间内持续地蓬勃发展。重大基础设施的建设对于发展国家经济、开发中西部地区、增强国家综合实力意义重大。我国已经拥有世界上最快的高速铁路，最高的拱坝、面板坝和碾压混凝土坝，地震区最高的建筑，最长的跨海大桥，最深埋的隧道，规模最大的水利枢纽和调水工程。这些大规模基础设施的建设与安全服役对于提高我国综合实力、改善民生、发展经济和全面建成小康社会具有非常重要的战略意义。

“十三五”时期是“确保到 2020 年实现全面建成小康社会宏伟目标”的关键时期。在此期间需要建设一大批高层建筑与大型公共建筑、能源资源基础设施、交通基础设施等城市基础设施。近 30 年我国建设的一大批重大工程，其长期安全服役的可靠性与耐久性是今后一段时期工程领域面临的突出问题。而且，在加速全面建成小康社会的进程中，不断提高新建重大工程的建设质量和工程安全，确保已建重大工程的安全服役，是我国国民经济发展进入“新常态”背景下必须重点关注的领域。

在经济发展的推动下，我国全社会的年科技投入已经超过 1 万亿元，我国的科学技术水平也进入快速提升的时期。2015 年，我国土木工程与工程力学学科领域的学者发表的科技论文数量已经跃居世界第二，且在一些领域表现出赶超世界先进水平的势头。此外，我国的基础设施建设也已经进入量变到质变的发展阶段，大量超高、超长、超深、超大工程的设计建造、监测运营，对土木工程科学和技术的要求不断提高。突出的学科内在驱动力与迫切的现实需求，使得我国土木工程与工程力学学科正处于难得的发展机遇期。

"土木工程与工程力学学科发展战略研究"项目着重面向我国国民经济建设的重大需求，以及信息化、智能化和可持续发展的时代特点，以我国基础设施工程建设的实践和发展需求来探讨土木工程与工程力学学科发展面临的挑战与机遇。本章概述土木工程与工程力学学科的科学意义与战略价值、发展规律和特点、发展现状和趋势、重点发展方向、资助机制与政策建议五个方面。

第一节 土木工程与工程力学学科科学意义与战略价值

土木工程是人类文明的基础。联合国教育、科学及文化组织在 2010 年发布的报告《工程：发展中的问题、机遇和挑战》（UNESCO，2010）中指出，基础设施建设对于人类社会发展，包括对于当今世界面临的共同问题，如战胜贫困、应对气候变化的挑战和实现可持续发展，具有非常重要的意义。土木工程对国民经济和社会的发展，对人类社会摆脱贫困、战胜自然灾害，以及推动社会文明进步起着重要的支撑作用，是我们国家的重要支柱产业，对城镇现代化建设、社会可持续发展、国民生产总值及就业率增长都有巨大贡献（工程技术发展研究综合专题组，2004）。随着信息、材料、能源领域高新技术的发展，土木工程也不断面临新的挑战和发展机遇，在为这些领域的发展提供支撑的同时，也推动着这些领域的发展。

1. 土木工程与工程力学学科为国家经济社会发展与国防安全提供保障

我国正在努力实现全面建成小康社会的战略目标，在这一特定的历史发展阶段，大规模的重大基础设施建设是一个时代特征，也是国家实现现代化的一个重要基础。我国基础设施建设的投资规模、工程规模和难度是世界上绝无仅有的，其中的一些重大基础设施工程如图 1-1 所示。2000 ～ 2009 年，我国基础设施建设投资平均每年达到 97 320 亿元，已经接近世界上其他所有国家基础设施建设投资的总和，占我国国民生产总值的 46%（973 计划工程科学领域战略研究工作组，2015）。以 2005 年不变价计算，至 2013 年中国已有基础设施资本存量达到 25 万亿元，国际排名仅次于美国和日本，居第三位。中国共产党第十八次全国代表大会以来，国民经济发展进入以高效率、低成本、优结构、中高速、可持续为特征的“新常态”，基础设施建设受到高度重视，仅在 2014 年第四季度，国家发展和改革委员会在铁路公路和民用机场建设等基建领域批复了 27 个项目，总投资达 11 651 亿元。因此，土木工程对我国经济社会发展和国防安全起着重要的支撑作用，并为其提供可靠有力的保障。

图1-1　一些重大基础设施工程

我国在大规模城镇化进程、经济发展和结构调整中，将建设数量更多、规模更大的重大工程。世界上高度最高、覆盖面最大、跨度最长或地下最深的工程结构等都有可能在我国出现。与此同时，我国又是全球重大自然灾害频发的地区，重大工程在全寿命周期内还面临突发事件和其他威胁引起的风险和不确定性。重大工程结构在不确定的超设防烈度的特大地震作用下，工程结构的极限抗震能力无法满足强烈地震作用施加的过大抗震需求。而且随着知识的积累、技术的进步、人类活动范围的拓展及使用需求的提高，要求工程结构必须具备更高的综合性能，以抵御自然灾害作用下工程结构的灾难性破坏，减缓乃至消除长期自然环境侵蚀下工程结构的性能退化，保证工程结构的预期服役性能。另外，我国重大工程在设计理论（如性能设计和设防烈度的研究）、CAD（计算机辅助设计）及 CAE（计算机辅助工程）等大型设计软件（基本被国外垄断）、高性能工程材料研发（如高标号高性能混凝土、高强钢材结构件短缺）、建造施工技术和水平（如制造施工不规范、现场作业多、工厂化作业少等造成材料、结构性能与工程质量存在较大不确定性）、结构抗灾能力和耐久性（如工程劣化与老化较快、服役寿命较短）等方面与国外先进水平差距较大。

在“十三五”乃至未来一段时期内，土木工程与工程力学学科将为国家发展建设和国防安全提供更为有力的科技支撑和保障，着力解决关系国家全局和长远发展的基础性、战略性、前瞻性的重大工程科技问题，致力于重点突破事关国计民生的前沿科学问题，突破提高人民生活质量、破解资源环境制约的重大公益性科技问题，突破增强国际竞争力、维护国家安全和社会稳定的战略高技术问题。可见，土木工程科学是国家发展战略道路上的重大需求和必然选择。

2. 土木工程与工程力学学科是重要的工程学科

土木建筑是人类赖以生存的最基本设施，因此，在人类科学与工程发展的历史进程中，土木工程及相关的工程力学是工程科学中最早受到关注的领域。土木工程与工程力学学科是重要的工程学科，是人类科学知识宝库的重要组成部分，是促进人类文明和进步的重要手段，得到了世界各国的高度重视。今天，该学科在支撑工业体系、高新技术和国家安全等方面具有不可替代性，在国家总体学科布局中具有独特的重要地位。

我国大规模工程建设的投资在国民生产总值中占有很大的比例，并接近世界总量的一半。一大批世界级重大工程的成功建设，如 500 米级超高层建筑、超 200 米跨度大型空间结构、超千米级跨度桥梁、300 米级高坝和三峡水利工程，已使我国成为世界工程建设中心。以土木工程与工程力学为科技支撑的这些大型建设工程，高度体现了我国科学和技术的发展水平，对加速我国现代化建设的进程起着极为重要的作用，成为我国经济和社会可持续健康发展的重要标志，也是我国工程科学为国家经济建设和社会发展服务的一个十分重要的方面。

我国大规模的工程建设背景、大范围的灾害分布特点，为土木工程与工程力学学科提供了重大的基础研究需求和发展机遇。提高重大工程结构及其系统的设计水平和建设质量，保障各种突发灾害下的安全性与可靠性，防止重大灾变，确保其长期安全运行，有着重大的经济与社会效益和政治意义，是该学科的重要任务，也给相关工程科学的发展不断地提出新的挑战。在国家重大需求的推动下，我国土木工程与工程力学科学研究水平提升步伐加快，若干领域已经出现国际领先的成果，为我国诸多工程学科赶超世界水平做出了重要贡献。

3. 土木工程与工程力学学科促进其他学科和技术发展

土木工程与工程力学学科的基本发展目标可以概括为：在现代城市可持续发展、高性能结构工程与工程防灾减灾等方向上，对带有共性、前瞻性的基础科学问题展开一系列研究，促进和带动土木工程及相关重点学科的发展，取得一批具有原创性的、可以自立于国际学术舞台的创新成果，从而使我国重大工程防灾减灾、全寿命性能设计等的理论与技术整体上步入国际先进行列，并服务于我国国民经济建设。

为了实现这一目标，一方面，土木工程与工程力学学科需要充分借鉴和利用计算机科学、信息科学、材料科学等学科的最新成就，改造和拓展其学科内涵，完善和发展其研究方法和工具，推动和实现传统学科的高新化和信息化。另一方面，土木工程与工程力学学科通过与其他学科的交叉与自然融合，不断扩展其创新的研究领域，为数学、地球物理学、计算科学与技术、信息科学与技术等提供全新的研究需求和方向，构建创新的平台和基地，从而促进这些学科的纵深发展。

4. 土木工程与工程力学学科在国家工程科学总体布局中具有战略地位

在我国工程科学的总体格局中，土木工程与工程力学学科居于不可或缺的战略地位。在世界各国的工程教育体系中，工程力学的教育几乎是所有工程教育最重要的基础教育之一，土木工程和机械工程等学科则是工科高等院校中规模最大的学科。在过去 30 年间，我国基本建设投资占国民生产总值的比例平均达 30% ～ 35%。2014 年，我国城市化率已经达到 54.7%，正处在快速迈向现代化的关键历史时期（国家统计局，2015）。迅速扩展着的现代化城市，令人目不暇接的高层建筑、大跨桥梁、各类现代化的土木工程基础设施系统，既反映着我国社会的进步水平，也承载着现代社会可持续发展的希望。

与此同时，我们必须十分清醒地认识到：在社会、经济迅速发展的同时，我国城市发展的瓶颈问题日益凸显，环境污染形势依然严峻。在自然灾害对工程结构与工程系统造成触目惊心的破坏的同时，人类社会不适当的工程活动也会严重破坏自然环境。土木工程与工程力学学科研究的基本任务在于创新工程结构形式，阐明各类工程结构与工程系统在环境与灾害作用下性能退化直至破坏的机理，为建造节约能源、节约资源、安全可靠的高性能结构系统提供科学基础。

5. 土木工程与工程力学学科对实施《国家中长期科学和技术发展规划纲要（2006—2020年）》等的支撑作用

《国家中长期科学和技术发展规划纲要（2006—2020年）》指出，科学技术日益成为经济社会发展的主要驱动力，必须从国家发展全局的高度，集中力量推进科技创新，必须把创新驱动发展作为面向未来的一项重大战略。我们国家的发展进入了新的历史时期，要实现以创新发展、协调发展、绿色发展、开放发展、共享发展为主题，以加快转变经济发展方式为主线的既定目标，最根本是依靠科技力量，最关键是提高自主创新能力，推动我国经济社会发展尽快走上创新驱动的轨道。

土木建筑业是一个国家国民经济发展的支柱产业。从世界范围看，城市化进程的加速会带来对土木建筑业的旺盛需求。在全球气候变化、环境变迁和可持续发展的背景下，世界发达国家的工业发展已经基本转向低碳绿色和适度紧凑的发展模式，中国政府发布的《国家中长期科学和技术发展规划纲要（2006—2020年）》和《中国21世纪议程》等也把可持续性作为最重要的社会发展理念。从土木建筑业发展的基本态势看，我国能否走上以科学、和谐、绿色发展为指导思想的新道路，能否基于科学技术进步实现工程设计建造理念和方法的革新，这些问题的顺利完满解决将直接影响到中国乃至世界的未来。土木工程与工程力学学科通过与其他学科的交叉与融合，扩展创新的研究领域，增强传统学科创新的原动力，加速提升学科的高新化程度，以适应社会和经济可持续发展的需求，并有力支撑着国家相关科技政策目标的实施。

第二节　土木工程与工程力学学科发展规律和特点

土木工程是一门工程学科，主要研究人类社会生产、生活及国防基础设施建设中的工程与科学问题。各类不同的基础设施有不同的功能要求，土木工程学科的重点是从理论和技术上确保在各种可能出现的环境荷载下基础设施的完整性，以支撑基础设施满足其功能需求。工程力学、工程材料、计算科学、工程实验等学科及学科分支是土木工程的支撑学科。土木工程涉及的领域十分宽广。从建设的对象看，土木工程包含建筑工程、桥梁工程、地下工程、隧道工程、道路工程、铁路工程、矿山建筑、水利工程、港口工程、海洋工程等。从土木工程使用的材料看，可分为金属结构、混凝土结构、组合结构、高分子材料结构、砌体结构、石结构、木结构、土结构等。从技术性质看，土木工程涉及勘测、设计、施工、管理、养护和维修等。

和人类文明密切相关的土木工程，传承着文明、文化和技术，体现了时代和民族的特点，因而承载着人类物质和精神生活的土木工程必须不断创新以适应新的需要。以基础设施建设为对象的土木工程，随着建筑材料、建造技术的进步而不断发展，并且基础设施安全运营的重要性决定了土木工程的研究重视力学基本理论与工程实践的密切结合，重视规范化和定量化。土木工程理论与应用发展到今天，从各种土木工程材料到各类结构，从设计施工监控到维护，国内外都有大量的规范 / 规程可以或必须遵循。但是，一是随着新结构、新材料、超规范 / 规程工程的出现，需要不断研究新理论和方法；二是由于环境的变化或社会对基础设施需求的变化，已有的规范 / 规程仍然需要不断地修改与完善。这些都推动着土木工程学科的发展。

力学是关于力、运动及其关系的科学，主要研究介质运动、变形、流动的宏微观行为，揭示力学过程及其与物理、化学、生物学等过程的相互作用规律（国家自然科学基金委员会和中国科学院，2012a）。按照研究对象的物质存在形态，力学学科被划分为固体力学、流体力学学科；根据研究方法的分类建立起来的计算力学和实验力学等分支学科，其研究队伍在国际力学舞台上非常活跃；以具有生命活动特征的生物体（虽然也是由固体和流体组成）为研究对象，形成了生物力学；以人类创造而非自然界中固有的工程结构与设施为研究对象，形成了工程力学。这些学科分支的形成和发展，有利于推动和组织这些领域的研究和人才培养，是力学学科深化发展的必然和标志。力学具有显著的双力驱动的特点。一方面，自开普勒初步揭示天体运动的机制以来，对自然界机械运动规律的探究吸引了无数的力学家奉献心智，也推动着力学学科的发展。另一方面，从伽利略研究外力作用下梁的变形开始，人们在解决各类工程设施和工业装备的设计、建造和制造所涉及的力学问题的过程中，形成了力学研究的模型化、定量化和数字化特征，产生了力学的大量分支学科，同样推动着力学学科的发展。工程力学是力学与工程结合的学科分支，针对工程技术和科学中的力学问题，研究其理论、方法和应用，在土木工程、水利工程、海洋工程、交通工程、机械工程、航空航天工程、材料工程等工程科学中都起着支撑作用，是这些学科的基础学科之一。

土木工程实践的历史几乎是和人类史一样的悠久。土木工程是人类最古老的工程技术，我国古代传说中的有巢氏让人们摆脱了穴居时代；玛雅文化遗迹、埃及的金字塔和中国的长城记录和传承了数千年前的人类文明；土木工程和人类的生活生产息息相关，衣食住行无一不依赖于土木工程的建设成果。土木工程的发展历史可分为古代、近代和现代三个阶段（项海帆等，2007）。而自欧洲文艺复兴开始的现代学科体系的形成过程中，力学研究和土木工程学科的发展密切相关、高度融合。

第一阶段为古代土木工程，它大致从公元前 5000 年的新石器时代到 17 世纪中叶，前后约 7000 年，具有很长的时间跨度。这一阶段土木工程的特征是：① 建筑材料以天然材料为主，如土、石、木、竹等，辅以初级的人造材料，如砖、瓦、铁等。②建造理论主要是长期建造经验的总结，如公元前 5 世纪我国的《考工记》，公元 1100 年我国北宋李诫重新修编的《营造法式》，公元 1 世纪古罗马建筑师、工程师维特鲁威（Vitruvius）的《建筑十书》，公元 15 世纪意大利文艺复兴时期的建筑师、建筑理论家阿尔贝蒂（Alberti）的《论建筑》等。③ 建造技术以手工工具为主，也发明了一些简单的施工机械，如打桩机、桅杆起重机等；同时技术上的分工也日益细微，有木工、瓦工、泥工、土工、窑工、金工、雕工、石工、彩绘工等。在古代土木工程中，一些文明古国（如中国、古希腊、古罗马、埃及、印度等）都有不少传世杰作，有些还流传和屹立至今，如都江堰水利工程、赵州桥、应县木塔、埃及金字塔等。

第二阶段为近代土木工程，时间跨度从 17 世纪中叶到 20 世纪中叶，前后约 300 年。这一阶段土木工程的特征是：① 建筑材料从天然材料为主转向人造材料为主，如 1824 年波特兰水泥的发明和 1856 年转炉炼钢的成功使混凝土和钢材成为土木工程的主要材料，推动了钢筋混凝土结构和钢结构的广泛应用，从根本上改变了土木工程的结构形式。② 建造理论从主要以总结长期建造经验向重视科学理论兼顾经验转变，其中力学发挥了重要作用。这一转变可从 1638 年意大利学者伽利略研究梁的设计理论和 1660 年英国学者胡克提出胡克定律为起点，此后研究者从不同的方面相继提出了开创性的新理论，如 1687 年英国学者牛顿创立了力学三大定律，为经典力学的发展奠定了基础；1744 年瑞士学者欧拉（Euler）建立柱轴心受压时的屈曲理论，为结构和构件的稳定性分析开辟了新天地；1773 年法国学者库仑（Coulomb）提出了材料强度的概念和挡土墙上的土压力理论；1825 年法国学者纳维（Navier）建立了结构设计的容许应力分析法；19 世纪末，瑞士学者里特尔（Ritter）应用极限平衡概念，提出了钢筋混凝土设计理论；1886 年美国学者杰克逊（Jackson）提出了预应力混凝土的想法，后于 1930 年由法国学者弗雷西内（Freyssinet）研制成功；20 世纪上半叶美国学者克劳斯（Cross）提出了刚架结构位移法迭代计算的力矩分配法，促进了刚架结构的应用；同时期奥地利学者泰沙基（Terzaghi）提出了土的固结与承载力等理论，奠定了土力学学科的基础。在这些开创性研究的引领下，土木工程的设计与建造理论发展成为一门学科——结构工程。在科学理论的指导下，土木工程的结构体系发生了本质变化，出现了大量受力合理、结构新颖、用料经济的新结构和新工程，如高层框架建筑、空间桁架铁塔和铁桥、悬索桥、地下铁道、高速公路、悬索屋盖、高拱坝和近海石油钻探平台。③ 建造技术从手工工具为主发展为大规模使用施工机械，一些性能优异的大型机械不断出现，并创造出各种极有成效的施工方法，人们开始运用大型施工机械建造结构复杂或所处环境恶劣的土木工程。在近代土木工程中，由于建筑材料、建造理论和建造技术的进步，出现了不少举世瞩目的工程，如 1889 年在法国巴黎落成的埃菲尔铁塔，高 300 米；1937 年在美国旧金山建造的金门悬索桥，跨度 1280 米；1936 年在美国建成的胡佛水坝是当时最高的重力曲形坝，它们至今仍不失为伟大的土木工程。在这一阶段，土木工程与工程力学学科基本建立。

第三阶段为现代土木工程，时间起点可定为 20 世纪中叶。这一阶段的特征是土木工程与高新技术、先进工程力学理论紧密结合。① 在建筑材料方面，随着化学工业和冶金技术的不断发展，通过掺添加剂已能配置高性能和高强度的混凝土；用人造陶粒配制的混凝土是一种轻质高强材料，可以建造更为经济的高层建筑；先进的冶金和轧钢技术已能生产优质高强的低合金钢，大规格宽翼缘工字钢和冷加工成型的高效冷弯型钢，开创了现代钢结构的一个崭新的时代。高分子化学的发展，使高分子材料开始用于结构，产生了膜结构这一新形式。② 在结构理论方面，凭借电子计算机的强大运算、绘图能力和计算力学的发展，已能脱离解析解的束缚，采用数值解对结构的力学行为进行仿真；不但能进行静力计算，也能进行动力分析等，且获得的计算结果更能符合工程的实际情况，因而使得建成的结构更加经济、安全。在力学模型方面超越线弹性材料和小变形假设，考虑材料非线性和几何非线性的力学研究手段不断取得进步，结构设计理论也由容许应力设计方法进入基于概率理论的可靠度设计方法。结构设计更为自由、方便，可以采取各种结构体系、结构形态。一些新颖的结构，如任意曲面形式的网壳结构、各种形式的张拉结构、各种类型的斜拉桥、各种外形的索膜结构、各种不同深度的海洋石油钻井平台、各种不同岩土性质的隧道、地铁等，以及代表着结构体系重要发展方向的组合结构，如雨后春笋般到处涌现。我国近年来建造的一些地标性建筑的结构体系则将先进材料、先进施工技术、先进设计理论和手段应用至极致，为建筑师发挥其艺术创造力提供了科学和技术的支撑。③ 在建造技术方面，从单一的使用施工机械发展到机—电—计算机的一体化和数字化施工仿真。对于复杂施工过程，实现了全过程自动监测和计算机控制，使施工质量大大提高，施工进度大大加快。在钢结构施工中，焊接技术的引入和普遍使用，大大简化了钢结构的构造和制作，从而使钢结构的发展步入了新阶段。在现代土木工程中，体现时代特征的土木工程已不再是一些个体工程，而是一个工程系统，其发展已与日新月异的世界经济联系在一起。

力学和土木工程学科一样，都是古老而现代的学科。天体运动对气候、农业、人类生存有着重大影响，在对天体运动的研究中，哥白尼、伽利略、牛顿的重大贡献催生了经典力学，也催生了自然科学。人类栖息处所的需求推动了土木工程及变形体力学的发展，土木工程面临的大量核心问题是力学问题。力学学科的发展具有显著的双力驱动的特点，很多经典的力学研究工作不仅采用严格的数学理论，而且推动了数学理论和方法的发展。和数学学科一样，学科的内在驱动力在力学学科的发展中起着重要的作用。人类改造自然的工程活动不断提出科学问题，其中大量的是力学问题，这成为推动力学学科发展的外在动力。双力驱动形成了力学研究的模型化、定量化和数字化特征。

从服务我国经济建设和社会发展对学科的重大需求来看，土木工程和工程力学学科的发展特点是紧密地与当今世界科技、工业和社会发展相结合，如高度关注可持续发展；和信息化、智能化的融合；土木工程的装配化 / 工业化。

1. 可持续发展

全球性的气候变化、能源危机、环境恶化及资源短缺，要求人类社会反思和调整自身的行为模式，以保持社会、经济和环境的可持续发展。而一些现代土木建筑工程，在给人类社会提供舒适安逸的生活空间、功能完备的基础设施的同时，也无意识地加入了污染和破坏自然生态环境、掠夺性消耗人类资源的行列。我国建筑能耗已经占到国民经济总能耗的25%、温室气体排放占35%以上（茹继平等，2011）。研究建立可持续发展背景下的土木工程理论体系，已成为当务之急。应该研究在土木工程设计和建设运营中如何运用设计、建造、维护手段，在不断提高建筑生活环境质量标准、满足基础工程设施功能的同时，减少对能源和其他自然资源的使用，减少污染物的排放。

为了实现可持续发展的土木工程，首先从观念上需要将可持续发展的思想与责任意识渗透和贯穿于学科研究、工程师培养之中，并用来指导工程规划、工程设计和工程管理。其次，需研究解决高新替代技术及其适应性问题，为土木建筑生态化设计提供技术支撑。发展以高安全性能、高施工性能、高使用性能、高耐久性能、高维护性能和高经济性能等为特征的高性能结构，是实现可持续发展的重要途径之一。充分利用地下空间资源是解决人口爆炸、资源短缺、环境恶化、土地衰退等人类生存难题的重要举措。发展地下工程和环境岩土工程学科对于降低环境风险、节约资源能源、高效经济、生态环保，实现城市地下结构与大型地下交通工程结构的可持续开发利用具有重要意义。任何城市乡镇，任何土木建筑工程，走向生态环保、绿色低碳与可持续发展，最终都要依靠先进的规划、设计、建造和管理手段来实现。

2. 信息化与智能化

信息化是当代世界范围内新技术革命的核心，智能化是新技术革命的发展方向，而工业数字化、自动化和知识数字化、自动化是信息化与智能化的主要特征，并深刻改变和影响着土木建筑业和机械制造业等的生产模式和产业形态。随着传感技术、通信技术、计算机技术、控制技术、网络技术、云计算和大数据等技术的发展，信息的采集、传输、储存、处理、再生和利用，在容量、速度、可靠度上均有了大幅度的提升，需要的投入则大幅下降。人们看到，任何学科、技术和工业部门，搭上信息技术、智能技术的快车就可实现一系列的创新和突破，并迎来全新的发展契机。工业信息化和智能化被确定为我们国家的发展战略，土木工程（包括先进制造等）和信息化、智能化的深度融合正在推动工业领域实现跨越式发展。

贯通土木工程的分析、设计、试验、施工、监测控制和运营管理全过程的数字化、自动化已经发挥了信息技术、智能技术的重要作用，并将继续与时俱进，以创新驱动土木建筑业健康发展。信息化和土木工程的融合可提供无限的创新机会，反映在数值建模和模拟、数字化设计、健康监测、数值模拟和物理实验的深度结合，施工过程管理、施工模拟和信息化的结合等方面。计算机辅助设计软件、高性能计算模拟技术能够有效提高重要工程的设计效率和水平，提升设计的质量和内涵，物联网助推了大型工程施工仿真、健康监测技术的实现，智能材料与结构、智能控制为打造更安全、更舒适、多功能的建筑系统和智慧社区提供了保障。北京奥运工程设计中火灾模拟技术的应用，杭州湾跨海大桥和上海浦东机场二期航站楼等大跨度工程设计中数值风工程技术的应用，上海中心大厦等重大结构设计中罕遇地震作用下的弹塑性时程分析，大坝水利工程的施工过程仿真控制等，能够使工程师更加准确地把握工程设计与建设运营的安全性和适用性，这也是土木工程行业提高自主创新水平的重要方面。

土木工程信息化、智能化并非土木工程和信息技术、智能技术的简单组合。土木工程信息化需要工程师、学者的创新和智慧，需要了解设计、施工、监控和运行等环节所涉及的物理量、力学量、几何量等的时空分布与其性能之间的关系，对这些关系形成定量化的规律性认识，获取关键的数据建立数据库，并开发数字化设计、监控软件平台。需要指出，这些规律中包含大量力学及力学和其他领域耦合作用的规律。图 1-2 示意说明了为实现土木工程信息化、智能化，需要我们高度重视土木建筑领域的基础研究，认识、发现和应用其分析、设计、建造、监控和运营过程中的规律。换言之，土木工程的信息化和智能化要求土木工程和工程力学的研究更加精细化。与此相应，土木工程信息化和智能化也为这些研究的精细化提供了更先进的技术、工具和环境。

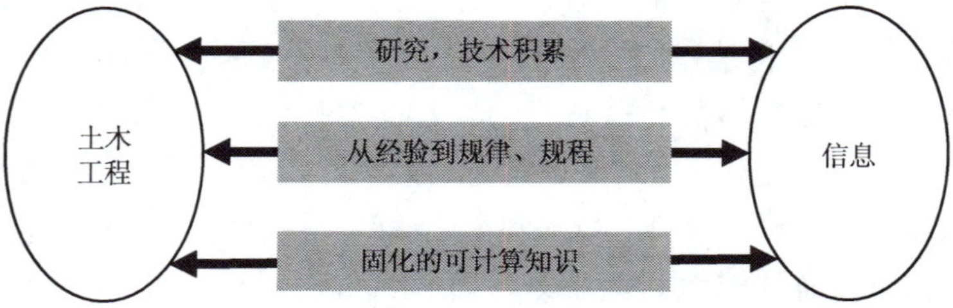

图1-2　土木工程和信息的融合需要大量的基础研究

土木工程信息化、智能化的需求向工程力学界提出了大量的新问题，力学需要结合土木工程设计和建设，在材料、结构和系统层次上开展大量的基础研究，包括力学和数学、物理、化学及计算科学、信息科学的融合；极端环境和自然灾害下土木工程中的力学问题；材料、几何等非线性问题的研究；多尺度、多物理场耦合问题的研究；不确定性的量化和传播研究；计算力学研究和计算机辅助设计软件开发等。

3. 装配化 / 工业化

建筑装配化 / 工业化是当前土木工程发展的一个重要特点，有利于实现节能减排与可持续发展的国家战略。装配式建筑的优势在于技术集成化程度高、材料利用率高（节约资源、节能环保）、结构冗余度高（受力性能好）、结构体系力学模型简单、工程设计便捷与通用、施工机械化与自动化（利用工程机械或机器人进行预制构件工厂化生产制造与装配施工，可控制与确保工程质量，节省人力物力）、构造简单、施工周期短、全寿命费用低（低碳、绿色和可持续）、综合效益优越（节地、节能、节水、节材、环保、自重轻、性能优）。

发展装配式建筑的关键科学问题是其安全性和耐久性。像造汽车一样造房子，装配式建筑需要研发改进的核心技术包括：连接部件的安全性和可靠性；连接部位及材料的耐久性和环保性；结构的整体性评估方法；整体结构的抗震抗风抗火性能和耐久性；标准化、自动化制造和施工技术；技术标准和规范编制等。除了装配式建筑，工业化、装配化理念在桥梁工程、大型空间结构等方面也在逐步推广应用。

第三节　土木工程与工程力学学科发展现状和趋势

在我国国民经济和国防建设中，大量的投资用于土木工程建设，包括建筑工程、道路桥梁和交通工程、港口和海洋工程结构、隧道和各类地下工程、水利水电核能风能等基础设施建设。随着国家综合实力的提高，拟建和在建的重大工程规模、数量和资金投入量之大是空前的，而且工程难度、覆盖的地域范围、设计建设和运行水平在世界范围居领先地位。近年来，我国相继制定了一系列城市大型建筑、重大能源和资源基础设施、交通基础设施等重大工程建设规划。未来 20 ～ 30 年仍是我国大规模基础设施建设的高峰期，重大工程建设将是基础设施建设中的难点和重点任务。这些基础设施的建设质量及它们的经济性、安全性和耐久性对于社会的高速、稳定和持续发展至关重要，是我国经济发展和社会进步的重要方面。

我国这些重大工程设施，规模之宏大、数量之众多、环境介质之复杂是人类历史上前所未有的，它们对土木工程科学与技术提出了严峻的挑战，其成功建设和安全运行将高度体现我国科学和技术的发展水平。在这些重大工程建设中，我国学者抓住历史机遇，结合国家重大需求开展了很多原创性研究，在工程分析、设计、建设与维护理论和工程力学等方面的方法和理论上已经取得了一批突破性、标志性成果，在新理念、新方法、新技术的发展上做出了独特的贡献，极大地提高了我国学者在国际土木工程和工程力学界的地位和影响力。

我国是世界上自然灾害最为严重的国家之一，灾害种类多、发生频次高、影响范围大，加之防灾减灾科学技术相对落后、经验不足，与发达国家相比，灾害损失更为严重。据统计，2003 ～ 2012 年，我国平均每年自然灾害所造成的直接经济损失高达 2000 亿～ 3000 亿元（国家自然科学基金委员会和中国科学院，2012b）。重大工程灾害破坏或者影响国民经济的发展，或者导致城市和区域功能的瘫痪，极大地威胁着人类生存和社会发展。重大工程防灾减灾已经成为保障我国经济和社会可持续发展的重大需求。在国际上，联合国曾发起“国际减灾十年（1990 ～ 2000 年）”。我国在 1997 年颁布了《中华人民共和国防震减灾法》，国务院成立了由 28 个部委局组成的“中国国际减灾十年委员会”，协调组织重大防灾减灾综合行动，实施重大防灾减灾项目，旨在防御与减轻地震灾害，保护人民生命和财产安全，保障社会经济建设顺利进行。国家自然科学基金委员会在“十一五”和“十二五”期间均将重大工程防灾减灾列入优先资助领域，并与美国国家科学基金会等签署了“中美地震研究科学技术合作议定书”，推进了我国防灾减灾研究的国际交流与合作。

重大工程地震和台风灾害损失巨大，甚至引发严重的次生灾害或导致大面积的区域瘫痪，因此，是工程防灾减灾的“重中之重”。重大工程地震和台风灾害的科学问题最突出、最具代表性，工程结构灾变的作用和破坏涉及强非线性、强耦合效应，以及复杂的损伤演化和破坏倒塌等，机理极其复杂，一直吸引着众多科学工作者的持续研究，并由此推动了结构动力学、工程可靠性理论、结构控制理论等的发展，同时促成了灾害危险性分析、可靠性工程与风险管理、地震工程、风工程，以及相关实验技术等一系列学科分支的建立。2005 年 9 月，谢礼立等 21 位院士联名建议国家启动“地震工程科技行动计划”，加大重大工程防灾减灾基础研究的投入。在国家自然科学基金委员会“加大力度、重点扶持”“为实现国家抗震减灾目标提供有力的科学技术支撑”的决策下，国家自然科学基金重大研究计划“重大工程的动力灾变”于2008年正式启动，历时8年，总经费达1.9亿元，共设立了25个重点项目、60个培育项目、3个重大集成项目。“重大工程的动力灾变”研究计划针对大型建筑（包括超高建筑、大型空间建筑、城市大型地下建筑）、长大桥梁和高坝三类重大工程，采用理论分析、模型试验、现场实测和数值模拟等研究手段，发挥工程与材料科学、地球科学、数理科学和信息科学等多学科交叉创新的优势，通过对重大工程在强地震动场和强台风场动力作用下的损伤破坏演化过程的研究，揭示重大工程的损伤机理和破坏倒塌机制，建立重大工程动力灾变的综合模拟系统，发展重大工程防灾减灾科学和技术，为保障我国重大工程的安全建设和运营提供科学支撑。

在重视重大工程减灾防灾的同时，千家万户的减灾防灾更具有挑战性，也是建设和谐社会的重要方面。结构工程的安全性和耐久性能否满足不断发展的生产、生活需求，不仅影响到巨大工程投资的效益，而且关系到人民和社会的根本利益。随着现代科学技术的发展，人们开始期望工程结构，特别是重大工程结构不仅应具有传统结构被动抵抗灾害荷载的能力，同时应能够主动适应不同的服役环境，调整结构性态，对结构缺陷、损伤和性能退化实施监测和诊断，并根据掌握的信息及时对结构进行维护、加固与控制。因此，对结构进行健康监测和振动控制，使结构具有一定的智能特性和尽可能长的使用寿命，越来越受到人们的重视。能够满足这些目标要求的结构可以称之为第三代结构。目前，各国土木工程和工程力学学者在高性能与多功能智能材料、先进传感器、结构控制装置，以及结构健康诊断等方面开展了大量研究工作，为第三代结构体系的发展提供了技术支撑。人们希望从工程设计开始，就控制灾害发生时结构可能出现的破坏，以实现重大工程结构的功能在灾后得到尽早的恢复。可恢复功能结构的研究和应用将是今后结构工程和防灾减灾的一个重要研究方向。随着时间的推移，结构老化与耐久性的问题也应提上日程，改革开放后出现的大量建筑将逐步进入老化阶段，关于有效预测结构寿命、维护加固老旧建筑结构的科学研究变得更加迫切和需要。

与重大自然灾害相比，人为灾害有其不同特点。人为灾害包括设计、建设中的严重失误，也包括恐怖活动。发生在美国的震惊世界的“9·11”事件是极端的人为灾害。人为灾害的预测更困难，具有严重的不确定性。人为灾害引起的结构破坏往往是非比例的破坏，对结构功能的破坏往往甚于结构本身的破坏。工程结构分析、设计和使用中的不确定性和鲁棒性问题变得更加突出，这也为土木工程和工程力学学科的发展带来了挑战和机遇。此外，土木工程中，岩土和地下工程、交通工程、能源工程、水利水电建设和工程地质灾害防控等与基础设施建设有关的科学技术问题的系统、深入研究对于国民经济建设的顺利开展意义重大，也需要工程力学工作者的深度参与和合作研究。

新材料、新建造技术和新结构形式的出现，重大自然和人为灾害的频发使得土木建筑工程面临前所未有的挑战和机遇。人类社会可持续发展的思想促使新的设计理念不断出现，如基于性能的结构全寿命周期优化设计理念，基于后果的地震工程风险评估和决策理念，基于环保和节能的绿色建筑设计和建造理念，基于虚拟现实、信息网络的数字城市设计理念。宜居环境、和谐城市、文明社会的构建得益于这些新思想、新理念的牵引和实施。这些国际化的新设计思想和理念，以及基础设施工程建设走向世界的需求对我国工程设计规范和设计建造实践产生了重大的影响。

土木工程最重要的支撑学科之一是工程力学，它是力学与现代工程科学技术交叉发展的一门力学分支学科，是力学学科的重要组成部分。力学是我国具有传统优势的学科之一，也是一门独立的重要学科。我国学者钱学森、周培源、钱伟长、郭永怀、钱令希等，在国际上享有盛名。我国的近代力学事业始于20世纪50年代。从那时起，力学对新中国现代科学发展和国民经济建设肩负着特殊使命，做出了巨大贡献：从“两弹一星”到弹道导弹深潜器核潜艇的研制，从长江大桥到长江三峡的建设，从天气、灾害的预报到环境治理，无不反映了力学理论在生产实践中的巨大作用，无不凝聚着力学工作者和相关学科的科学家、工程技术人员的共同心血。在几代力学工作者的共同努力下，中国在国际力学界处于举足轻重的地位。

工程力学研究工程中具有共性的各种力学问题，近代计算机技术和近代实验技术的应用，使工程力学增强了解决工程问题的能力，根据力学原理开发的各项技术已应用于土木工程实践及越来越多的高科技领域。工程力学具有广泛性、复杂性和多样性，体现了多学科交叉发展和相互促进，以及力学在解决重大工程技术问题中的基础性和不可替代性。工程力学及相关工程学科的研究进展将极大地推动我国的土木工程建设。

实际上，土木工程和工程力学在历史的进程中，不仅在各自的学科领域独立发展，而且一直在一些共同耕耘的领域相互支持、协同发展。混凝土结构的强度提高、开裂防治、破坏机理和防控问题的解决依赖于固体力学强度理论、本构理论和断裂力学、损伤力学理论。20世纪50年代后发展起来的有限元理论和计算力学不仅为土木工程界提供了复杂结构力学响应分析、破坏模拟的强大工具，并且彻底改变了土木工程结构设计、施工和运行管理的局面。而且，计算力学及有限元商用软件，从根本上改变了力学和工程的关系，力学不再停留在微分方程数学理论和少量解析解的神坛之上，成为工程师日常设计分析和优化设计中不可或缺且唾手可得的工具。计算力学的方法迅速地被其他领域所吸收，形成了计算物理、计算化学等学科。有限元也被评为 20 世纪力学界对工程领域最具重要性和影响力的成就之一。但是，也恰恰因为它为科技界和工程界提供了很大的便利，力学学科的地位和发展前景被一些人误读，双力驱动的一侧——面向工程建设的力学研究在一些人的视野中被边缘化。土木工程发展中提出的一系列科学问题也为工程力学提供了知识创新的素材和动力，以及理论验证的平台，并且丰富和扩展了工程力学的学科内涵和知识范围。地震工程和风工程的发展需求大大推进了结构动力学、空气动力学、随机振动理论的深入发展，而结构动力学、空气动力学和随机振动理论的纵深发展带动了地震工程和风工程的内涵提升。在工程结构分析与设计、岩土工程、地震工程等方面，土木工程和工程力学学者都为计算力学方法、岩土材料本构理论、结构全寿命性能设计理论等的发展和应用做出了重要贡献。

21 世纪以来，我国土木工程与工程力学学者在国际学术界赢得了若干重要奖项和担任了一些国际学术组织的主席职位，并且国际重要期刊发表论文数和引用数不断上升，表明中国学者在该领域的贡献和地位逐渐提高。例如，项海帆先后荣获国际桥梁与结构工程协会“功绩奖”（IABSE Merits）和“工程及教育奖”（Anton Tedesko Medal）、美国土木工程师协会“风工程与空气动力学奖”（ASCE Robert H. Scanlan Medal）、国际风工程协会“终身成就奖”（IAWE Davenport Medal for Senior）等国际重要奖项；徐幼麟荣获 2012 年美国土木工程师协会“风工程与空气动力学奖”（ASCE Robert H. Scanlan Medal）；李杰荣获 2014 年美国土木工程师协会结构安全与可靠性领域 Alfred M. Freudenthal 奖。而且，钟万勰荣获 1998 年国际计算力学协会 Fellow 奖、2011 年国际计算与实验工程科学大会（ICCES）终身成就奖；袁明武分别于 2004 年、2010 年荣获国际计算力学协会 Fellow 奖、IACM 奖。程耿东于 2015 年当选为国际结构与多学科优化学会主席；余寿文于 2013 年当选为国际断裂学会主席。

虽然大规模工程建设的巨大成就已使我国工程技术走在了世界前列，但与西方发达国家相比较，我国在工程设计理论、建设规范、工程材料和结构创新、施工和管理技术等方面与国际先进水平仍然有着显著差距。原因在于我国工程科学基础研究总体上滞后于西方发达国家。西方发达国家的大规模基础设施建设已经不处于高潮期，大量已有设施面临长期服役产生的性能退化、劣化问题，因此对结构健康监测，维护和提升已有结构功能、耐久性、新材料和新结构形式等的研究很深入，并由此推动了基于性能的全寿命结构设计、可恢复功能结构及体系等新的设计理论的研究。在工程结构的动力灾变机理、工程结构耐久性与整体可靠性形成机制、多种灾害的风险统计与多场耦合的物理基础等方面，我国研究工作的总体水平平均滞后于西方发达国家 5 ～ 10 年。我国大规模工程建设的背景、大范围的灾害分布特点，也使得土木工程科学的研究难度更大、地域特性更明显。开展深层次、多方位、精细化的创新研究，将为我国土木工程的可持续发展提供坚实的科学基础与技术支撑。精细化强调研究工作在面向国家需求的同时，要精细地研究问题，研究机理，形成定量化的认识，有助于数字化及国家规范标准的发展完善。从文献调研来看，我国学者在土木工程学科及工程力学学科的发表论文数已占到全球的 10% 左右，仅次于美国；但是，在顶尖的高影响力的论文数量和作者数量两方面，中国内地不仅少于美国，也少于中国香港地区。我国科学研究和高水平国家与地区的差距表现在：在土木工程领域，需要系统、深入、定量、创新的工作；在工程力学领域，需要更多紧密结合工程、结合创新需求，并获得工程界高度关注与认可的工作。其重要原因是土木工程和工程力学学科的分离；僵化的学科划分；不恰当的学术、人才评价体系。

综合分析当前形势和前瞻未来发展，土木工程与工程力学学科的国际研究前沿和基本发展趋势表现在以下诸方面。

（1）从单一学科领域研究到多学科综合研究的发展。工程结构安全研究已从传统的以力学为核心的研究发展到以力学为基础，融合材料学、数学、物理学、信息技术乃至生物科学多方位综合的研究格局。非线性、多尺度、多场耦合、纳米科学、生物技术等日益成为土木工程与工程力学学科共同关注的焦点。

（2）从单一灾害研究向多种灾害、多重风险综合研究的发展。进入 21 世纪，从 20 世纪 50 年代的地震工程学、70 年代的风工程学、90 年代的火灾工程学，逐步自觉地发展为考虑多种灾害、多重风险的研究格局。

（3）从确定性设计理念向考虑不确定性的工程决策发展。工程中存在的各种不确定性及其所引发的风险，日益得到国际学术界、技术界与公共社会的关心，深入研究各类不确定性的表征、量化和传播规律，基于可靠性分析和风险评估进行重大工程决策正在世界范围内达成共识。

（4）从对工程安全极限状态的关注向综合考虑工程全寿命服役功能发展。大规模的工程建设高潮之后，以综合考虑工程全寿命服役功能的基础研究、实现基于性能的工程全寿命设计成为过去 20 年国际工程科学学术前沿的鲜明标志。

（5）信息与智能技术在工程建设领域引发一系列新研究方向。基于图像的实验测量技术、结构控制与健康监测、智能建筑、智慧城市、智能工程、工程数字化设计与运行、BIM 技术应用等，不断形成全新的研究方向。

（6）对工程建设的社会效应研究开始走向工程科学研究前沿。重大基础设施建设和安全服役直接关系民生和社会安全，将工程、技术、经济和社会等因素加以综合，进行自然科学与社会科学层面的综合研究开始走向国际学术舞台前沿。

第四节　土木工程与工程力学学科重点发展方向

“土木工程与工程力学学科发展战略研究”项目的覆盖范围是土木工程和工程力学的交叉领域。本项目着重面向我国国民经济建设和社会可持续发展的重大需求，以及信息化、智能化的时代特征，结合学科前沿和发展趋势，以我国基础设施建设的实践和发展需求来研讨土木工程与工程力学学科发展面临的挑战与机遇。

按照这样的视角和理解，我们从以下六个方面来探讨土木工程与工程力学学科的重点发展方向。

1. 城市化进程中的基础设施建设

人类社会已经进入“城市世纪”。如何应对快速城市化、贫困、资源与环境等方面的挑战将在很大程度上决定着世界的未来。在应对这些挑战中，大规模的基础设施建设起着关键的作用。城市化是发展中国家向发达国家发展过程中的必然趋势。发展中国家的城市化呈现出明显的人口向中心城市集聚的趋势，出现了城市连绵区和巨型区域。但是，城市和城市连绵区发展到一定阶段会产生很多问题，概括为“城市病”。世界城镇化面临的这些问题使得新时期的城镇化正处在结构转型的关键时期，发达国家绿色城市化和新的城乡统筹模式探求成为新的趋势。中国也在适应时代的需要，大力推进基于可持续性理念的新型城市化战略，以城市群、网络化城市为未来城镇化进一步推进的主体形态，即是通过现代化的交通、通信体系，把一个区域内特大城市和中小城市整合起来，形成城市网络，通过城市间基础设施一体化实现大中小城市的“同城化”（巴曙松，2013）。在这一过程中，一大批超高层建筑、超大跨结构、城市地下交通及城市间交通、供电供气供水及通信等基础设施在我国各地建成或正在建设，其对设计、建设和维护提出了大量的科学和技术问题，解决这些问题对于国家的经济发展和社会的稳定具有十分重要的意义，也是社会可持续发展的科学基础。此方面的主要研究方向包括：超高层和超大跨等重大工程结构的全寿命设计；城市地下交通、地下工程和城市间交通工程（包括高铁、地铁等轨道交通及隧道、大型地下空间）的施工建设和服役中的安全性和可靠性。

2. 能源需求牵动的土木工程

自2011年，我国已经超过日本成为继美国之后的第二大经济强国。而且，根据2013年7月发布的2013年《BP世界能源统计年鉴》（*BP Statistical Review of World Energy June 2013*），从2009年开始，中国一次能源消费量连续4年位居世界第一。2014年2月24日，国家统计局发布《2013年国民经济和社会发展统计公报》，经初步核算，2013年全年能源消费总量为39亿吨标准煤，比2012年增长3.7%。能源问题已经成为制约我国经济、社会更好更快发展的瓶颈。没有有效的能源供给，一切发展设想都是空谈。能源作为国民经济的基础产业，必须得到优先发展。目前，水电、核电、风电和洁净新能源是能源产业的重要组成部分。高效开发水电、核电和以海洋能源、风电为代表的新能源的基础设施建设，离不开土木工程学科的支撑。面对洁净能源开发的强烈需求，亟待深入研究这些土木工程中特有的科学和技术问题。此方面的主要研究方向包括：水利水电工程建设；核能设施建设；新能源开发的基础设施建设。

3. 重大基础设施的防灾减灾

2000～2009年，全球范围内发生的自然灾害与前一个10年相比并无显著异常，然而因灾害造成的损失却比前一个10年增加了两倍，比20世纪60年代的10年增加了近14倍。灾害所造成的人员伤亡、经济损失和社会震荡也愈来愈严重。自然灾害严重威胁着国民经济和社会的可持续发展，而且由于我国是人口大国，很多偏远地区，包括一些偏远的人口密集区，建筑物的设计施工与维护质量偏低，各类灾害造成的人员伤亡和对城市威胁的风险程度往往要高于其他国家。环视世界各地近年发生的一系列地震，世界各地地震灾害造成的人员伤亡和地震级别的关系，与这些地区的经济社会发展水平和国家管理能力密切相关。虽然很多地震的震级接近，但在我国发生时，造成的经济损失和人员伤亡一般都远高于发达国家和很多发展中国家。这深刻地说明防灾减灾在我国城市化进程和全面建成小康社会中的重要性和迫切性。近年来，反恐、防恐受到政府和社会的高度重视，密集的人口活动区及相应建筑的安保措施需要予以特别关注。此方面的主要研究方向包括：地震灾变与防灾减灾；风致灾变与防灾减灾；工程地质灾害的控制与防御；工程结构的非比例破坏和连续倒塌；火致灾变与防灾减灾；爆炸冲击灾变与防灾减灾；各类环境荷载作用与重大工程结构及其体系的抗灾减灾。

4. 可持续发展的土木工程

我国人口众多，是资源和能源消耗大国，同时环境污染和生态破坏十分严重。土木工程与建筑是人类赖以生存和开展生产活动的场所，也是人类消耗资源的最主要方式。土木工程为社会可持续发展提供解决方案和技术支撑，土木工程自身建设和运行的节能减排，是可持续发展的土木工程的重要方向。重大土木工程基础设施的建设和运行在为我国国民经济发展提供重要基础的同时，也在大量消耗能源和资源。研究长寿命结构材料和可循环利用的土木工程材料，发展高性能、自修复和自集能的可控工程结构和工程系统，建立综合全寿命期内的安全性、舒适性、耐久性、可持续性和经济性平衡的全寿命设计理论与控制原理，在满足国民经济发展需求的同时，节约资源，实现社会可持续发展的战略目标，是当前土木工程学科面临的重要课题，有力地推动着土木工程的可持续发展。此方面的主要研究方向包括：高性能结构体系；高性能和可再生材料；重大工程结构的性能设计；大型结构健康监测与安全评定；重大结构的寿命预测和风险分析。

5. 土木工程信息化和数字化

信息技术的飞速发展，使得信息采集、传输、储存、处理和解释的容量、速度、可靠度大幅度提升。任何学科、技术和工业部门，搭上信息技术的快车就可实现一系列的创新和突破。土木工程和信息化的深度融合必将推动土木工程的跨越式发展，在设计、施工和服役的各个阶段，这样的融合都将带来全新的机遇，有力地推动各个方面、不同层次的创新。当前，科学和工程研究已经由传统的理论和实验两类基本方法发展到了以理论、实验和计算为三大支柱的研究体系。结构分析和设计软件是工程设计的基础。将工程技术中的科学与技术问题定量化和数字化，采用先进的数值模拟技术，为设计人员提供高效低成本的软件工具，是发展的大趋势。近年来，尽管我国在科研基金资助和规划布局方面对数值仿真和工程分析软件比过去有了更多的支持和关注，但要改变多年形成的被动局面需要时间，需要投入，更需要发展具有自主知识产权的软件的共识。数值模拟和物理实验的关系一直受到科技和工程界的高度关注。由于人类的活动范围和视野的不断扩大，对工程分析、设计和建造的要求越来越高，需要进行物理实验（包括实验室试验和现场实测）的新问题不断涌现。然而，我们看到过去需要依靠实验才能进行的研究和设计，越来越多地被计算模拟所代替。信息化、数字化的大趋势，反映在和计算科学紧密结合的实验技术的迅猛发展，如基于重大土木工程结构健康监测技术的数据信息和不确定性研究与结构安全服役管理和风险评估，以及基于数字图像信息的结构位移、变形、应力和振动等的实验研究方面。信息化、数字化的大趋势，还反映在土木工程施工、建设和运行管理的数字化，包括近几年受到很多关注的基于分布式处理、并行处理、网格计算和“云计算”的工程管理系统及建筑信息建模综合管理系统。此方面的主要研究方向包括：可信性结构分析和数字化设计；基于数值模拟和信息化的先进实验技术；高性能计算环境下的数值模拟。

6. 土木工程中的工程力学

基础设施建设中的工程力学对于认识自然规律、支撑重大工程设计和建设及安全服役具有重要意义。大型复杂土木工程结构的设计和非线性性能分析的核心和根本基础是环境荷载的定量化描述、土木工程材料本构理论和破坏准则、结构静动力性能和承载能力、失效模式和失效判据。面对工程中荷载特性、材料结构物理和几何参数实际存在的大量不确定性因素，不确定性结构力学有助于准确把握和分析重大工程的力学行为、静动力响应和可靠性。从材料的纳观和微观层次特性，到构件的宏观层次行为，再到整个大型结构的力学性能分析，需要加强结构多尺度力学理论和方法的深入研究。另外，随着水利、港口、近海工程的大规模建设，与之有关的工程流体力学面临新的挑战与发展机遇，而高耸建筑、大跨或跨海桥梁工程、海洋油气资源开发和风电等新能源开发涉及复杂的流固耦合力学问题。对工程结构的力学和多学科耦合性能更为准确的模拟，以及设计和分析的一体化催生了新的计算力学方法，如等几何分析、无网格法、光滑有限元法等，而岩土力学的研究需要发展高性能的离散元方法。而且，在全球产业发展的节能低碳、绿色可持续发展的理念下，结构优化理论在重大工程全寿命抗灾性能设计和安全服役中扮演着不可或缺的角色。此方面的主要研究方向包括：工程材料的本构理论和破坏准则；极端条件下结构的失效和灾变；不确定性结构力学；工程流体力学；流固耦合力学；多尺度力学与跨尺度关联；计算力学；工程结构优化。

第五节　土木工程与工程力学学科资助机制与政策建议

我国与西方发达国家的发展阶段不同，土木工程与工程力学学科所肩负的历史责任也不同。因此在密切关注欧美最新研究成果的同时，也要紧密结合我国现状，为解决实际工程需求开展原创性研究，引领相关学科的研究方向，避免盲目跟随或简单重复。应通过对科学问题的基础理论的创新研究，解决重大工程建设中涌现的、带有普遍意义的技术问题。而且，土木工程科技立项资助和科学研究要强调服务中国，强调国际化与中国特色相结合，支持结合中国国情，突出中国特色，解决中国问题。

1. 加强研究队伍建设和人才培养

近年来，我国土木工程与工程力学领域人才队伍不断壮大，且随着我国经济的持续发展，国家对这一领域的科技研发投入逐渐增大，大量先进的研究成果不断涌现，在国际上的地位也不断提升，在研究领域已经具备良好的科研氛围。但是，本领域的学科带头人尚未形成合理的年龄梯度，顶尖学科带头人的衔接问题亟须重视。人才队伍发展建议对策如下：① 注重对学科带头人的培养，重视整个人才队伍的建设。人才队伍建设不应仅仅注重学科带头人的选拔，更应注重对已选拔学科带头人的进一步培养。改革人才评价体系，支持资助“十年磨一剑”及探索性、创新性强等类型的项目。② 采取有效措施，促使人才队伍结构不断趋于合理。③ 加大力度培育若干以中青年骨干学者领衔、学术造诣较深、作风严谨踏实的研究队伍，并且与国内外相关学术机构建立广泛深入的学术联系，提升科技队伍的创新能力和竞争实力。

2. 切实推动与加强多学科交叉研究

应加强土木工程与工程力学领域的多学科前沿交叉研究，只有通过与数学、物理学、材料学、地质学、地球物理、计算科学、信息科学等学科的交叉融合，本领域的研究才能取得突破性成果，保持强劲的发展动力和生机。例如，与数学学科交叉，可以寻求工程分析设计中一些难题的解决方法，同时也可促进数学学科的应用与发展；与材料学学科交叉，可以提炼出高性能工程结构所涉及的与轻质高强材料、智能材料、再生环保材料等有关的一些新的材料科学问题。

为了推动和加强多学科交叉的研究，除了需要培养一些具备多学科知识的人才和专家，更需要科学研究、人才培养和学科评估等的管理体制为多学科交叉提供足够的空间。

3. 加强国际交流和合作

积极开展实质性国际合作，对土木工程与工程力学领域前沿研究方向，与国际相关机构开展重要项目的联合资助，在重要前沿领域取得突破。鼓励国内研究者与国际知名科研机构的知名学者联合申请基金项目，开展实质性合作，在取得高水平科研成果的同时，提高我国科研人员的科学研究水平。

加大力度资助本学科各重点研究领域重大或重点项目承担者在国内或国外组织召开高水平国际会议、资助组团出国参加相关重大系列国际会议，进一步推动我国学者进入高水平的国际舞台并扮演重要角色。通过广泛开展和深化实质性的国际合作与交流，保持与国际同行的密切联系，参与组织和引领世界相关研究的发展潮流。

4. 加强重要研究基地和设施建设

促进我国土木工程与工程力学学科重要研究基地的合作，完善重点领域科学研究中心的布局，不断提升重要研究与实验基地的设施条件，避免重复性工作，在优势团队、优势学科和专业的基础上开展研究。探索国家和工业界共同资助科研院校的新途径和新机制，旨在设立联合研究基地，建立设备设施先进的工程实验室，开展有重大工程应用背景的基础性研究或前沿技术研究。这些新途径和新机制包括选题立项、多渠道资金筹措、队伍组织、科研资源（公共科研平台）开放共享、科研成果共享和人才培养等。

国家和社会的科技投入是科学技术发展的基本保证，也是土木工程与工程力学学科队伍建设和人才培养、研究基地和设施建设的物质基础。基础研究的资助要重视研究工作的基础性、创新性和前瞻性，同时也需要承认基础研究的多样性。对于面向应用的研究和技术开发，多渠道的国家和社会投入可以提供更多的灵活性并满足多方面不同目标的需求。稳定的投入将为科技工作者创造稳定可持续的发展环境。

本书关于土木工程与工程力学学科的发展战略研究，可为这些学科的发展提供重要的参考。在这一研究中，我们注重以我国经济建设和社会发展对这些学科的重大需求为牵引，遵照学科发展的自身规律和基础研究的特点，把握国际上土木工程与工程力学领域学科前沿、动态，以及信息化、智能化的时代特征，研究了该领域发展的中长期趋势和新方向；调查了解了我国土木工程实践与科技工作者在相应学科领域研究中的贡献和地位；结合我国国民经济和国防建设的重大需求，建议了符合中国发展需求的学科前沿重大科学问题和重大战略方向。

第二章 城市化进程中的基础设施建设

20世纪人类在科学、技术与经济领域取得了巨大的成功，极大地改变了世界的面貌，促进了人类社会的进步。人类社会已经进入“城市世纪”。据联合国人口司公布的数据，1950年世界城市人口所占比例为30%，1977年为38%，1990年为43%，2000年为46%，到2008年，世界城镇化水平已经在历史上第一次超过了50%（茹继平等，2011；国家自然科学基金委员会和中国科学院，2012b）。联合国人口司的《世界城市化展望2014》指出，到2050年，世界城镇人口将再增加25亿，占全球人口比例达到66%。如何应对快速城市化、贫困、资源与环境等方面的挑战将在很大程度上决定着世界的未来。在应对这些挑战中，大规模的基础设施建设起着关键的作用。

城市化是发展中国家向发达国家发展过程中的必然趋势。发展中国家的城市化呈现出明显的人口向中心城市集聚的趋势。据联合国人口司的《世界城市化展望2014》，1990年全球有10个千万人口以上的城市，2014年已经有28个城市人口上千万，这些城市人口的总数达4.53亿，占全球城市人口的12%。改革开放以来，特别是20世纪90年代以来，中国城市化进程史无前例。城市数量逐年递增，2009年年末已接近700个，2010年，我国城镇化水平已经达到47.5%，到2014年我国城市化率已经达到54.7%。据有关研究预测，城镇化将会持续以年均约1个百分点的速率增长，到2020年，我国总人口数将达到14亿以上，在这一过程中将造就更多个超大型城市，并形成一批新型中小城市（茹继平等，2011；国家自然科学基金委员会和中国科学院，2012b）。城市具有财富、资源、信息、人才、知识、科技和文化集中的优势，有利于财富、资源、人才的利用和竞争，有利于信息知识、科技和文化的交流和融合，有利于提高全社会效率。在超大型城市快速发展的同时，还出现了城市连绵区（megalopolis）和巨型区域（mega region）。1976 年法国地理学家戈德曼（J. Gottmann）指出（Gottmann，1976），全球已形成 6 个世界级的城市连绵区。我国的长江三角洲列于其中，珠江三角洲、京津唐地区也已形成现代化特征明显的城市群。

但是，城市和城市连绵区发展到一定阶段会产生很多问题，概括为“城市病”，如环境污染、交通堵塞、能源供给紧张和水电短缺等。发达国家的城市化进程还出现了旧城中心区“空心化”和“异质性”问题。在中国的城市化进程中，年均需要在城市新增就业岗位 830 万个，生活用水 14 亿米^3，特别是要在城镇地区新增城市居民住房 3 亿～ 4 亿米^2，土地开发资金 2700 亿～ 3600 亿元，建设用地 1800 千米^2，建筑耗能 64 亿千瓦时，达到整个城市能源消耗的 33% 左右（茹继平等，2011；国家自然科学基金委员会和中国科学院，2012b）。

世界城镇化面临的这些问题使得新时期的城镇化正处在结构转型的关键时期，发达国家绿色城市化（green urbanism）和新的城乡统筹模式探求成为新的趋势。中国也在适应时代需要，大力推进基于可持续性理念的新型城镇化战略。以城市群、网络化城市为未来城镇化进一步推进的主体形态，即通过现代化的交通、通信体系，把一个区域内特大城市和中小城镇整合起来，形成城市网络，并通过城市间基础设施一体化实现大中小城市的“同城化”。

在巨型城市和城市连绵群的发展进程中，城市人口越来越密集，基础设施也日益集中。当前，一大批超高层建筑、超大跨结构、城市地下交通及城市间交通、供电供水供气等基础设施在我国各地建成或正在建设，其设计、建设和维护引发了安全、可恢复性与可持续发展等方面的担忧和更高性能的需求，同时提出了大量的科学和技术问题。例如，超高层和超大跨结构的全寿命设计，以及城市地下交通、地下工程和城市间交通工程的安全服役，解决这些问题对于国家的经济发展和社会的稳定具有十分重要的意义，也是社会可持续发展的科学基础。

第一节　超高层和超大跨结构的全寿命设计

一、需求分析

伴随着巨型城市和城市连绵区的形成、人口与财富的集中化趋向，大规模基础设施建设与快速城市化进程互动，成为我国社会与经济进步的典型特征。500 米级的超高层建筑，超 300 米跨度的大型空间结构，超千米级的大跨度桥梁……一大批标志性建筑拔地而起。截至 2015 年，世界上高度前 10 位的高层建筑中，我国占 6 座；世界上跨度最大的 10 座斜拉桥，我国占 7 座；跨度最大的 10 座悬索桥，我国占 5 座（973 计划工程科学领域战略研究工作组，2015）。到 2015 年年底，我国现有各类公路桥梁已达 72 万余座，并已建成和运行着占世界总量一半以上、跨度保持世界纪录或名列前茅的特大跨桥梁，在未来 10 ～ 20 年里还将建设数量更多、跨度更大的桥梁。事实上，超高层建筑的崛起是土地资源紧张、财富集中和技术成熟的体现。超大跨结构的发展是源于工程服役功能需求和先进建造工艺的推动。

现代化的大规模基础设施建设和城市规模的迅速扩大，导致城市灾害危害性与工程安全问题日趋突出。事实上，我国又是全球重大自然灾害频发的地区，地震、台风、地质灾害等自然灾害种类多、发生频次高、影响范围大，灾害损失严重，重大工程在全寿命周期内还面临突发事件和其他威胁引起的风险和不确定性。重大工程结构在不确定的超设防烈度的特大地震作用下，工程结构的极限抗震能力无法满足强烈地震作用导致的过大抗震需求。另外，我国重大工程在设计理论（如性能设计和设防烈度的研究）、CAD 及 CAE 等大型分析与设计软件（基本被国外垄断）、高性能工程材料研发（如高标号高性能混凝土、高强钢材结构件短缺）、建造施工技术和水平（如制造施工不规范、现场作业多、标准化工厂化作业少等造成材料、结构性能与工程质量存在较大不确定性）、服役环境和结构耐久性（如大气中二氧化碳含量及酸雨量增加、桥梁交通流量增加及超载严重等导致工程劣化、老化较快，服役寿命较短）等方面与国外先进水平差距较大。由于城市环境复杂、建筑密集，一旦发生恐怖或意外爆炸事件，引起建筑结构的连续倒塌，将严重加剧人员伤亡和财产损失的灾害程度，产生重大的政治和社会影响，甚至危及社会的稳定。特大跨桥梁则是关系国计民生的国家经济大动脉——公路和铁路，特别是高速公路和高速铁路的关键结点，其建设和安全运行十分重要。我国超高层和超大跨结构这一类重大工程的安全运行、防灾减灾的研究任重道远，已经成为我国国民经济和社会发展的重大战略需求。

大规模基础设施建设，必然带来重大工程的寿命维护问题。20 世纪中期，工业化国家的一批早期建设的大规模基础设施，经数十年运营先后出现了因结构耐久性不足而引发的工程安全问题和结构过早破坏，造成了巨大的经济损失和社会影响，成为发达国家普遍关注的重大问题。新中国成立以来，20 世纪 50 年代和改革开放后大规模经济建设期间所建设的大批重大工程，或因服役年代久远，或因服役环境与设计条件变化太大，也面临严重的寿命维护问题。20 世纪 90 年代以来，人们日益深切地认识到结构使用寿命的重要性，由此提出了工程结构的全寿命性能设计理念。2009 年，美国应用技术委员会（ATC）颁布了建筑抗震性能评估指南（ATC-58），全寿命周期性能设计是这一指南的指导思想。通过统筹考虑结构设计、施工、运营和管理各个环节，使结构的全寿命性能达到最优或优化，业已成为工程结构全寿命设计理论和方法的主要发展趋势。

面对我国超高层和超大跨结构这一类现代结构工程建设的需求，深入开展其防灾减灾和全寿命设计的基础理论研究，在一批关键科学问题上取得了重大突破，促进和带动了土木工程及相关重点学科的发展，从而使我国重大工程防灾减灾与全寿命设计的理论和技术整体上步入国际先进行列并服务于我国国民经济建设，是我国工程科学发展的一项具有深远意义的战略性抉择。

二、国内外研究现状和趋势

随着工程建设规模的扩大和工程结构使用功能的提高，现代结构工程正在朝着大跨度、大深度、长距离、超高层的方向迅速发展。由此，引发了一系列关键科学与技术问题的研究，现代结构工程研究的重点与核心是在各类极端环境荷载作用下结构全寿命力学行为和性能演化的研究与控制；在这一研究中，结构理论、结构试验与结构计算构成了三足鼎立的发展局面；同时，结构工程正在经历着从单体结构的分析与设计到对整个工程系统的关注与研究的历史性变革。

自 2001 年美国“9 · 11”事件造成世贸大厦倒塌之后，国内外学者对爆炸荷载作用下大型建筑结构的损伤破坏与连续倒塌给予了比过去更多的关注和重视，并进行了较为广泛的研究，取得了丰硕的新成果。目前，对基本结构构件在爆炸荷载作用下的动态响应特征、损伤破坏机理、破坏模式等已经有了初步的认识，改进并提出了爆炸荷载作用下建筑结构连续倒塌分析的新方法，取得了一系列研究成果。然而，对爆炸荷载或与火灾联合作用下大型建筑结构构件力学行为的研究则很少开展，更未展开爆炸荷载或与火灾联合作用下大型建筑结构的连续倒塌研究。

20 世纪 90 年代中期，人类对工程灾害认识深化，推动了新的工程抗灾设计理念的诞生和工程结构抗灾设计理论的发展。以美国一批科学家为代表，在地震工程领域内提出了基于性能设计的观点。这一观点逐步被世界主要国家的结构工程研究者所接受，并展开了较为广泛的研究（Roesset and Yao，2002；Haldar and Mehrabian，2008）。从目前发展趋势考察，这一观点正在演变成新一代考虑多种灾害的结构抗灾性能设计理念。另外，重要建筑结构的隔震、减震、主被动控制，由抗倒塌设计向可修复设计转变，并发展为可恢复功能抗震结构，这些方向的研究工作也受到高度重视。

大跨桥梁工程方面，从分析 1940 年美国塔科马老桥风毁事故开始，现代桥梁抗风已经历了 70 多年的发展，形成了一套线性理论框架下的桥梁抗风设计方法，满足了桥梁建设的基本需求，不再出现大跨度桥梁风致垮塌事故，各类风致振动损伤破坏的出现概率明显降低，并为已出现的各种桥梁风致振动破坏提供了有效的解决方案。然而，随着超规范的超大跨度桥梁的出现，现有抗风理论亟须继续开展重点研究，包括：①非线性颤振理论研究；② 涡激共振理论与研究手段；③基于流固耦合数值模拟方法的结构抗风研究；④ 面向海上及山区特大桥梁的桥梁抗风研究。

此外，预应力混凝土箱梁桥普遍存在开裂和下挠等严重损坏，正交异性钢桥面铺装破损和钢结构疲劳开裂已成为钢桥的“癌症”，拉索和吊杆腐蚀、疲劳损伤严重，且强动力作用下桥梁振动剧烈、引起结构损坏甚至倒塌，安全事故频出。据不完全统计（973 计划工程科学领域战略研究工作组，2015），2004 ～ 2013 年，垮桥事故近百起。这表明现有桥梁在多外场（力场、温度场、湿度场）和强动力（地震、强风）等多因素作用下服役安全的基础理论研究存在严重不足。未来我国特大跨桥梁建设任务更加艰巨，上述安全问题将更为突出。其复杂的力学行为突出表现在以下几个方面：① 特大跨桥梁跨越空间大，桥墩在地震中往往经历不一致地面运动作用，其地震反应机理和抗震设计，显著不同于假定地面各点做一致运动的传统理论；② 地震作用下大跨度主桥和引桥的振动是耦合的，其地震反应相互影响；③ 特大跨桥梁属于柔性结构，一些关键构件高柔性、低阻尼，其动力响应分析更为复杂，半主动、主动控制目前研究较多，但多限于理论研究，实验研究和重大工程的有效实际应用还很不够；④ 复杂介质场地桩 - 土 - 结构动力相互作用的非线性分析研究深度依旧不能满足设计特大桥的需要。已有的工作还缺乏系统性，不能满足我国当前大规模土木工程建设的需要。

工程结构的设计从最早的基于弹性理论的应力设计，发展到基于弹塑性理论的极限状态设计，再发展到基于概率论的近似概率极限状态设计。在工程结构服役过程中，由于各种环境、荷载等因素的影响，结构不可避免地产生累积损伤、抗力衰减、功能退化，结构工程的耐久性关系到工程的使用寿命和综合效益。20 世纪 90 年代，在建筑领域明确提出了“全寿命周期费用分析”的概念，即综合考虑建设和使用成本，从而选择全寿命投资费用最优的项目方案。1996 年，RILEM（国际材料与结构研究实验联合会）的 130-CSL 委员会提出了《混凝土结构的耐久性设计》的报告，对混凝土结构耐久性设计方法做了全面和系统的论述。2001 年，亚洲混凝土模式规范委员会公布了《亚洲混凝土模式规范》（ACMC2001），提出了基于性能的耐久性设计方法。2009 年美国土木工程师协会发表《2025 土木工程远景规划实施纲要：专业规划实施路线图》（American Society of Civil Engineers，2009）报告，强调要高度重视工程质量和全寿命周期性能优化设计、工程风险和不确定性管理等重要问题。现有的研究状况表明：目前的研究主要还局限于结构耐久性的研究，而对于结构全寿命设计理论与技术的研究，则刚刚起步。

三、重要研究内容

工程材料与工程结构的全寿命性能演化，在灾害作用下的破坏机理与抗灾性能，随机动力系统的非线性演化、涨落与灾变，工程灾害作用的基本性质与物理模拟，工程结构和系统抗灾功能控制与优化设计的基本准则，是重大建筑、桥梁与生命线工程的防灾减灾和全寿命性能设计中带有关键性的基础科学问题。需要提到的是，关于重大基础设施的防灾与减灾在本报告第四章中还有专门的讨论。

1. 工程材料—构件—结构—系统的损伤演化与破坏机理

重大工程结构从材料失效、构件破坏到结构倒塌的多尺度、多物理过程及其模拟方法；在多荷载场作用下结构材料（包括高性能钢、高性能水泥、纤维增强复合材料和各类新材料及相应的结构件）的精确化本构模型，结构的时变行为全过程精细化分析；动力荷载作用下工程材料损伤的细观机理、演化机制、多维弹塑性损伤本构模型与随机损伤本构模型；反映工程结构不确定性及动力非线性性能的建模理论与方法，不确定性要素的多尺度传播规律；地震及次生灾害（各种污染、火灾等）下，城镇建筑群和生命线工程等系统的时空破坏特性与模型、预测和减灾救灾。

2. 重大工程结构的灾害动力作用模型

复杂地震动场、强风风场的物理特征及其概率演化特征和时空分布，不同尺度灾害动力作用（场）的历史重构，中长尺度的区域性灾害危险性分析理论；地震波传播、强地震动模拟与作用模型；空间地震动场、强风风场形成的物理机制，重大工程灾害动力作用的物理随机过程（场）模型。

3. 重大建筑与桥梁抗震、抗风性能设计理论

地震、台风等多种灾害作用下重大建筑与桥梁结构的损伤演化机理、灾变失效机制、可靠性与鲁棒性、性能优化与控制；可恢复功能结构的理论与设计方法；超高耸、特大跨结构等重大工程基于性能的设防标准与抗灾设计理论；超高层建筑新结构体系、大震分析方法和设计理论；极端灾害作用下重大工程风险评估方法、灾害预警理论和减灾救灾策略；反映灾害作用效应随机演化规律的结构非线性分析理论与方法。

4. 重大建筑与桥梁全寿命性能设计理论

基于耐久性的工程结构环境特征与区划方法；多种环境与荷载耦合作用下的工程结构耐久性劣化机理及耐久性设计方法；在役重大工程全寿命周期劣化/老化机理、健康诊断、风险评估和安全维护，重大工程结构健康监测的环境因素影响和不确定性；工程结构全寿命、全过程风险分析与控制理论，面向工程结构的多元化性能目标体系的理论和方法，多荷载耦合作用结构性能评估理论和方法；基于检/监测数据更新和概率理论的结构全寿命性能预测理论、全寿命动态评估理论与全寿命设计理论；新型高性能、环境友好型建材和节能减排防灾减灾的重大建筑与桥梁结构体系。

5. 重大建筑与桥梁抗爆、抗火、抗冲击性能设计理论

爆炸、火灾、撞击等突发性事件引发的超常荷载分布与作用模型；高应变率、高温条件下大型及重要建筑材料的非线性力学行为与破坏准则；爆炸、撞击荷载或与火灾联合作用下大型及重要建筑结构的动态响应行为、损伤破坏机理与连续倒塌机制；大型及重要建筑遭遇爆炸、火灾、撞击等突发性事件的灾害预警理论、抗连续倒塌设计方法与防护加固技术。

第二节　城市地下交通、地下工程和城市间交通工程的安全服役

一、需求分析

虽然信息技术的快速发展大大提升了社会信息和科学技术的扩散与交流，但巨型城市和城市连绵区的发展使得物质和人员交流更加集中、频繁。城市交通有限的速度、强度和运能制约着经济社会的发展；不可再生的地面交通资源，在提供交通便利的同时扩大了城市面积，增加了交通的需求。因此，重大地下工程和城市间交通必须高速发展。其中，作为城市内交通命脉重要组成部分的城市轨道交通地下结构，其健康服役对于城市的正常运转至关重要，越来越受到社会的广泛关注。例如，北京、上海、广州等超大城市，一旦城市轨道交通的任一节点出现问题，将波及整个地铁网络，阻碍数十万人的出行，进而造成城市交通系统的瘫痪和恶劣的社会影响。“十三五”期间，为实施党中央提出的“一带一路”发展战略、开发中西部地区，交通领域不仅有繁重的国内重大工程项目建设任务，还肩负着走出国门的重任。同时，在全球气候和服役环境的不断变化过程中，这些设施的长期安全服役是一个意义重大的问题。

城市轨道交通地下结构设计寿命通常为 100 年，其所处岩土赋存条件复杂、列车运行密度极高。一方面，结构自身在多因素长期作用下性能不断劣化；另一方面，周边环境与结构高度耦合，诱发地下工程灾害的可能性增大，结构健康服役面临的问题日益突出，亟须对结构健康服役状态评估及预测控制开展系统的基础研究，包括对城市轨道交通地下结构性能演化、评估预知和控制的研究。

高速铁路始于 1964 年开通的日本东海道新干线，随后在法国、德国、意大利、西班牙、瑞典、韩国、荷兰等国得以快速发展。京津城际、武广、郑西、京沪等高速铁路的开通标志着中国进入高速铁路时代，2012 年哈大、京石武等多条高速铁路已陆续开通运营，新增高铁运营里程近 3500 千米，总运营总里程逾 1.3 万千米，位居世界第一（973 计划工程科学领域战略研究工作组，2015）。到 2014 年年底，高速铁路运营里程达到 1.58 万千米，高速铁路

服务范围覆盖28个省（区、市），实现网络化运营。而且，全国铁路运营里程达到11万千米，公路通车里程达到446万千米，沿海港口（含长江南京以下港口）2116个，通航的民用运输机场202个。全国有21个城市开通城市轨道交通线路，运营总里程超过2800千米（国家发展和改革委员会，2015）。到2015年，中国高速铁路运营总里程达到1.9万千米，居世界第一；我国高速公路总里程达到11.8万千米，居世界第一。交通领域重大基础设施建设将持续很长一段时期。不论是里程规模，还是技术水平，我国高速铁路均已走在世界前列，它对我国经济的持续发展和城镇化建设将起到巨大的促进作用。同时，我国政府对高速铁路技术走向世界也高度关注，并积极推动。

高速铁路安全运行关乎人民的生命财产安全，也关系到国家声誉和国家重大利益。作为高速列车运行的直接载体，高速铁路基础设施是由路基、桥梁、隧道、边坡及无砟轨道等多种结构组成的复杂超长大型工程结构，除无砟轨道设计寿命为60年外，其他结构的设计使用年限均为100年。服役期间由于材料性能劣化、环境变化、列车交变荷载等因素的共同作用，结构性能将逐步蜕化，产生非稳态疲劳衰变，导致受力体系出现薄弱环节，成为潜在的不安全因素。探究这些隐含的不安全因素，对其安全服役状态进行科学合理的评估，及时采取预防措施，以保障高速铁路运营安全。而且，研究多种气候条件、复杂地质环境、灾变、列车交变荷载等多元耦合因素作用下，高速铁路基础设施结构损伤机制及基础设施安全服役的控制理论与方法，实现对高速铁路基础设施全寿命安全服役状态的监测评估及预报预警，对于保障高速列车安全平稳运行，避免重大事故，提高我国在高速铁路基础设施保障体系领域中的国际地位具有重大意义，也是我国高速铁路发展的重大战略需求。

我国高速铁路的一个特点是线路上有大量的高架桥和隧道，在节省土地资源的同时降低了建设成本；隧洞隧道还广泛应用于南水北调等引水工程、大型水利水电工程及国家区域间的大通道建设中。例如，国家东部大通道建设设想中的大型跨海湾隧道。据不完全统计（973计划工程科学领域战略研究工作组，2015），未来10年我国要建设的各类隧道近十万千米，很多深长隧洞、跨海湾隧道的建设难度世界罕见。随着大中城市功能的日益完善、用地的日趋紧张，以及地下空间开发能力及利用观念的不断提高和更新，近20多年来相继建设了一批体型复杂、功能多样、浅覆土层的大型地下工程结构群。这些隧道隧洞的建设涉及大型施工机械（如盾构机、硬岩掘进机）在诸如地质构造复杂、软硬地层交替、高地应力和高压大涌水等复杂地质条件中作业，岩土、结构和装备相互作用，需要考虑复杂的力学、岩土工程和机械等的交叉科学问题。大型地下工程的抗震减灾问题异常复杂，至今未得到满意解决。揭示强震环境下城市大型地下工程动力灾变规律与防控机理，确保城市地下结构抗震能力，迫切需要深入的研究工作。

二、国内外研究现状和趋势

目前运营中的城市轨道交通地下结构健康服役问题已开始显露。已发生的一系列事故表明，城市轨道交通地下结构在服役环境不断变化、材料劣化等内外因素共同作用下，其受力状态会发生变化，性能逐步退化，加之我国轨道交通建设速度迅猛，其结构施工质量可能存在一定程度的缺陷，因而城市轨道交通地下结构健康服役面临的问题日益突出，其中蕴涵着许多亟待解决的重大科学问题。特别值得注意的问题是：①动态时空环境效应下的地下结构性能演化机理；②超长线状地下结构状态智慧感知与评估理论；③地下水环境下的结构自修复机制与自适应控制理论。

地震作用环境下城市大型地下结构及其周围土体构成的系统，是一个非常复杂的“非线性”“真三维”的“大系统”。城市大型地下工程抗震安全性评价的实际水平，取决于能否正确地评价大型地下工程结构系统的震灾动力学行为和震动响应机理，本质上依赖于对地下结构与土体震动相互作用规律这个基本科学问题的认识水平，关键在于能否在地下工程的抗震分析中合理地描述其“非线性”“真三维”和“大系统”这三个显著特征。到目前为止，相关的研究主要偏重于地铁隧道等单体工程，很少把各类城市大型地下工程作为一个整体系统展开深入研究，特别是目前经受过大地震考验的城市大型地下工程的实例还非常少。对城市大型地下工程的深入研究，还主要是采用物理模型试验和数值仿真分析，特别是要发展将二者紧密结合起来的途径。

高速铁路基础理论与应用技术已成为国内外关注的焦点（翟婉明和夏禾，2011）。目前我国在高速铁路设计及施工方面，已取得了显著的成果，但在高速铁路基础设施服役过程中结构损伤及状态演变机理的研究尚处于起步阶段。高速铁路基础设施服役行为监测及控制涉及振动理论、系统识别、传感及测试技术、信息技术、人工智能及专家识别等学科领域，并有可能促进一系列相关新学科和新理论的形成，产生一个新的科学探索热点。

高速铁路露天服役环境、周期疲劳荷载、高运营速度及天窗时间短决定了高速铁路基础设施的服役行为，其基础理论包括：①基础设施服役状态演变规律时变特征模型化。我国高速铁路基础设施采用了大量新材料、新工艺和新结构，且结构形式多样，处于复杂气候条件、地质环境及列车交变荷载等多元因素长期耦合作用下的基础设施结构状态演变规律极为复杂，甚至会造成基础设施结构的损伤；基础设施服役状态的演变或结构的损伤将改变结构间的力学作用，对列车高速运行的影响程度明显加大。高速铁路的速度快、安全性好、舒适性高等特点对基础设施提出了高标准技术要求，在对基础设施结构进行耐久性评价的基础上，必须评价基础设施服役状态对列车运营安全性和舒适性的量化影响，建立高速铁路基础设施服役行为时变模型，为车－线－基础耦合动力学研究参数分析提供理论支持，是基础设施安全服役状态研究的必然趋势。②高速列车－轨道－线下基础间相互作用研究的系统化。当高速列车运行时，列车荷载通过轮轨接触传递给轨道，轨道将荷载进一步传递至线下基础，使其产生振动与变形；线下基础的振动与变形又反过来影响轨道系统与线下基础间的相互作用，进而影响轮轨间响应及列车振动；列车与基础设施的动力相互作用不仅影响着列车的运营安全与舒适，同时也影响着基础设施结构的服役性能，因此，把高速列车－轨道－线下基础间的相互作用作为一个系统来研究是高速铁路服役性能研究的发展方向。③高速铁路基础设施安全服役状态监测方法的多元化。我国在既有铁路基础设施服役状态监测方面的技术已取得了一定的成果，适用于高速铁路运营条件的相关技术需要在借鉴已有成果的基础上开展深入研究，以满足测试精度、传输速度等方面更高的要求。随着高精光纤传感、快速图像识别、高速电磁超声等现代检测技术的发展，基础设施监测技术已由局部检测发展到分布式检测，离线检测发展到在线检测，单参量检测发展到多参量协同检测，静态检测发展到高速动态检测，形成综合性的智能监测网络。基础设施安全服役状态监测的多元化是今后的发展方向。

三、重要研究内容

1. 城市地下交通工程的结构性能演化与控制

动态服役环境中的地下结构材料全寿命期性能演化机理；地下结构性能与环境耦合作用机制；超长线状地下结构动态时空环境下的状态智能感知理论与方法、健康诊断与服役性能预知理论；地下水环境下的结构智能自修复与加固理论；地下结构健康服役的数字化保障与控制体系。

2. 重大地下工程的地震破坏机理和抗震设计

大型地下工程场地地震动规律与输入理论；大型地下结构与土体系统震动相互作用规律与分析理论；大型地下结构震动效应与破损机理；大型地下结构群震动耦联效应与灾变演化机理；大型地下工程震动安全极限与风险评估理论；大型地下工程高性能抗震结构体系及设计防护理论。

3. 高速铁路基础结构动态性能演变行为

高速铁路基础结构关键材料动态性能劣化行为；高速铁路无砟轨道动态性能演变与失效机理；高速铁路桥梁动力性能演变及服役安全评估；高速铁路路基长期累积变形及服役性能演变；高速铁路线路几何状态演变规律及线路谱表征；基础结构性能演变对高速行车安全平稳性的影响及其控制；地域相关的岩土工程研究（黄土、冻土）。

第三章 能源需求牵动的土木工程

到2010年，我国已经超过日本成为仅次于美国的第二大经济强国。与此同时，据中国能源研究会2011年2月25日公布的《2011年能源经济形势分析与展望》报告，我国已成为世界能源消费第一大国，2010年的一年能源消费当量为32.5亿吨标准煤，是美国的3倍，日本的5倍。据2014年《BP世界能源统计年鉴》，2013年我国总发电量达到53 478亿千瓦时，能源消费当量为39亿吨标准煤，占全球消费量的21.9%。“十三五”期间，全社会能源需求将继续保持强劲的增长趋势。到2030年，中国能源的20%将是非化石能源，即清洁能源，以水电、核电、风电、海洋能源为代表的新能源基础设施，其建设安全与运行安全面临巨大挑战。

能源问题已经成为制约我国经济、社会更好更快发展的瓶颈。没有有效的能源供给，一切发展设想都是空谈。能源作为国民经济的基础产业，必须得到优先发展。目前，水电、核电和洁净新能源是能源产业的重要组成部分。我国的能源和海洋开发战略推动着这些领域的工程建设研究，能源的可持续发展正在转变为工程问题。为了降低石化能源的消耗，新能源的工程建设受到了更多关注。高效开发水电、核电和以海洋能源、风电为代表的新能源的基础设施建设，离不开土木工程学科的支撑，相关科学研究仍有很多机会和发展空间。

第一节 水利水电工程建设

一、需求分析

水是基础性的自然资源和战略性的经济资源，是生态与环境的重要控制性要素。建设水库大坝等水利水电工程基础设施，对自然界的水进行合理调蓄，是我国开发利用水资源和防治水患的必然选择。据2014年《BP世界能源统计年鉴》报道，2013年，我国总发电量为53 478亿千瓦时，其中火电发电量为41 927亿千瓦时，占总发电量的78.4%，水电发电量为8963亿千瓦时，占总发电量的16.76%。面对全球气候变化，清洁能源和可再生能源在国家的能源规划中受到高度重视。在各类可再生能源中，除水电外的其他能源由于技术和成本因素等的制约，在短期内难以大规模替代石化能源。日本宫城大地震和福岛核电站事故引起了世界各国对核电安全的密切关注，水电作为可再生能源成为节能减排的首选已经无可争辩。2009年12月温家宝在哥本哈根气候变化大会公布了中国减排目标，2014年11月习近平和奥巴马举行会谈并发表《中美气候变化联合声明》，表示中国计划到2030年左右二氧化碳排放达到峰值且将努力早日达峰，并计划到2030年非化石能源占一次能源消费比重提高到20%左右。为实现这一目标，水电开发面临巨大的需求和压力。我国大江大河的源头约80%集中在西部，水能资源集中在西部高山崇岭的陡峻河谷中，其地形地质条件虽然适宜于修建移民淹地相对较少而调节性能好的高坝大库，但这些潜在坝址的区域性地质构造非常特殊和复杂。

我国已建和待建的高坝中，200米级的混凝土重力坝及300米级的高拱坝、超高土石坝占有重要的地位，如溪洛渡、白鹤滩、小湾、锦屏一级、龙蟠等300米级的高拱坝，双江口、两河口、松塔、马吉、班多、古水等300米级的超高土石坝，以及龙滩、黄登等200米级的高碾压混凝土重力坝，库容从数十亿到数百亿立方米，电站装机从百万千瓦到1400万千瓦。这些高坝大库一旦发生破坏，除工程本身破坏引起的经济损失外，如果出现溃坝失事，其次生灾害带来的后果极其严重。我国是地震多发的地区，特别是我国水电资源丰富的地区不仅地质条件极其复杂，而且大都处于强烈地震活动区，高坝的设计地震烈度多在Ⅷ～Ⅸ度［设计地震加速度一般为0.2g～0.32g（g为重力加速度），大岗山拱坝甚至超过0.55g］，强烈地震是威胁高坝安全的主要荷载。新建工程的抗震设计和已建工程的抗震安全评价是保障这些重大工程安全的关键环节。在如此复杂的地震区修建300米级的高坝，既缺乏先例，也少有国外经验可借鉴。300米级的高拱坝及200米级的高碾压混凝土重力坝在常规荷载工况作用下真实性能的研究还不够成熟，特别是在极端荷载（如最大可信地震）作用下高拱坝真实性能更缺乏系统的研究。深厚覆盖层地区的300米级超高土石坝的抗震理论和方法也一直未得到深入、系统的研究，从而可能会给工程设计、建造和运营带来严重的安全隐患。

我国已经兴建了一大批重大水利水电工程，这些工程很多建成年代较早，在长期运行中一直存在或已经出现了一些可能影响工程安全的隐患。有的虽建设较晚，标准也相应提高，但健康状况仍不佳。因此，在吸收总结国内外先进设计和运行经验的基础上，开展重大水利水电工程全寿命周期安全与健康及防灾减灾的基础研究，对防洪和保障水资源调控体系的安全，保障水电能源和通航安全，保障环境安全具有重要的现实意义，也具有重大的经济、社会和生态效益。

水利水电工程全寿命周期安全与健康及防灾减灾已被列入《国家中长期科学和技术发展规划纲要（2006—2020 年）》（简称《纲要》）的多项主题，如水和矿产资源重点领域水资源优化配置与综合开发利用优先主题，能源重点领域可再生能源低成本规模化开发利用优先主题，公共安全重点领域国家重大自然灾害监测与防御优先主题，并且涉及水利、能源、灾害、安全生产、环境等多个学科，重点支持这一方向的重大基础研究是落实《纲要》，确保水利水电工程的健康安全运行，确保我国水安全、能源安全与公共安全的需要。对于国计民生、经济社会可持续发展和国家长治久安具有重大意义。

二、国内外研究现状和趋势

以大规模的大型水利水电工程建设为契机，我国国内相关科研单位和高等院校在国家支持下开展了大量卓有成效的基础理论研究和技术攻关。其中针对三峡工程的科研，是最为系统和全面的，国家重点科技攻关项目、国家自然科学基金项目、国家科技支撑计划等都给予了大力资助。三峡工程科研成果所形成的关键技术方法体系，代表着同期我国，乃至世界水利学科发展的最高水平，且极大地促进了装备制造等其他技术的发展壮大。这些关键技术和方法体系需要进一步提升为理论。

大坝是水利水电工程的枢纽建筑，其结构的安全不仅仅关乎整个工程效益的有效发挥，更是关系到人民生命财产与公共安全的重大问题。因此，在工程规划设计、施工和长期运行的各阶段，保障大坝结构安全是水利水电工程领域的核心问题，对大坝结构性能的研究也一直是这一领域的研究热点。目前，我国面临的在强地震区修建 300 米级高坝的严重挑战性技术问题，国外可借鉴的经验不多。因此，高坝在强震作用下的灾变分析、安全服役和控制成为我国水电开发的关键技术问题。过去一段时间，国内的科研机构和高等院校针对各类混凝土坝和土石坝开展了一系列的研究工作，取得了一批较高水平的科研成果（国家自然科学基金委员会工程与材料科学部，2011）。

高混凝土坝（以拱坝和重力坝为典型代表）地震灾变行为分析涉及强地震场作用下，大坝结构和材料在峰值强度后软化影响的强非线性和局部损伤、渐进破坏、整体失稳，直至倒塌等全过程，涉及复杂的力学和数学问题。国内外学者陈厚群、张楚汉、林皋、孔宪京、乔普拉（Chopra）等近些年的研究主要包括以下几个方面（陈厚群，2011；张楚汉等，2008；孔宪京，2015）。①混凝土材料动力特性研究：对混凝土材料的各种动态性质进行动载试验，研究应变速率对混凝土强度、弹性模量、泊松比、峰值应力处应变值、应力－应变关系曲线、破坏模式的影响。②混凝土损伤本构模型研究：利用热力学建立损伤势，采用流动法则得到损伤演化规律，以及根据混凝土试验总结出损伤演化方程，并进入工程应用。③岩石动力特性研究：通过室内实验及理论分析等方法，对岩石的动态抗压、抗拉、抗剪强度和变形特性，以及岩石的动态断裂特征进行较为广泛的研究。④地震动输入机制研究：包括输入地震动量级和过程形式及地震动的输入方法，特别是对于建于深山峡谷中、基底延伸很长、上下高差显著的高拱坝坝址，沿坝基交界面的地震动幅差和相差明显，研究这种不均匀性对于大坝空间整体的作用效应。⑤库水在地震作用下的模拟研究：考虑库水可压缩性，进行重力坝－库水动力相互作用的二维及三维分析，研究淤砂层对动水压力的影响。⑥高混凝土坝损伤演化规律与破坏倒塌机制研究：包括应用断裂力学概念建立的裂缝计算模型，以及基于连续介质损伤力学的裂缝计算模型。高混凝土坝地震灾变过程的数值仿真分析方法，以及模拟节理岩体材料本构关系、渗流耦合与地基辐射阻尼的拱坝系统离散元仿真模型，除传统的有限单元法和刚体极限平衡法外，离散单元法、边界面元法、不连续变形分析方法等非连续介质力学分析方法都在快速发展并走向实用。但目前三维开裂与破坏仿真分析理论和方法尚不成熟，对高混凝土坝在地震作用下开展三维整体开裂、裂纹追踪、失稳破坏致灾过程仿真分析，就现有的结构分析技术来说是一个巨大的挑战。⑦高混凝土坝动力模型试验技术研究：通过水工结构动力模型试验对大坝的变形特性、失效机理和破坏模式进行全面研究，并对大坝的分析理论和数值计算的结果进行验证。

开展大坝的抗震设防标准及安全评价研究，以科学地进行大坝的抗震设防，确定设防的地震动强度与频谱特性、地震动输入模式，以及安全检验的内容与标准等是今后的研究重点，大坝的性能设计是值得关注的发展方向。

大坝的抗震安全监测、抗震和减震措施，包括在高拱坝横缝中设置阻尼耗能装置进行振动控制的概念，高坝大体积混凝土结构的全过程仿真材料静动力特性及振动台模型试验技术，大坝的双振动台实时耦合试验及多振动台阵大型结构试验等都是亟待深入开展的研究内容。

土石坝的研究进展主要包括：提出了土石坝应力应变分析及优化设计方法；利用多种模拟试验和有限元分析相结合，建立了土石坝渗透变形控制理论及评价方法；通过大型土工离心模型试验，初步提出了高土石坝物理模拟理论与方法。另外，在大坝混凝土及土石坝料的静动力特性及其测试，以及大坝安全性分析等方面也取得了一系列研究成果。地震作用多成为土石坝设计中的控制工况，土石坝抗震问题一直得到关注并多次被列入国家重点科技攻关内容，在坝料动力特性试验研究、建立高土石坝非线性地震反应分析理论和方法、地震液化机理及判别标准、地震永久变形分析理论、地震安全性评价方法及抗震加固措施等方面取得了较大进展。

但是，在土石坝分析和设计方面还存在许多亟待研究和解决的关键科学和技术难题，包括：国内外还缺乏针对土石坝复杂深厚覆盖层坝址的地震动输入机制的系统研究，基岩与覆盖层或坝体界面上的输入机制、地基辐射阻尼及坝基地震动不均匀分布的影响；在材料动力特性上，目前土工抗震中一般采用砂土试验建立本构模型，并用堆石料缩尺后的动力试验确定模型参数，与堆石料在现场的情况有较大差异；需要对坝体人工填料的动力特性及其液化机理开展研究，开发反映人工填料各向异性及结构性的通用动力本构模型，以对坝体动力灾害过程进行仿真模拟。

三、重要研究内容

重大水利水电工程在施工、运行直至退役的全寿命周期内的安全与健康，以及防灾减灾是该领域的核心问题。从材料—构件—结构—系统等多个尺度，开展重大水利水电工程全寿命周期安全与健康，以及防灾减灾的基础研究是关键内容。

1. 复杂条件下重大水利水电工程建设与设计理论

复杂条件下高坝枢纽全寿命性能设计的关键技术与科学问题；拱坝及复杂岩基系统的破坏分析与安全评价；高拱坝的体型优化理论与方法，土石坝和混凝土坝随机力学模型与可靠度理论；重大水利水电工程全寿命周期结构性能演化，以及基于实测资料的重大水利水电工程性能预测。

2. 重大水利工程抗震分析和设计理论、安全评价及安全管理

重大水利水电工程全寿命周期最大可信地震及设防标准，多震区高坝抗震及其地震影响与风险评估，基于风险控制的重大水利工程安全评价、管理及健康维护；各类大坝非线性动力响应分析理论与方法，强非线性数值分析模型，高性能并行计算方法及平台；强震作用下坝体－库水－淤沙－复杂岩基系统的地震损伤破坏仿真，重大水利水电工程的动态响应规律和工程极限抗震能力；水利水电工程的振动控制技术。

3. 高坝岩基系统和工程结构的强度、变形与稳定性

高坝混凝土、岩体和土石材料等各类筑坝材料的动态本构模型和参数、动态破坏过程的内部损伤机理及裂缝控制；碾压混凝土坝与面板堆石坝的施工过程仿真，温度应力与裂缝控制，渗透变形、强度与稳定性；高坝岩基系统的应力与稳定，坝踵、坝址、坡脚处高梯度应力区下岩体变形、强度特性，坝基卸荷岩体力学特性；高拱坝、碾压混凝土坝、面板堆石坝、土石坝等的整体稳定性评价体系，基于变形稳定的高边坡稳定评价，以及相应的控制标准；高拱坝和高边坡整体系统加固体系优化布置理论和设计方法；考虑结构和基础相互作用的大体积坝基和边坡变形稳定的评价与控制（加固）理论。

4. 超大型地下洞室（群）结构演变规律、成灾机制及其防控措施

极端不利和超规范条件下，重大水利水电工程中超大型地下洞室多尺度结构演变与成灾机制；洞群围岩在极端复杂多相多场力作用下的变形破坏机理与破损区时空演化模型；（密集）地下洞室群破坏机理、稳定性判别标准与控制，大量不确定因素下超大型地下洞室群的设计体系、施工监测、仿真及实时控制；高应力、高地温、高水头下复杂地质围岩的强度、变形破坏机制、蠕变、渗流等方面的基本工程特性研究；涌水突泥、岩爆发生机理、灾变过程及防灾减灾技术研究；超大型地下洞室地质灾害预测预报的信息管理系统研制。

5. 高速水流与高坝消能的基础研究

高速水流及其伴生的空化、掺气、脉动、冲击波等现象的机理识别、演化规律及对水工建筑物的影响及消减方法；高坝泄洪消能的基础研究、数值模拟及建筑物设计的基础理论和方法。

第二节 核能设施建设

一、需求分析

核能作为一种清洁高效的能源得到了广泛的应用。截至 2015 年（973 计划工程科学领域战略研究工作组，2015），全球共有超过 400 座核电站，提供了世界上大约 17% 的电能。截至 2010 年 10 月 23 日，我国已投入运营、在建和筹建中的核电项目共计 43 个。其中在建核电机组 23 台，总装机容量为 2540 万千瓦，占全球在建核电站的 40%，成为目前全球在建核电项目最多、在建装机容量最大的国家。据我国核能行业协会 2014 年公布的数据，截至 2013 年，我国投入商业运行的核电机组已达 17 台，总装机容量为 1483 万千瓦，占全国发电总装机容量的 1.19%，核能累计发电 1107 亿千瓦，约占全国累计发电量的 2.11%。在“十二五”规划中，对《核电中长期发展规划（2005—2020 年）》进行了大幅调整，到 2015 年，我国核电总装机容量达到 3900 万千瓦，到 2020 年核电装机容量将提高到 5800 万千瓦，预估将投入建设资金约 9400 亿元。“十二五”期间我国进入核电建设高峰，每年建设 6 ～ 8 台机组，年装机容量接近 800 万千瓦。

然而，核电设施却遭受地震、海啸等自然灾害、军事打击和恐怖袭击，以及偶然性重大事故等潜在威胁。1986 年 4 月 26 日，苏联切尔诺贝利核电站反应堆爆炸引起的泄漏事故，造成 50% 的乌克兰领土被不同程度地污染，超过 20 万人口被疏散并重新安置，1700 万人被直接暴露在核辐射之下，经济损失约达 2000 亿美元。2011 年 3 月 11 日，日本东北部海域 9.0 级地震引起的福岛第一核电站 1 ～ 4 号机组接连发生爆炸、控制压力池破损等重大事故，导致堆芯熔融，放射性物质严重扩散，日本经济产业省原子能安全和保安院将福岛第一核电站核泄漏事故等级定为 7 级，达到了与切尔诺贝利核电站同样的等级，属于最高级，成为日本迄今为止最为严重的核电站事故；福岛核泄漏事故发生后，俄罗斯、德国、法国及我国都对在役核电设施的地震安全性进行了评估。1981 年 6 月 7 日，以色列空军使用 MK-84 炸弹摧毁了伊拉克耗时 5 年、投资达 5 亿美元建造的“塔穆兹 1 号”核反应堆。2001 年 9 月 11 日发生的“9 · 11”事件中，据事后分析，被恐怖分子劫持的坠毁于宾夕法尼亚州的客机可能的袭击目标就是位于宾夕法尼亚州南部三里岛的三座核电站。美国核管理委员会在“9·11”事件后15天立即发布命令，禁止任何飞行器在核设施附近20千米的范围内飞行，禁飞高度规定为5500米，并且加强全国104个民用核电站的安全保护工作；法国政府也于10月25日将阿格（La Hague）核反应堆周边禁飞区半径由100米增加至10千米，禁飞高度也增加至1500米，并于26日在核电站周边部署了“响尾蛇”（Crotale）地对空拦截导弹。2004年8月24日，俄罗斯坠毁的两架车臣恐怖分子挟持的图-154和图-134客机，其原定任务很可能是撞击位于博恰罗沃的普京总统官邸，以及新沃罗涅日斯基和伏尔加顿斯克两座核电站。以往对核电站的设计基准威胁只是考虑小规模的恶意攻击，对于大型商用客机的蓄意撞击却没有考虑。“9·11”事件后，法德两国专家研究后认为，现在的核电站只能抵御5座小飞机的撞击，而无法抵御波音和空中客车等大型商用客机的撞击。为此，美国核管理委员会已提出对于核电站要考虑大型商用飞机蓄意撞击和制导炸弹袭击的安全防护问题。

在我国，由于东南沿海地区的经济飞速发展对电力的旺盛需求及其水源和气候的有利条件，使得大部分核电项目选址在东南沿海地区，而这些地区均临近环太平洋地震带，同时也是我国军事斗争的前沿，我国在役的核电项目很有可能遭受到地震、军事打击、大型客机撞击等恐怖袭击的威胁。

由于核电发生严重事故的后果相当严重，核电安全及可靠的保证措施不仅是工程技术方面的问题，而且直接影响到核电建设和使用的部署和规划。

核电站安全包括其建设和运营中的安全问题。由于环境荷载作用的不确定性、核电站系统的复杂性，以及人们认识的局限性，核电站运行过程中各个环节可能发生的影响核电安全的事件非常多。以法国为例，58个运行中的商业反应堆，每年发生的重大安全事件（safety significant event）达到800起。这些事件中，无论是可能引起结构失效的设计或建设中的潜在错误，还是洪水、地震等的影响，最终可归结为对结构的作用及对运营的影响。

日本福岛核电站遭受强震作用后，连续受到海啸洪水、爆炸等作用，强震—海啸—洪水—火灾—危险物泄漏—污染物扩散构成了一条灾害链。由于核安全系统各环节之间的彼此关联，在地震动及其次生灾害作用下核安全相关系统必须考虑其链式灾害演化规律，在安全评价中考虑其复合成灾规律。但是，目前各主要国家的核电抗震规范是于20世纪70年代提出的，由于其后核电建设的萎缩没有得到进一步发展。我国核电厂建设的起步较晚，所参照的基本上是国外相对陈旧的规范条文，而我国核电场址条件更为复杂。

目前已经遭受过地震作用的核电站均受到了不同程度的损害，特别是在日本"3·11"大地震中发生的当今核电站抗震水平最高的福岛核电站事故，充分暴露了当前核电工程结构抗震理论研究的滞后和水平的不足，已无法满足核电建设的要求。因此，从工程安全的角度，当前迫切需要解决的问题突出体现在超设计标准的复杂厂址条件的强地震动序列特征、地震动及其次生灾害的复合成灾规律及时空分布特征、核电工程结构的链式灾变演化机理，以及相应的抗灾减灾措施等方面。美国三里岛核电站与苏联切尔诺贝利核电站、日本福岛核电站在核电事故后迥然不同的灾难后果，其重要的因素之一就是厂房安全壳的防护作用。因此，防止核反应堆放射性物质外逸的防护结构——核反应堆安全壳在突发重大灾害事件时的毁伤机理、防护效能评估、监测和应急防护技术等关键科学问题的研究，对于提高核能工程的服役安全性和抗毁生存能力，保障核电站结构及关键设备的抗震安全，以及应急措施具有重要的学术理论价值、工程应用前景和国家战略意义。

二、国内外研究现状和趋势

在强震对核电设施的毁伤机理方面，为了揭示地震对核电设施的毁伤机理，为核电站的抗震设计裕量评估提供依据，已有的主要工作有：基于对核安全壳地基与岩土相互作用的考虑，对地震作用下安全壳体、内部管道设备、堆芯的地震响应进行研究；基于缩比核安全壳钢筋混凝土模型振动台试验及有限元数值模拟的方法，对核安全壳在地震作用下的受力机理和动力响应进行研究；核安全壳隔震技术的研究。已有研究的主要不足有：缺乏在超设计基准地震作用下基于核电设施损伤演化规律的核电设施安全性评价方法的深入研究；缺乏对提高核设施抗震安全水平的新材料和新结构等核能工程防灾减灾理论与方法的深入研究；缺乏强震作用下对核设施的应急救灾技术研究；缺乏与我国地质条件相适应的，尤其是软基条件下的核电结构分析研究。

在弹体高速冲击对核安全壳体局部毁伤效应方面，已有的主要工作有：基于高速弹体对单层和双层钢筋混凝土靶体的正贯穿缩比试验，对弹体贯穿靶体的残余速度、弹体的过载特性、配筋率和结构形式对靶体抗贯穿阻力的影响的研究；采用阶段冲击模型，通过不同的冲击阻力假设，得到钢筋混凝土靶体震塌和贯穿极限厚度的半理论半经验计算公式；采用商用有限元计算软件中的混凝土模型或通过嵌入自定义混凝土模型对钢筋混凝土靶体的贯穿和爆炸问题的数值模拟。已有研究的主要不足有：缺乏对于双层核安全壳在弹体“侵彻 + 爆炸”耦合作用下破坏机理的研究；缺乏核安全壳破坏后，弹体携带残余速度对壳体内部管道设备等压力容器的毁伤效应研究；缺乏核设施对于弹体打击的有效遮弹措施的研究。

在飞机撞击作用对核安全壳体的毁伤效应方面，已有的主要工作有：飞机及其引擎撞击荷载的确定，基于大尺寸或缩比的飞机和引擎模型对钢筋混凝土靶体的撞击试验、里埃拉（Riera）方程或一维集中质量弹簧模型对刚性体和可变形体的撞击力时程进行研究；飞机和引擎撞击作用下安全壳体结构的动力响应及损伤破坏，主要通过将撞击荷载直接施加到结构上或者利用有限元计算程序对飞机撞击壳体的全过程进行数值模拟两种研究途径。

已有的核安全壳的设计主要是基于 Phantam F4 战斗机撞击为标准进行设计的，没有考虑类似“9 · 11”事件中大型商用客机的撞击，同时上述标准也只针对传统的单层安全壳，没有考虑新的双层安全壳结构形式。已有研究的主要不足有：缺乏对飞机撞击壳体的理论模型，如 Riera 冲击力方程、一维集中质量弹簧体系的深入分析；缺乏综合考虑双层安全壳体结构、混凝土材料模型、飞机质量与刚度分布、撞击速度、加载面积等影响因素的飞机撞击核安全壳全过程的精细化数值模拟研究；缺乏飞机低速撞击安全壳时机身的整体作用与引擎的局部作用的耦合作用机理研究；缺乏对撞击、爆炸与火荷载多灾场耦合作用下安全壳体的损伤破坏机理的研究。

三、重要研究内容

1. 强震作用下核能工程安全及防灾减灾的理论与方法

基于极限安全地震动参数的核设施抗震设计标准的评估，以及地震弹性波在地基中的传播；超设计基准地震作用下核电设施的损伤演化规律，以及综合考虑地质断层、发震构造、最大潜在地震和地震不确定性对核电设施安全性影响的评价方法；核电厂地震动及滑坡、海啸、洪水等次生灾害的复合成灾危险性及时空演变规律与模型；核电站工程结构在复合灾害组合作用下的链式灾变演化机理；基于性能的核电工程结构系统风险分析及安全评价理论；核电厂工程结构系统安全控制理论及其抗灾措施；提高核设施抗震安全水平的新材料与新结构；核电结构 - 设备的安全监控与评价体系等平台建设。

2. 弹体高速冲击爆炸作用下核安全壳体的毁伤效应机理及其防护

新型双层钢筋混凝土 / 钢板复合安全壳在弹体高速侵彻与爆炸耦合作用下的毁伤机理、评估方法及防护措施。

3. 飞机低速撞击作用和燃油爆炸燃烧多灾场耦合作用下核安全壳体防护

新型双层（预应力）钢筋混凝土 / 钢板复合安全壳在大型商用客机低速撞击作用下的整体与局部耦合作用的损伤破坏机理、评估方法及防护措施；飞机撞击安全壳体的理论分析模型，如 Riera 冲击力方程和集中弹簧质量体系；综合考虑双层安全壳体结构、混凝土材料模型、飞机质量与刚度分布、撞击速度、加载面积等因素的飞机撞击核安全壳全过程的精细化分析模型及模拟计算方法。撞击、爆炸与火荷载多灾场耦合作用下安全壳体的损伤破坏机理；安全壳体抗撞抗爆抗火的新材料与新结构。

4. 安全壳体内部管道设备的安全防护措施

强震、飞机撞击、弹体打击及偶然性事故中安全壳损毁条件下，安全壳体内部高温高压管道及重要设备的安全性、链式灾害效应及其安全防护的理论与方法。

5. 核能工程重大灾害事故的安全预警及应急防护体系的理论和方法

强震、飞机撞击、弹体打击及偶然性事故中核设施的抢修抢建和加固技术；放射性物质在空气、土壤中的传播机制和防治；核能工程的安全预警及应急防护体系。

第三节　新能源开发的基础设施建设

一、海洋能源开发中的基础设施建设

（一）需求分析

我国的陆地与近海油气资源正逐渐枯竭，对外石油依存度超过了 55%（973 计划工程科学领域战略研究工作组，2015）。中国今后能源安全保障的核心将不可避免地依赖深海油气田、海洋新能源等能源的开发和利用。

南海是我国的主权海域，也是世界公认的第二个“波斯湾”，其石油地质储量约为 230 亿吨，这是一个具有广阔前景的国家能源基地。我国南海油气田所处的水深一般在 1000 ～ 2000 米，南海水域地处热带和亚热带区域，属于典型的亚洲季风区，各种气象和水文环境灾害频发，并伴有台风、内波等极端灾害环境的发生。在持续的海洋环境荷载作用下，深海平台的采油立管、钻井隔水套管发生涡激振动现象，产生大幅振动，不断积累损伤，可能导致强度和疲劳破坏；由于海床运动、腐蚀和波流冲刷引起海底管线的失稳、疲劳和破坏；深海平台、系泊系统在极端环境作用下，发生非线性大幅度运动，容易造成作业的困难及系泊缆索的破断、平台的失稳；极限波浪产生的砰击容易造成平台的局部损伤。一旦深水平台系统发生破坏，会造成严重的人员伤亡和巨大的财产损失，甚至会导致长期性的海洋环境和生态灾难。据不完全统计，到 2010 年，世界各海域的海洋平台事故共造成超过 364.2 亿美元的经济损失，死亡人数超过 470 人。其中，平台结构破坏是最主要的问题，造成约 144 亿美元的直接损失（973 计划工程科学领域战略研究工作组，2015）。

海洋新能源主要包括海洋风能、波浪能、潮汐能、海洋生物能等，由于这些资源丰富、清洁干净、可再生性强，与生态环境和谐，是弥补不可再生能源危机和实现低碳减排目标的重要手段，被联合国环境规划署视为目前最理想、最有前景的替代能源之一，也是我国的重点支持产业。

我国大陆海岸线长达 18 000 多千米，拥有 6500 多个大小岛屿，海岛的岸线总长为 14 000 多千米，海域面积为 470 多万平方千米，海洋能资源十分丰富，利用价值极高。其中，海洋风能为 7.5 亿千瓦左右；近海域波浪能的蕴藏量约为 1.5 亿千瓦，可开发利用量为 3000 万～ 3500 万千瓦；潮汐能蕴藏量为 1.1 亿千瓦，可开发利用量约为 2100 万千瓦（973 计划工程科学领域战略研究工作组，2015）。

海洋能源综合开发涉及工程技术、政治、经济、生态等诸多方面，合理开发和高效利用海洋能存在许多亟待解决的世界性的科学难题。目前，我国对于海洋新能源的利用才刚刚开始，远未形成规模开发，海洋风电、潮汐等产业科技创新水平相对落后，迫切需要开展各项相关研究。

（二）国内外研究现状和趋势

在海洋工程和海上油气开发方面，海上油气的开发是从近海浅水区域开始，逐步走向远海深水区域。1896 年，美国从加利福尼亚海岸栈桥上打下了第一口海上油井，1946 年又在墨西哥湾 5 米水深中建立了世界上第一座钢结构的钻井平台，这是海洋石油勘探开发的起点，也是现代海洋工程的起点。20 世纪 40 年代之前，海洋石油勘探开发处于初始阶段，主要建造木结构海洋平台和人工岛，作业水深小于 10 米。50 ～ 60 年代，海洋石油勘探开发迅速发展，出现了浮式海洋平台，作业海域范围不断扩大，水深不断增加。至 60 年代末，作业水深已超过 200 米，开始向大陆架深水区延伸。70 ～ 80 年代，随着海洋平台和钻井技术的发展，作业水深超过 500 米，成功开发了欧洲北海和美国墨西哥湾大陆架深水区油气资源。90年代以后，海洋油气勘探开发取得了巨大进步，作业水深不断刷新，深水作业范围已扩展到西非、南美、东南亚、澳大利亚等世界各大洲海域。

海洋油气开发活动由近海向深海发展已成必然趋势，海洋油气钻井平台的工作水深已超过3000米，生产平台的工作水深也已超过2000米。为解决深海油气开发所面临的诸多科学技术问题，几十年来，海洋工程界持续进行研究开发和技术创新，卓有成效地创新研制出许多适用于深海开发的新型海上石油生产处理装置，如半潜式平台（semi-submersible）、张力腿平台（TLP）、立柱式平台（Spar）、浮式生产储油轮（FPSO）等。深海工程结构包括浮式平台结构、水下生产系统和立管，其中水下超细长柔性立管造价占到总造价的1/3。深海区域自然环境非常复杂，多极端灾害，需考虑多种海洋环境要素作用，而对应的灾害机理及过程中的各环境要素的模拟尚不能准确认知。由于台风、巨浪和内波，深海平台受到的水平力比近海平台高出几十甚至上百倍。

海洋工程结构于此恶劣环境下，运动状态极其复杂，从工作主体的平台结构到锚缆、立管等柔性结构，其非线性运动响应过程如何，由此而导致的损伤、破坏如何，均应该把握。这都成为深海开发的现实困难，稍有不慎就会出现重大、特大的生产事故，造成人员的伤害和财产的损失，并导致生态危机。2005年墨西哥湾飓风对大量海洋平台造成的破坏，2010年4月英国位于墨西哥湾的“深水地平线”平台发生爆炸而导致漏油事件就是典型的代表。海洋平台浮式安装技术、健康监测、振动控制与维修加固是必须解决的问题。面临的技术挑战包括：深海大型浮式结构物安装技术、深海极端波浪环境荷载预报、大型浮式结构水动力分析、超细长柔性结构的动力响应分析（国家自然科学基金委员会工程与材料科学部，2011）。

我国海洋工程技术起步较晚，随着海洋石油工业的发展，已经有了长足的进步，无论是在设计、研制还是在建造等方面，均具备了一定的能力和水平。目前，我国已经基本具备建造各种海洋平台的能力，具有自行设计工作水深较浅的坐底式、自升式、半潜式等近海海洋平台及FPSO的能力。我国南海石油地质储量潜力巨大，是我国中长期能源发展计划的重点。深海开发和利用是我国实现可持续发展战略的必然选择。随着海洋资源勘探开发的迅猛发展，深海工程领域正成为全球科学研究与生产开发的热点之一。由于深海环境和地质条件恶劣，所以深海工程设施技术复杂、投资巨大、风险极高，需要在降低投资及提高海上结构物的安全性和作业效能等方面不断进行开发研究和技术创新。但是，目前深水海洋工程的很多技术被国外垄断，要在巨浪、内波、洋流、台风等灾害性海洋环境要素多发的南海深水海域资源竞争中取得优势地位，我国在深海工程科学技术、深海装备设计制造、深海施工、勘探生产等各个环节均与国外有较大差距，亟待开展自主创新，形成和提高深水工程技术能力。

海洋工程和船舶工程密切相关，它们面临许多共性的科学问题。例如，面向船舶和海洋工程设计的计算流体动力学（CFD）的研究和软件开发，特定海域的海洋环境数据库等的建立和完善，它们对于船舶和海油工程的安全运行都非常重要。但是，船舶工程和海洋工程也有不同的地方，如在船舶工程中阻力与推进系统是重要的研究内容。

另外，在海洋工程方面，海洋能的工程研究领域广泛，是非常重要的研究内容。海洋能按照利用形式可分为波浪能、海流能、潮汐能、温差能和海上风能等。在波浪能转化装置的研究方面，英国爱丁堡大学的 Salter 教授最早开展了波浪能高效俘获的研究工作，建立了一种通过降低波浪透射和反射来提高波浪能俘获效率的理论，并发明了高效的鸭式波浪能转化装置。但由于该装置受到的波浪力作用力十分巨大，保证波能转化装置稳定的成本十分昂贵。为了降低波浪能转化装置造价，人们随后又提出了点式吸收装置、沿岸固定式振荡水柱装置、漂浮式振荡水柱装置、筏式吸收装置和摆式吸收装置等。近年来，海上风能由于其相对的低成本而得到了各国的高度重视。与陆上风场相比，海上风场具有高风速、低风切变、低湍流的优势，因此，海上风电的研究十分重要，在后面“风电开发中的基础设施建设”风电开发部分中我们将有更多的讨论。另外，海流能、潮汐能、温差能等的开发利用研究，在世界沿海各国也广泛开展。

在我国，海洋能开发技术成熟度不高，产业化不足。在部分海域开发活动受限制的情况下，海洋能利用有两个较为明确的方向：一是给海上岛屿独立供电和提供淡水；二是给海上作业平台提供电力和淡水支持。这不仅将对改善海岛居民和海上作业平台工作站的生活产生重大意义，更为驻岛部队的长期驻扎提供安全、有效的能源与资源保障。海洋能源装备的关键技术研究将对我国进一步为今后更好地控制、维护、开发南海等重要海洋能源基地，维护国家核心利益具有极为重要的意义。

基础系统是海洋结构系统中对海洋深度变化最为敏感的环节，随着海洋资源开发越来越转向深水和超深水区域，在可靠性和安全性方面均面临严峻的挑战，因此它是制约海洋资源开发向深水发展的关键技术。海洋结构基础系统无论是在基础形式、规模、海洋土的性质、测试方法和技术、基础安装方式、设计方法等方面都与陆上基础系统具有很大的区别。由于身处大洋环境和复杂的海床地质条件，基础系统的设计、安装和运营都是极为复杂和庞大的关键工程。实际上，海洋工程系统具有投资巨大、影响巨大的特点，一旦发生灾难性事件不仅导致巨大的经济损失，也会进一步引发严重的环境、社会和政治影响。而海洋基础系统又是事故发生概率最高的环节。在关于海洋工程的关键科学问题及前沿开发技术方面，缺乏针对性、系统性和基础性的研究，现有的技术基础和研究积累不足以支撑和保障对我国周边深海资源的自主开发。

总体而言，我国在海上新能源的开发研究方面起步较晚，整体研究与国外发达国家相比稍显落后，自主性创新研究较少，研究方向较为单一，尚未建立起较为系统的理论和方法体系。

（三）重要研究内容

1. 极端海洋环境及其与海洋工程结构的相互作用

强非线性水面波、内波、风、浪、非均匀流等极端海洋环境的数理描述和数值模拟，非线性水波演化及其与其他环境条件的耦合；畸形波群、内波等海洋极端环境对海洋工程结构的非线性动力荷载；海洋浮体和超大型浮体非线性水弹性力学分析，动力响应的机理、预报和控制方法；多种极端环境与海洋工程结构联合作用的非线性耦合分析方法；强非线性波浪对海洋结构物的砰击作用和甲板结构的波浪荷载。

2. 海洋工程中细长柔性构件的研究

海洋管线与立管的环境荷载的预报方法；立管及海底管线涡激振动的数值预报和实验方法；海洋管线与立管在极端海况下的强度、安全性分析与评估分析方法；锚泊系统非线性动力响应和强度的分析方法；深海柔性结构、海床、流场非线性耦合动力分析方法；海底管线几何缺陷和复杂荷载效应情况下的屈曲发生机制和传播过程；海底管线损伤检测与剩余寿命评估技术。

3. 复杂地质条件下近海工程基础相关问题

复杂地质条件下近海工程基础结构的变形规律与破坏模式；波、流作用下土壤液化、淤泥质海床运动等对近海工程基础的影响；复杂地质条件下，灾害环境、近海工程结构及海床的相互耦合作用；海洋及近海结构物基底所受海床吸力的产生机理及仿真模拟方法研究。

4. 深海装备的模型试验与现场测试方法

非线性波浪、多向波浪、内波、风、流等环境灾害的实验室再现方法；

多种环境灾害作用下的联合实验技术；降低比尺效应的实验方法和技术；高雷诺数实验方法，结构高模态振动响应的流固耦合实验方法；截断水深下的混合模型试验方法。

二、风电开发中的基础设施建设

（一）需求分析

风电是最具代表性和商业化前景的清洁可再生新能源。风电产业在世界各国都在快速发展。除了欧洲作为整体在风电技术和装机容量上继续保持领先外，美国在风电开发和利用上奋起直追，并在 2009 年超过德国的风电累计装机容量，位居世界第一。截至 2012 年 2 月，世界风电装机容量已接近 2.39 亿千瓦，占全球用电需求的 3%。全球风能理事会（GWEC）预测到 2020 年风力发电将占世界电力总量的 12%（973 计划工程科学领域战略研究工作组，2015）。风能作为未来能源供应重要组成部分的战略地位受到世界各国的公认。

在政府政策的强力支持下，我国风能开发和利用高速发展。2010 年我国累计风电装机容量 4473 万千瓦，超过美国跃居世界第一位；2011 年新增装机容量 1800 万千瓦，2012 年新增装机容量 1296 万千瓦，累计总装机容量接近 7600 万千瓦；2013 年，总装机容量超过 9142 万千瓦，连续三年列全球第一，实现并网发电 1400 亿千瓦时；至 2014 年年底，并网风电装机容量 9581 万千瓦，占全国发电装机容量 136 019 万千瓦的 7.04%，而核电装机容量、并网太阳能发电装机容量分别为 1988 万千瓦和 2652 万千瓦。风电已成为继火电水电后的第三能源。随着风电经济性的进一步提升和风电并网消纳问题的逐步解决，未来中国风电装机容量将继续保持世界引领地位。

另外，在陆地风能资源开发的同时，海上风资源的开发已成为热点。与陆上风电相比，海上风电场具有风能资源储量大、风能密度高、年利用小时数高、不占用耕地等优点。但是，海上风电的建设运行维护会遇到比陆上风电更多的困难，虽然其长期趋势有望成为世界风电产业发展的主要方向和制高点，但这个过程将比预计的长得多。2002 年世界上首座大型海上风电场 Horns Rev（角礁）在丹麦建成，安装了 80 台单机容量为 2 兆瓦的 Vestas 型风机。2010 年欧洲在海上设置了 308 台新的风力涡轮，新增发电能力 883 兆瓦，使海上风能的发电能力比 2009 年增长了 51%。近年来，我国在海上风电场方面也开展了研究和建设工作。2007 年 10 月，中国海洋石油总公司在渤海绥中油田建造了我国第一座 1.5 兆瓦海上示范风力机；2009 年 3 月，东海大桥 100 兆瓦海上风电场正式建设，标志着我国第一个浅海风电场投入运行（973 计划工程科学领域战略研究工作组，2015）。

目前海上风电的规模化开发已在欧美地区迅速展开。按照欧洲风能协会的估计，欧盟海上风电装机容量 2020 年可达 4000 万千瓦，到 2030 年海上风力发电可满足欧盟 13% ～ 17% 的电力需求，每年可减少 3 亿吨二氧化碳的排放。美国则提出到 2020 年海上风电装机将达 1000 万千瓦，到 2030 年实现 5400 万千瓦。

根据我国《可再生能源发展“十二五”规划》，风力发电获得了更大的发展。其中，代表当今高水平风能发电的海上风电成为风电产业的新增长点。但是，截至 2013 年，我国海上风电建成装机容量 42.86 万千瓦，仅占全国风电装机总容量的 0.5%，其中近海项目 12.81 万千瓦。2014 年年底，为了加速海上风电的发展，国家能源局印发《全国海上风电开发建设方案（2014—2016）》，总容量 1053 万千瓦，分布在天津、河北、辽宁、江苏、浙江、福建、广东、海南等省份的 44 个海上风电项目被列入开发建设方案。通过这 1000 万千瓦项目的实践，逐步建立我国海上风电开发管理体系，不断完善制度、政策、标准体系；同时，设备制造和施工安装能力不断加强，海上风电电价也将逐步完善，为我国“十三五”及以后海上风电健康、快速发展打好基础。国家计划 2020 年前在东部海域重点建设几个百万千瓦级大型风电基地；在其他海域，重点建设数十个 10 万千瓦级的海上风电场。到 2020 年，海上风电累计装机有望达到 3000 万千瓦。目前配合我国海上风电大规模快速发展，尽快掌握超大型风力机的关键技术成为刻不容缓的任务（973 计划工程科学领域战略研究工作组，2015）。

值得注意的是，尽管我国风电机组产能在“十一五”期间得到大大提高，但是设计和研发水平与风电产能的跳跃式增长相比，仍存在着很大差距。我国风电产业依赖于引进国外技术，不完全适合我国风资源条件，而且存在低水平引进、多头引进、同质竞争现象。目前，我国风电机组运行效率低、故障率高、可靠性差、寿命短，致使风能的实际利用率、成本与期望值还有很大差距。为了使我国风电产业可持续发展，必须真正掌握拥有自主知识产权的陆上和海上超大型风力机及其基础设施的设计与建设的关键技术，土木工程和力学在其中起着关键的支撑作用。

（二）国内外研究现状和趋势

要大规模开发和有效利用风能，风力机必须大型化。随着海上风电逐步成为风能开发的重点，目前风力机正向 5 ～ 12 兆瓦超大型化发展，国际上 6 兆瓦风力机已投入运行，并已开始了 10 兆瓦风力机的研发。随着单机功率的提高，风轮直径从 20 世纪 80 年代的 15 米增长到目前的 150 米量级，预计 21 世纪 20 年代 20 兆瓦风力机的风轮直径将突破 250 米（973 计划工程科学领域战略研究工作组，2015）。增加风轮直径则要求提高风机塔架高度。塔架高度提升的更多的优点是，在高空平均风速更大、更稳定，同样的风机提高塔架高度后可以增加年发电小时和年发电量。但是，塔架高度的增加对其力学性能及设计将提出一系列更困难的问题。

在复杂和极端天气条件下，超大型风力机经受极大和极为复杂的荷载。其面临的主要问题可归结为：复杂风况下超大型风力机的三维旋转非定常空气动力学特性分析和荷载确定将变得十分困难；在动态荷载作用下，大尺度风力机的柔性结构使得大变形与非线性动力特性更趋明显，其气动弹性、结构和基础的疲劳问题必须予以解决；风力机与风 - 波浪 - 海流的耦合特性分析极为复杂，对于海上风力机设计十分关键；为了承受海上的强风和波浪冲击等，海上风力机支撑结构和基础远比陆上的复杂、技术难度大、建设成本高。复杂海况下高耸风力机支撑与基础的结构稳定性和安全性研究更为困难，特别是涉及结构变形与多过程耦合作用的非线性效应。这些问题对超大型风力机的研发、设计和运行提出了严峻挑战（王同光等，2015）。

欧洲的风电工业和风机制造产业发展较早，并在全球市场占有重要地位。与此相应，欧洲在该领域开展深入的研究工作较早，在研究工作基础上制定与实施的制造和设计等的规范和导则也起步较早，有力地支持了其风电产业在全球市场的地位。目前在国内风电行业使用较多的规程，包括挪威船级社（DNV）和丹麦 RISO 国家实验室（Det Norske Veritas and Riso National Laboratory）提出的 *DNV/RISO Guidelines for Design of Wind Turbines*、*Offshore Standard DNV-OS-J101* 和 *Design of Offshore Wind Turbine Structures*（Det Norske Veritas，2010）。对于陆地大型风力发电机的支撑结构和基础的设计，美国土木工程师协会（ASCE）和美国风能协会（American Wind Energy Association，AWEA）联合发布了 *ASCE/AWEA RP2011*：*Recommended Practice for Compliance of Large Land-based Wind Turbine Support Structures*（*ASCE/AWEA RP2011* 大型陆地风机支撑结构推荐规程）。该规程总结了近 30

年陆上风电支撑结构和基础的建设实践和研究成果，对工程的规划、审查、设计、施工、验收、运行和维护各个阶段都有很具体的要求，对于设计中建议采用环境荷载（风荷载、地震作用）及其组合、支撑及基础结构的稳定性、疲劳破坏等都有详细的、定量的规定。与此同时，两个协会也指出了一批需要进一步研究解决的问题。目前，海上风力机支撑结构、基础设计和研究方法的理论基础主要借助于海洋工程理论。近海风力机支撑结构波浪荷载计算通常基于 Airy（艾里）波理论和 Morison（莫里森）方程，浮冰荷载的计算则依据挪威船级社规范 *DNV-OS-J101* 中建议的动冰力曲线，海上风力机与支承结构系统相互作用的分析也可用简化方法。但是，对风力机这种高耸旋转机械，显然必须开展其支撑结构与基础动力特性及安全性独有的研究，包括：风力机运行荷载与海洋环境荷载的计算，支撑结构系统的建模与动力特性分析及其在流固耦合作用下的结构动力响应和稳定性，特别是悬浮式支撑结构的动力学响应则是近年的研究热点。需要指出的是，提高风机塔架的高度，对于提高风机的发电能力和运行稳定性都有很大的帮助，但是，提高风机塔架的高度将给制造和设计带来很多困难，成为风电领域竞争的一个重要方面，也是很多创新设计追求的目标。

对于地基承载力高的海域，海上风力机一般采用重力式基础，对于地基承载力较低的海域主要采用单桩基础、三桩三脚架基础、多桩导管架基础、多桩承台基础等型式。其中，单桩基础因结构简单、受力机制明确在欧洲应用较广泛，对 1.5 兆瓦以下的风力机经济性较好。海上风电结构属于垂向荷载相对较小、水平荷载产生的弯矩较大的海上高耸结构，抗倾覆要求高。单桩基础存在抗倾覆能力差、水平向位移大的弱点，随着海上风力机单机容量增加到 3 兆瓦、5 兆瓦或更大，必然导致单桩基础的直径、壁厚、贯入深度急剧增大，使海上打桩施工困难，建设成本大幅升高。三桩三脚架、多桩导管架、高桩承台基础通过不同方式可有效地分散荷载提高抗倾覆能力，但同样需要进行海上打桩施工，受风浪影响大，导致施工周期长、建造成本高。

与欧洲相比我国沿海的极端风速大，软黏土、粉砂等软弱不良地基分布广泛，现有的结构形式建造工期长、成本高，严重制约了我国海上风电的规模化开发。为了实现海上风电高效、低成本建造，国内单位提出了新型“宽浅”复合式筒型基础，并成功建造了试验样机。由于我国海洋环境、地质条件，以及新型结构体系（混凝土 - 钢板 - 钢筋 - 预应力钢绞线组合体系）的复杂性，因此需要深入研究新型海上风电结构与地基联合承载机理，提出综合考虑海上风电结构荷载特点和环境灾害联合作用、海床地质条件、施工建造条件、材料性能、环境保护要求的风电结构体系协同优化设计理论。

海上风电结构地基要承受波浪、风机振动及地震等循环荷载的作用，冲刷、液化、弱化等导致地基承载力下降。国内外学者对波浪作用下海床的动力响应进行了较系统的研究，初步阐明了海床变形和孔隙水压力变化规律，提出了液化深度计算方法。采用动三轴仪模拟波浪和结构物荷载共同作用的应力路径方法，研究波浪和结构共同作用下软黏土地基强度弱化问题。在地震导致砂性土液化方面，国内外研究都是从砂土的力学响应入手，其中最具代表性的是日本学者 Ishihara（石原）所做的工作，他认为砂土的液化与其密度、饱和度、排水条件、颗粒级配、结构各向异性、围压及应力应变历史等因素有关，而对存在上部结构附加荷载的地基在循环荷载作用下的破坏机理尚不明确。欧洲海洋科学和技术协会（EU MAST）进行了“Scour Around Coastal Structures”（SCARCOST，1997—2000）项目，对波浪和水流作用下建筑物周围海床冲刷开展研究，并提出了相应的经验公式，这些冲刷经验公式均是针对特定结构物进行的，但海床冲刷对风电结构地基承载力（特别是浅基础）的影响尚缺乏研究。因此，进一步阐明海床冲刷、液化或弱化等不利变化条件下的地基承载力变化及失效模式，提出稳定性评价方法，是构建海上风电结构安全评价理论的重要环节。

风力机－结构－地基耦联体系在风、浪、流、冰及机组运行等复杂荷载联合作用下，系统各部分振动的耦合、传递和放大作用难以避免，导致抗力衰减，可能诱发疲劳损伤破坏。目前，针对风力机机组振动问题的研究以叶片、塔架和传动系统等单个部件或子系统的研究为主，法国佛兰德斯科学技术创新中心（IWT Vlaanderen）研究机构采用柔性多体模型技术结合室内试验研究了风力机传动系统动力响应；美国国家可再生能源实验室（National Renewable Energy Laboratory，NREL）风能研究中心、大连理工大学对“叶片－塔架”和“塔架－基础”的耦合振动也进行了初步研究。但是，关于风力机－结构－地基耦联体系振动的研究尚不完善。我国在近海风机结构设计及施工方法等诸多方面的经验还比较匮乏，海上风电开发面临诸多挑战。海上风机结构设计只是基于半整体方法，无法体现“空气动力－伺服控制－水动力－弹性动力”的整体耦合分析特性；欧洲国家的开发经验，无法满足我国需要考虑海冰和地震对海上风机作用的影响；由于加工和施工水平的限制，我国广泛采用的多桩基础结构的动力反应特点和疲劳状态有待进一步研究；深远海风电开发技术和分析方法还需深入探讨。针对以上问题，需要建立风力机－结构－基础系统动力学一体化模型，考虑耦合体系各部分的空间运动变形的相互耦合及其对整体运动形态的影响，研究系统振动的耦合、传递和放大机理，以揭示耦合结构体系的动力灾变规律，建立海上风电结构体系的动力设计理论。

（三）重要研究内容

1. 海上风电系统的环境灾害作用和结构设计

高效低成本新型风电基础结构体系协同优化设计理论；复杂海况条件海上风电地基的弱化机理及稳定性评价；海上风电结构体系的环境灾害作用机理；风力机－结构－地基全耦合动力灾变机理及安全评估理论；风电结构浮运－安装性态及安全性控制原理；风电结构长期服役性能演化规律及安全监控。

2. 风力机气动力学性能和叶片结构力学分析与设计

风力机非定常空气动力学及气动声学高精度数值模拟；风力机气动弹性机理与非线性大变形结构动力学；海上风力机与风－波浪－海流耦合动力学特性理论和实验研究；高性能风力机叶片结构和关键部件的振动、疲劳与稳定性等力学特性的综合评估和集成优化；大型风电叶片结构优化设计方法和气动－结构－材料－工艺一体化设计制造技术；考虑风力机、叶片、风电塔和基础耦合的超高柔性风电塔设计理论和优化设计。

3. 中国风资源特点表征和风机布局方法

中国风资源的调查和特点表征，风场的时空特征描述；风机布局和风场的相互作用，风机布局对风机的效率、安全运行的影响，风机的布局优化方法。

第四章 重大基础设施的防灾减灾

我国是全球重大自然灾害频发的地区。城市基础设施与重大工程结构抵抗地震、飓风、工程地质灾难等灾害的能力，直接影响到人民的生命财产安全和社会稳定。2014 年 7 月，世界气象组织发布《1970 年至 2012 年天气、气候和与水相关的极端事件造成的人员伤亡和经济损失地图集》，指出天气、气候和与水相关的自然灾害正在世界范围内呈上升趋势，造成大量生命损失，并使经济和社会发展滞后数年，甚至数十年。1972 ～ 2012 年，全世界一共发生了 8835 次自然灾害，造成 194 万人死亡，经济损失高达 24 000 亿美元。造成生命损失最多的 10 次灾害主要发生在最不发达国家和发展中国家，而经济损失最严重的灾害主要发生在发达国家。其中，1991 ～ 2000 年全球范围内发生的自然灾害（包括地震灾害）与前一个 10 年相比并无显著异常，然而因灾害造成的损失却比前一个 10 年增加了 3 倍，比 20 世纪 60 年代的 10 年增加了近 10 倍。灾害所造成的人员伤亡、经济损失和社会震荡也愈来愈严重。例如，1995 年日本神户地震的直接经济损失达 1500 亿美元之多，死亡 5438 人。

我国是世界上地震和台风等自然灾害最严重的国家之一，每年因灾害造成的直接经济损失，占国民生产总值的 3% ～ 5%。我国 70% 以上的大城市，半数以上的人口，75% 以上的工农业产值位于灾害频发区。据统计（国家自然科学基金委员会和中国科学院，2012b），2003 ～ 2008 年，我国频发的自然灾害所造成的直接经济损失年均高达 2000 亿元以上，其总量及占 GDP 的百分比也呈现出逐年增加的趋势。2014 年 7 月经民政部、国家减灾委员会办公室同国土资源部等部门会商分析，2013 年，各类自然灾害共造成全国 1851 人死亡，直接经济损失 5808.4 亿元，其中气候和地震灾害危害尤甚。而且，由于我国是人口大国，各类灾害造成人员伤亡和对城市威胁的风险程度往往要高于其他国家，自然灾害严重地威胁着我国国民经济和社会的可持续发展。例如，世界上造成人员死亡最多的两次大地震就是我国历史上的华山大地震和近代的唐山大地震。热带气旋每年平均在我国登陆10次，其中，1994年9417号台风和2004年“云娜”台风造成的直接经济损失都在200亿元左右。2008年5月12日的四川汶川8级大地震，已确认69 227人遇难，失踪17 923人，直接经济损失高达8451亿元。环视世界各地近年发生的一系列地震，虽然很多地震的震级基本相同，但在我国发生时，造成的经济损失和人员伤亡一般都远高于发达国家和很多发展中国家。这深刻说明防灾减灾在我国城市化进程和全面建成小康社会中的重要性和迫切性。

在国家自然科学基金委员会“加大力度、重点扶持”，“为实现国家抗震减灾目标提供有力的科学技术支撑”的决策下，国家自然科学基金重大研究计划“重大工程的动力灾变”于2008年正式启动，历时8年，总经费达1.9亿元，设立了25个重点项目、60个培育项目、3个重大集成项目。“重大工程的动力灾变”研究计划针对大型建筑（包括超高建筑、大型空间建筑、城市大型地下建筑）、长大桥梁和高坝三类重大工程，采用理论分析、模型试验、现场实测和数值模拟等研究手段，发挥工程与材料科学、地球科学、数理科学和信息科学等多学科交叉创新的优势，通过对重大工程在强地震动场和强台风场动力作用下的损伤破坏演化过程的研究，揭示重大工程的损伤机理和破坏倒塌机制，建立重大工程动力灾变的综合模拟系统，发展重大工程防灾减灾科学和技术，为保障我国重大工程的安全建设和运营提供科学支撑。

我国大规模重大基础设施的建设使土木工程等传统学科得到前所未有的发展机遇。这些重大基础设施，如大型水利水电工程，在提高国家防灾减灾能力的同时，其自身的防灾减灾也对土木工程学科提出了巨大挑战：①为了提升重大工程结构的整体抗灾与防护能力，需要提出新的设计理论和先进技术，发展工程结构的精细化设计理论，以应对重大基础设施向大型化、复杂化（大跨度、大深度、长距离、超高层）方向迅速发展过程中产生的防灾减灾新问题。②需要发展和完善防灾减灾和振动控制等新的科学技术，适应社会日益增长的安全性、舒适性等性能需求。③需要充分利用计算机和信息科学、新材料科学等新型学科的最新成就，来提高综合防灾减灾的能力。

由于重大设施包括了城镇化过程中的重大基础设施及重大能源基础设

施，本章介绍的内容和第二章及第三章介绍的内容会有一定的重复。但是，我们在本章中将更多地讨论结构工程中的防灾减灾。

第一节　地震灾变与防灾减灾

一、需求分析

强烈地震给人类社会带来了巨大的生命和财产损失，造成了大量工程结构的损伤和破坏，高坝、桥梁、地下和大跨空间结构等重大工程每年均有震害实例。中国是世界上地震灾害最为严重的国家之一，20 世纪全球发生的三次 8.5 级以上特大地震两次在中国；人员死亡人数超过 20 万的两次大震均发生在中国；2008 年的四川省汶川 8 级地震是近 30 年继 1976 年唐山地震后全球死亡人数最多的地震，2010 年玉树 7.1 级地震也造成了大量的人员伤亡和财产损失。全国 46% 的城市、重大工程与工业基地位于强震多发区，我国有 22 个省会城市和 2/3 的百万以上人口的大城市位于地震高危险区，在现有的 660 个城市中，位于地震设防区的占 74.5%。近年来我国周边区域地震活动，如 2010 年海地太子港 7.0 级地震、2011 年日本东北部海域 9.0 级大地震等，预示我国大陆今后一段时间发生 7 级左右地震的可能性较大。这些大地震造成的工程结构破坏、人员伤亡（2010 年 1 月海地地震，官方报道死亡人数超过 20 万）和财产损失令世人触目惊心，间接经济损失更是无法准确估计。此外，重大工程结构灾害链的易发性往往也使得由地震破坏造成的城市或区域经济损失、社会与政治影响被逐级放大（茹继平等，2011）。

因此，地震灾害严重威胁着我国的经济建设和可持续发展，研究工程结构地震破坏机理和地震灾害控制、保障工程结构安全已经成为国家社会与经济发展的迫切需求。2004 年 7 月召开的全国防震减灾会议，明确提出 2020 年中国的防震减灾目标是达到防御 6 级左右的地震和达到基本设计烈度的抗震水平，在东部发达地区达到中等发达国家的防震减灾水平。这就从国家发展规划的角度给工程抗震工作者提出了具体的要求。特别是“5·12”汶川地震所造成的巨大灾难，使防震减灾工作继唐山地震之后再一次引起社会的广泛关注，人民群众赖以生存的居住场所、基础设施等工程结构的抗震性能又一次成为民众关心的重点。

结合国际上的最新发展态势，工程结构抗震与减震重点研究工程结构抗震基本性能与现代设计理论，揭示结构开裂、破坏、倒塌的物理机制，发展更有效的数值模拟和实验手段，研究结构抗震性能设计理论和结构减震措施，采用新材料和信息技术等创造抗震减震的新的结构体系、设计理论和工程措施。加强国际交流与合作，使我国的工程抗震减震科学技术水平与我国的土木工程大规模建设热潮相适应，在国际上占有一席之地，为我国建设领域参与国际竞争提供理论基础和技术支撑。

二、国内外研究现状和趋势

工程结构抗震与减震研究首先面临的问题是如何获得地震地面运动输入，如何描述地震作用供工程设计使用。世界上第一条有工程意义的强震观测记录是1933年在美国长滩地震中获得的。实际地震动记录是进行结构抗震分析与设计最直接也是最值得信赖的输入，但目前所掌握的强震记录仍然不够，更何况实际记录还存在着诸如地区分布不均、震级相对集中、缺乏近场记录等问题，从而使得地震动选择的难题十分突出。我国是一个多地震国家，地震区广阔且分散，由于经济和技术水平限制使得强震观测和记录设备密度不足，使得我国建筑结构抗震减灾研究一直缺少足够的震害资料，相比国际先进国家存在着明显的差距。所以，面向工程应用的大型实际地震动数据库与震害数据库建立及强震地面运动人工合成仍然十分必要。而且，如何表征地震作用或地震破坏力是地震工程研究的一个重要课题。作为衡量地震破坏力的强度指标是地震危险性分析和基于性能结构抗震设计的桥梁，它也是设计地震动的关键参数（Zhai and Xie 2007；Yang et al.，2009）。常用的地震动强度指标包括峰值地面加速度（PGA）、峰值地面速度（PGV）、峰值地面位移（PGD）、谱加速度（S_a）等。然而，针对强震区多种形式的建筑、桥梁、水工、地下结构等及其非弹性抗震需求，尚需提出合适的地震动强度指标。

最近20年，地震工程领域一个引人注目的进展是近断层地震动的工程特性与结构效应研究。自从美国北岭地震（1994年）、中国台湾集集地震（1999年）等几次近断层破坏性地震发生以来，地震工程界对近断层强震地面运动的工程特性和结构效应尤为关切。Housner、Cornell、Iwan、Chopra、Der Kiureghian、Krawinkler、Bertero、Somerville、Trifunac、Takewaki、谢礼立、周锡元、周福霖、欧进萍等都曾开展了相关研究（Bertero et al.，1978；Somerville et al.，1997；Alavi and Krawinkler，2004；Moustafa and Takewaki，

2010；Zhai et al.，2013；Yang and Zhou，2015）。一般而言，近断层地震动是指离断层破裂面很近（20千米以内），并强烈地依赖于断层破裂机制、包含明显的破裂方向性效应和滑冲效应的地震动。目前，国内外学者围绕破裂向前方向性与滑冲效应引起两类脉冲的地震学机制与建模，以及脉冲地震动参数与震级、断层距、场地条件的关系进行了研究，而且对于近断层地震动作用下建筑、桥梁、大坝等结构，包括隔震、消能减震结构的地震响应特征、抗震性能分析和设计方法开展了大量的理论与实验研究。另外，近断层强震区工程结构的抗震设防与维修加固迫切需要抗震设计规范相关条文的指导。然而，现有的工程结构抗震设计规范仍较少考虑或未深入考虑近断层地震动独特运动特征所引起的强烈破坏作用。其中一个主要原因是缺乏对近断层地震动运动特性，以及相应的结构地震动力响应、损伤破坏机制和减震设计理论与方法的深入研究。因此，严峻的防震减灾形势对近断层区结构抗震减震理论与工程应用研究提出了巨大的挑战，但也为地震工程科学带来了前所未有的发展契机。

工程结构抗震与减震研究的核心是工程结构抗震设计理论（胡聿贤，2006；沈聚敏等，2015；吕西林，2015）。经过近百年的发展，结构抗震设计在理论、实验研究和工程应用等方面都取得了很大的进展，结构抗震设计思想从最初的刚性设计和柔性设计，发展到目前广泛采用的延性设计，以及越来越多的隔震和耗能设计等。反应谱理论的提出是地震工程领域的一个重要里程碑。值得指出的是，1932年Biot在还没有一条实际可用的强震记录的情况下发展了反应谱的概念，20世纪50年代计算机发明后由Housner等将反应谱理论应用于工程抗震设计。1965年我国学者周锡元在国际上率先提出了场地相关设计反应谱。20世纪70年代，Newmark、Park和Paulay等提出了抗震结构延性设计的概念。目前世界各国的抗震设计理论都是在反应谱和延性设计的基础上形成的。

20世纪90年代中期，美国、日本学者先后提出了基于性能的抗震设计方法。目前，基于性能的抗震设计理念已经受到了人们的广泛关注（Bozorgnia and Bertero，2004；李刚和程耿东，2004；谢礼立等，2009），世界各国的学者纷纷投入到这一研究热潮，基于性能的设计已有了各种设计标准和指南，国内在一些重大工程中的应用已在国际上产生了重要影响。基于性能的设计思想发展大致经历了两个阶段。20世纪90年代至2000年是第一代性能设计思想与框架的提出与成型的时期，主要围绕性能水平展开研究与应用，明确提出了以结构非弹性响应指标（如层间位移、构件非弹性变形与内力等）为导向的性能水平（包括立即入住、正常使用、生命安全与防止倒塌等）的研究。这一阶段，代表性文献包括美国的 SEAOC Vision 2000、ATC40、FEMA273、FEMA356 和日本于 1998 年颁布的《建筑基准法》。第二代性能设计的核心思想则是考虑概率的基于性能的地震工程（PBEE），是由美国学者 Deierlein、Krawinkler 和 Cornell 等提出的。第二代概率条件下基于性能抗震设计的框架，使得结构的不确定性分析与传播成为目前地震工程界的研究热点，代表性文献包括 FEMA445、ATC58 等。基于性能的概率评估首先需要明确 4 类不确定性变量的概率描述，包括地震强度度量参数（峰值加速度 PGA、谱加速度 S_a、谱速度 S_v 等）、工程需求参数（层间位移角、楼层加速度等）、损伤度量参数（通常为工程需求参数的函数）和决策变量（经济损失、人员伤亡、失效时间等）；基于性能的评估通常被分解为 4 个基本步骤，包括地震危险性分析、结构响应分析、损伤分析和损失分析。本质上，第二代结构性能设计的思想是一个不确定性传播问题。

工程结构减震技术是工程结构抗震与减震的重要方面，历经了 40 多年的探索和研究，取得了突飞猛进的发展。20 世纪 50 ～ 60 年代，工程结构减震的概念和基本思想相继提出。70 ～ 90 年代，工程结构减震控制技术研究蓬勃发展。这一阶段的研究工作主要以基础性研究为主，各国学者采用理论与试验的方法验证了减震控制技术的有效性，其中包括减隔震装置的研发、主动 / 半主动与智能控制（如主动调谐质量阻尼器 AMD、主动拉索控制系统 ATS、变刚度控制系统、变阻尼控制系统、半主动摩擦阻尼器、电 / 磁流变阻尼器等）理论研究、工程减震设计与分析方法、典型工程应用等。进入 21 世纪，工程结构的隔震、消能减震和动力减震控制（如被动调谐质量阻尼器 TMD、调谐液体阻尼器 TLD、液压阻尼系统 HDS、悬挂体系等）技术已日趋成熟，形成了完整的理论体系，研发了高性能、高可靠性减震元件和材料及其商品化，制定了相应的减震装置设计、结构设计规程、规范。我国学者周福霖、周锡元、范立础、欧进萍、陈政清、李宏男等在建筑、桥梁隔震减震领域取得了不菲的成绩（周福霖，1997；范立础和王志强，2001；欧进萍，2003；李宏男和霍林生，2008；周锡元，2013）。一些高层建筑、大跨桥梁等重大工程安装减震控制系统后显著提高了结构抗震、抗风安全性能，如台北 101 大楼、广州电视塔的 TMD 控制系统，上海中心大厦的电涡流 TMD 控制系统，以及洞庭湖大桥斜拉索磁流变阻尼器控制系统等（陈政清，2013）。这一阶段的研究工作主要集中于减震理论的集成与规范化，减震技术在实际工程中的应用日益增多。工程结构减震技术未来的发展趋势将主要集中在：以工程实际问题为出发点，开发实用、高效的新型智能减震装置；完善与健全减震实用化设计理论和分析方法等方面。

建筑结构在地震下的抗倒塌能力是建筑抗震设计的一个最重要的性能目标。美国、日本等相关多地震国家都投入了大量力量进行结构地震倒塌研究，结合地震和其他灾害威胁，陆续编制了建筑工程连续倒塌分析方法和设计指南或标准，如英国标准 *Building Regulations*《建筑规程》（2010 年）、美国总务管理局（General Service Administration，GSA）《建筑连续倒塌分析和设计指南》（2005 年）和国防部（Department of Defense，DoD）《建筑物抗连续倒塌设计》（2013 年）、日本钢结构协会《高冗余度钢结构倒塌控制设计指南》（2005 年）等。从概念设计、构造设计、计算分析等多方面，为提高建筑物在灾害下的整体牢固性和抗连续倒塌破坏提供了可用的方法。日本在阪神地震后，利用已建成的 E-Defense 大型振动台试验体系，进行了多次原型结构和大比例尺结构地震倒塌振动台试验，为研究不同结构在地震下的倒塌破坏提供了宝贵的试验数据。由此可见，深入研究建筑工程倒塌机理，提高建筑工程的抗倒塌能力，避免建筑工程在特大地震作用下的倒塌破坏，已经成为目前国际抗震防灾研究的核心前沿内容之一。我国在地震抗倒塌方面的设计计算规定基本依靠经验，特别是对于近年来出现的高层、大跨、大开间、复杂结构等，还存在着诸多工作有待完成。结构地震响应和倒塌分析的建模方法与计算精度仍是一个挑战性问题，在 2012 年第十五届世界地震工程会议期间举行的框架结构地震响应分析盲测竞赛中，最好的仿真分析结果与振动台模型试验结果尚有 50% 的误差；目前关于倒塌过程模拟的结果正确性和计算精度亟待模型试验和实际震害调查的验证。

我国工程抗震的发展从 20 世纪 50 ～ 60 年代开始，具有标志性的成果是几次大地震震害经验的总结、三水准两阶段抗震设计规范的制定，以及对大型复杂结构抗震的一系列研究。目前，我国已结合国情发展了多种新的抗震防灾技术并应用于重大工程。经过众多学者的多年努力，工程结构抗震非线性计算理论在整体结构分析模型、单元分析模型、构件恢复力模型、数值计算方法等方面取得了诸多重要成果。目前，已经初步实现了从材料本构关系开始，进行整体结构的动力非线性分析。另外，结构与地基的动力相互作用的数值分析已经从频域向时域发展，从线性分析向非线性分析发展；现场实验和强震观测已成为检验理论的重要手段；模型试验、数值分析和现场实验的紧密结合将为这一领域的研究提供更广阔的发展空间。

结构试验作为研究结构损伤破坏、倒塌机理的主要手段之一，是结构抗震研究的基础。现代振动台试验和拟动力试验是20世纪60年代末发展起来的研究工程结构在地震作用下性能的重要试验方法，把振动台和快速拟动力结合的混合试验方法近年来也受到了较多的关注。在过去的20年间，针对复杂结构的开裂和破坏机理进行了大量的构件试验和振动台试验研究，为进行复杂结构的开裂和破坏机理的计算分析与数值模拟奠定了基础。互联网技术的快速发展为结构抗震试验技术的发展提供了新的机遇，基于互联网的通信技术可以提供大量数据传输和共享的功能，能为在异地实验室的设备之间进行控制和反馈提供近乎实时的通信手段，使得远程结构协同试验成为可能，这种实验技术的共享已经成为全世界关注的焦点。20世纪末和21世纪初，美国和日本分别推动了两项大型足尺结构抗震试验技术的研究计划：美国发展了基于计算机网络的分布式结构地震模拟试验和计算技术，力图整合美国，乃至世界上其他国家的地震模拟试验资源来开展大型结构分布式地震工程模拟网络系统（NEES）；日本投入500亿日元资金在神户建设了台面尺寸20米 ×15米、最大载重1200吨的巨型三向地震模拟振动台。2004年，日本与韩国合作，启动了日韩远程模拟动力试验系统建设。2004年，在我国国家自然科学基金支持的重点项目“土木工程现代结构实验技术与方法”中，远程结构协同实验被列为重要研究内容。世界规模最大的4座地震模拟振动台阵系统，2011年在同济大学建成，可为我国的振动和抗震试验研究提供一个开放性的试验平台。4座振动台总承载能力为200吨，为国内振动台承载能力之最。在国家大力投入下，我国已经建成了许多大型、先进和有特色的结构抗震试验装置，发展了基于计算机网络的分布式结构地震模拟振动台和拟动力试验技术，从而为研究大型复杂的工程结构地震非线性反应和破坏机理奠定了基础。

三、重要研究内容

1. 强震观测和结构地震反应观测系统及数据分析利用

强震记录观测和地震动场分析；近断层地震动工程特性、随机建模与合成研究；设计地震动和地震动选择与调整；通过抗震与减震结构的地震反应观测，为现有的分析理论和设计方法提供最有效的验证；分析和利用结构地震反应观测数据，为深入揭示结构的地震破坏机理、发展新的设计理论和方法提供最直接的依据。

2. 非线性结构动力分析及其应用中的关键问题

地震动作用下复杂结构的破坏直至倒塌是一个涉及材料非线性、大应变、大变形、大位移乃至结构破碎的动力过程，需要开展考虑这些非线性因素的结构动力分析，包括破坏机理的理论研究、试验研究与计算机仿真；结构构件及子结构的恢复力模型；结构材料本构关系和构件非线性滞变关系的评价标准及非线性损伤单元模型库的建立；考虑重力二阶效应和加载速率的构件静、动力滞变全过程的空间本构模型的建立；重要结构构件及关键节点破坏过程的精细模拟及失效机理；高效简便的结构非线性分析理论和方法。

3. 结构抗震试验新技术与新方法

开展新型抗震试验技术研究；深入研究结构开裂、破坏、倒塌的物理机制；通过典型结构的实验、分析与研究，为建立大型、复杂结构的抗震设计理论提供依据；开展基于网络的协同试验技术、数值 / 物理混合试验方法。

4. 基于性能的工程结构抗震设计理论与方法

基于性能的工程结构设计理论和工程技术，工程结构地震破坏机理、倒塌过程及在城市空间的分布规律；近断层强地震动作用下建筑工程动力响应、破坏分析及抗震防灾设计理论；利用新材料、新技术，开发有利于结构抗震安全的新型结构体系，研究相应的分析方法和设计理论；工程结构倒塌机理和致塌因素分析，以及抗倒塌设计理论及构造措施；地基土与结构动力相互作用的机制及对输入地震动的影响及其精细模拟方法。

5. 工程结构减震隔震设计与装置的理论与方法

考虑空间特性的多维减震装置力学模型，以及基于损伤机理的减震装置失效模式；被动减震装置实现可调性、多功能等特点的设计原理；智能材料减震的基本理论和基本力学模型；减震结构概念设计理论、损伤机理、损伤累积与失效破坏机制；新型消能减震装置及耗能构件的研发及基本力学特性研究；大型复杂结构减震设计方法和试验技术研究；减震结构实用设计理论及其在规范中的应用。

6. 既有和震损建筑的抗震性能评估理论及抗震加固改造技术

既有建筑抗震能力评价理论及加固改造技术，进行不同结构类型既有建筑的抗震加固技术研究，提出建筑结构体系在整体性、构件和节点连接方面的抗震加固措施与抗震计算方法；震损建筑抗震评价理论与加固修复技术，针对各种结构类型的震损建筑，建立考虑实际情况的多维地震作用下震损建筑结构的弹塑性损伤模型；采用新材料和新技术进行各种结构类型震损建筑的抗震加固与修复技术研究。

7. 结合地域与民俗特点的建筑抗震减震技术和管理

综合分析我国多次重大地震灾害中人员伤亡和财产损失的情况，缺乏抗震技术指导和管理的民居建筑的地震破坏占有很大的比例。这些建筑物从材料、设计到施工建设都没有满足或没有完全满足地震设防的要求，需要研究结合地域、民俗特点的民用建筑抗震减震技术和管理。

第二节　风致灾变与防灾减灾

一、需求分析

风灾是全球最常见和最严重的自然灾害之一，可造成工程结构的损伤、破坏和人员死亡，严重影响结构的正常功能，并会带来巨大的经济和社会损失。我国是世界上少数几个受风灾影响最严重的国家之一，全世界最严重的热带气旋（台风）大多数在太平洋上生成后频繁地在我国东南沿海地区登陆，受季风影响西北地区长年受内陆大风影响，冬季寒潮大风更是覆盖了从北到南的大部分地区。据统计，我国平均每年发生飓风灾害 10 次，直接经济损失几百亿元，如 2005 年，我国发生的 10 次最严重的自然灾害中有 4 次是风灾，造成直接经济损失 551 亿元（茹继平等，2011）。

我国重大土木结构规模宏大、数量众多、处于复杂的风场环境，很多属于风敏感结构物，其成功建造和安全运行对结构抗风提出了严峻的挑战，需要开展结构风工程的基础理论与应用研究（陈政清，2013）。结构风工程是风工程的一个分支，研究边界层自然风对土木结构所造成的风效应，包括大型建筑、大跨桥梁和特殊结构三类风效应敏感结构，良态气候风场、飓风气候风场和雷暴气候风场三种自然风场，以及理论研究、风洞试验、现场实测和数值模拟四种研究方法。其研究内容包括：风效应敏感的建筑、桥梁和结构等土木结构的风荷载和风致响应，三类自然风场作用的统计推断和理论预测，风效应敏感结构的灾变过程，以及从简单效应分析到多效应耦合模拟、风致灾变行为的单一被动控制和全过程主动控制及相关的理论和技术研究。

二、国内外研究现状和趋势

1960 年以来，结构风工程进入了不仅考虑风荷载的静力作用而且考虑动力作用的新阶段。以达文波特（A.G. Davenport）、瑟马克（J. Cermak）和斯坎伦（R.H. Scanlan）为代表的现代风工程方法的奠基者（Davenport，1961；Cermak，1975；Simiu and Scanlan，1996），建立起了理论研究、风洞试验和现场实测等主要研究手段，对结构风工程领域的各个方面进行了大量的理论研究、方法实践和工程应用，基本满足了这一阶段土木结构发展的特殊需求——轻质、柔性、低阻尼。我国桥梁抗风研究在项海帆等的带领下取得了显著进步，特别是在风特性及结构抗风性能、大跨度桥梁风振理论与控制、重大桥梁工程抗风设计及规范编制等方面做出了重要贡献（项海帆等，2005；葛耀君，2011）。项海帆先后荣获国际桥梁与结构工程协会“功绩奖”（IABSE Merits）和“工程及教育奖”（Anton Tedesko Medal）、美国土木工程师协会“风工程与空气动力学奖”（ASCE Robert H. Scanlan Medal）、国际风工程协会“终身成就奖”（IAWE Alan G. Davenport Medal for Senior）等国际重要奖项。经过 50 余年的努力，国内外风工程研究取得了巨大的发展，科学上基本弄清了各种风致作用现象，技术上基本避免了塔科马桥类似风毁事故的再次发生，方法上逐渐形成了基于理论研究、风洞试验和现场实测的现代结构风工程体系。

在风气候预测方面，主要是将灾害性风气候分成几种不同的形式，并分别采用最优方法分类进行分析。在近地风特性方面，由达文波特于 20 世纪 60 年代提出的方法，以及以此为基础的各国结构抗风设计规范是有效的，但是仍有必要探索研究基于理论分析和现场实测的风速剖面模型、湍流时频模型和空间相干模型。在空气动力作用方面，主要进展在于发现了来流湍流的空气动力效应，并建立了线性准定常计算方法和相关气动参数的实验识别方法，但尚需深入研究来流湍流的非线性效应、钝体尾流中的特征湍流效应，以及来流湍流和特征湍流耦合效应等，特别是应借助先进的可控设备进行现场实测的案例研究。

对于工程结构抗风的理论研究：第一，需要突破研究方法中的几个假定，即从平稳到非平稳、从均匀到非均匀、从线性到非线性、从高斯到非高斯；第二，要对理论研究模型进行不断的精细化，即从定常到准定常再到非定常最后到瞬间态；第三，要从单因数分析转变到多因数耦合效应分析，包括结构模态耦合、来流湍流和尾流湍流耦合、风 - 雨 - 结构多介质耦合、不同风致响应形式耦合等；第四，根据结构响应评估结构抗风性能；第五，不断修订和完善各种风荷载或抗风设计规范，朝着基于结构抗风性能设计的方向发展。

在风洞试验方面，边界层风洞一直是风工程的主要工具，风洞试验的精度有了很大的提高。进一步需顺应全球大气变化的特点，从大气边界层风场模拟技术入手，研发从简单良态气候风场模拟到复杂飓风气候风场和雷暴气候风场模拟所需要的仪器和设备。进而研发适合于风－雨环境的试验设备，建立风－雨－结构模型试验的相似理论和方法，研究不同结构的风雨共同作用效应，以及风洞试验中的雷诺数效应，合理界定不受雷诺数效应影响的试验条件。并且，结合风洞试验和理论分析，研究灾害性风场条件下，风效应敏感结构的全过程气动控制措施和机理及阻尼器控制，包括被动控制、半主动控制和主动控制等。

在现场实测方面，坚持长期的、系统性的良态气候风场近地风特性的现场实测工作，建立平均风特性和脉动风特性的理论预测模型；加强对飓风和雷暴等灾害性风场的现场实测和统计，揭示各种灾害性风场的细观结构，建立风洞试验模拟准则；结合结构健康监测系统，开展结构风致响应现场实测，研发结构响应现场实测的可靠设备；开展各种风效应敏感结构的标准模型现场实测、模型试验和数值模拟修正，进行结构风工程理论和方法的有效性验证和可靠性验证。

在数值模拟方面，计算流体动力学已经在均匀流动和钝体绕流等风工程应用方面显示出了巨大的发展潜力。需要对有限差分法、有限体积法、有限元法和涡方法等数值模拟方法的适用性进行评估，开展大规模数值模拟全面研究雷诺平均模型（RANS）、大涡模拟模型（LES）、直接数值模拟（DNS）和分离涡模型（DES）等湍流模拟模型；探索风与结构流固耦合数值模拟方法，沿着弱耦合、强耦合和分区强、弱耦合轨迹发展；结合气象物理场的数值模拟与风速绕流场的数值模拟，采用多尺度混合数值模拟方法建立不易实测的特殊灾害风的重现技术；明确数值模拟方法的两大终极目标，即只能通过数值计算实现的唯一性方法，以及作为代替风洞试验和现场实测的替代性方法。

三、重要研究内容

1. 全球气候变化对结构风工程的影响

根据全球气候变化，以及局部性特殊气候和季风特性的变化规律，研究特定地区的可能导致重大土木结构灾害的强风、台风、龙卷风、雷暴风、暴风雨和暴风雪等的特征、发生频率和强度；由全球气候变化所引起的特异气流和雨雪环境的物理模拟及数值模拟方法；季风、台风、龙卷风和雷暴风等的移动、变化、空间分布特点及其受地形地貌等地表粗糙度影响的规律，各种风场的三维时空特性和空间分布模型。

2. 风灾及其多重灾害中的重大结构风工程

大型复杂结构风致灾变全过程模拟及集成平台；风效应敏感结构的风荷载和风效应理论研究与现场实测；大气边界层风场、近地风特性和结构风效应的实测，风洞试验理论和方法、数值模拟及数值风洞；风荷载多维、多点、非平稳空间动力作用效应，风荷载、材料和结构的三重非线性效应，风与结构之间的流 - 固动力耦合效应，以及能量转换、耗散及辐射效应；风 - 雨 - 结构多介质相互作用效应理论分析与风洞试验；强风作用下重大工程结构风荷载、风效应机理，结构抗风及风振控制设计方法；低矮房屋的风荷载及破坏特性和设计。

3. 结构风工程性能设计的理论和应用

结构风工程性能设计研究，其中包括结构抗风可靠性分析与设计，结构风灾风险和概率分析，城市风灾易损性分析和危险性区域划分、风灾损失评估和风灾防御标准；结构风效应引起的静力或动力强度、刚度、稳定性等安全性能问题，以及疲劳、舒适度等使用性能问题的演化过程与模式；土木结构风荷载和风效应安全控制的机械措施及其空气动力学机制，风场作用对结构性能的影响和评估。

第三节　工程地质灾害的控制与防御

一、需求分析

大批重大基础设施建设工程涉及重大岩土工程，从我国西南地区水电建设到核电核岛安全，从深部矿山开采到大规模战略能源地下储存和深埋，从地铁到过江过海隧道，从海上风电基础和结构耦合到软弱地基上的高铁建设概莫如此。重大岩土工程地域性强，不确定性强，发生工程地质灾害（泥石流、滑坡、岩爆、突水突泥）等影响面大，是我国长期面临的突出灾害。地质灾害，包括自然因素或者人为活动引发的危害人民生命和财产安全的山体崩塌、滑坡、泥石流、地面塌陷、地裂缝、地面沉降等与地质作用有关的灾害。工程地质灾害研究土木工程与地质灾害的相互作用，包括工程建设诱发地质灾害的机制与规律，灾害环境下重大土木工程安全性的评价、预测与防治。在我国经济高速发展和实施西部开发战略过程中，滑坡、崩塌和泥石流等工程地质灾害，给人民生命和国家财产造成了重大的损失，对社会安定与和谐发展造成了严重影响。在工程方面，传统的设计方法和准则难以应对非常规灾害的发生；在科学方面，人们对复杂地质体的认知还没有达到能够进行科学防灾的程度。为了构建和谐社会、建立科学的防灾体系，亟须发展工程地质灾害预测理论和科学分析方法。因此，迫切需要加强灾变状态的监测，建立新的力学模型和预测理论，发展跨尺度高效的计算方法，开发实用的计算软件，实现工程地质灾害实时监测与数值在线分析。

在复杂特殊地质环境下进行大规模、超强度的工程活动，致使我国已经成为世界上地质灾害最严重的国家之一。据不完全统计，1996 ～ 2000 年平均每年因地质灾害造成 1156 人死亡（973 计划工程科学领域战略研究工作组，2015）。近年来，各级政府高度重视地质灾害的防治，但每年死亡和失踪的人数仍然在 700 人左右，直接经济损失数十亿元，居高不下。大规模、超强度的工程活动会诱发一系列的工程地质灾害。三峡库区滑坡点由早期的 66 处增至蓄水后的 5000 多处；2003 年 5 月 13 日，三峡蓄水后一个月发生了千将坪滑坡，造成 14 人死亡，直接经济损失 4300 万元；三峡库区巴东县城三次整体搬迁，造成了巨大的经济浪费；2008 年“5・12”汶川地震中的汶川生命线都（江堰）汶（川）公路在汶川地震中全线崩塌，严重影响了黄金时间救援及灾后重建；2001 年 5 月 1 日，重庆武隆县一个不足百米的边坡，由于超强度坡脚开挖导致滑坡，造成 79 人死亡。

在工程方面，传统的设计方法和准则难以防治突发的、破坏性的工程地质灾害，现有的工程设计与安全评价方法遇到了前所未有的挑战。工程地质灾害的发生往往超出工程设防的需求。汶川地震后的地质调查结果表明，土石混合体边坡崩塌灾害发生在没有抗滑桩、挡墙防护的位置；高烈度地震区出现的深、大顺层岩质滑坡危害远远超出了人们的预料，致使村庄掩埋，形成堰塞湖；三峡库区蓄水一个月后发生的千将坪大型岩质滑坡，此前并未被列入地质灾害防治和监测的重点。正在施工建设的大理—瑞丽铁路穿过高烈度地震区和地质构造活动地段，其深厚层土石体边坡、多条活断层交叉地段的超常规、无规范设计，是工程设计专家攻克多重技术困难的成果。

在科学方面，对复杂地质体的状态及地质灾害演变的认知没有达到能够对其定量化描述的程度。工程地质灾害的研究对象是地质体，不同类型的地质灾害是地质体在不同初始条件、边界条件下所表现出的不同的力学行为。然而，由于地质体的复杂性，在认识的早期阶段，人们还不能抽象出共性的模型，只能根据观察到的现象、材料特性、工程功能对地质灾害进行分类研究，在解决具体问题的过程中积累经验。随着经验的不断积累和认识的不断深入，防灾的意识需要由感性上升到理性，灾害预测需要由实际经验上升到科学理论。从不同类型的灾害中提炼出共性的难题，集中解决其中的关键科学问题，才能够提高地质灾害预测的整体水平。

我国工程地质灾害造成的人员伤亡和经济损失始终居世界之首，西部大开发和国家大规模基础建设将面临着更多亟待解决的工程地质灾害问题；频发的重大工程地质灾害始终困扰着我国经济建设的高速发展。预防和控制地质灾害的发生是涉及国计民生的大事，是实施国家科学发展战略的重要基础。

二、国内外研究现状和趋势

工程地质灾害的研究，从工程及其地质体环境出发，以岩体力学、工程地质、工程水文地质等为其理论基础。在这里，地质体是指所关心的工程的周围岩体。因此，工程地质灾害研究的重点是重大复杂岩体破坏和稳定性的监测、模拟、预警和工程治理技术及其理论基础，这也是工程防灾减灾领域的国家重大需求。虽然研究岩体应力、强度、稳定性和破坏破碎的岩体力学等已有大量的研究工作，但是，由于工程地质灾害涉及的岩体一般尺度很大，岩体的组成、几何特征和力学特性不仅很难获得而且非常离散，岩体力学的研究成果并不能简单地应用于岩体工程的灾害前兆理论与预警方法，已有的软件在计算速度和规模上难以满足岩体工程灾害分析的要求。地质工程的经验判断、类比法和简便易行的分析技术依然是当前工程设计的主要手段。大量的工程灾害案例表明，相关的规范还不能满足大型工程建设的需要，而对于从地质体结构入手进行工程地质体安全评价及灾害预测的理论仍然处在探索阶段，还不能满足我国现阶段地质工程的要求，合理的、科学的设计依据需要理论支持。

地质体作为工程地质灾害预测的对象，具有非连续、非均匀、流固耦合和随机的特性。更为重要的是，人们对地质体的初始状态是“未知”的，“未知”是指地质体的内部结构非常复杂，按照目前的探测、勘察和监测手段，只能确定地质体表面的、局部的及在个别时段的特性。未知现在去预测未来、已知局部去推演全局是地质灾害预测的难点。发展先进的岩土力学实验技术、地质灾害监测与信息处理技术，获取地质体当前状态更多的地质信息，并进行定量描述显得尤其重要。

科学预测工程地质灾害，迫切需要建立新的理论模型。尽管各类工程地质灾害所表现出的宏观特征和形式不同，但是它们都是由不良地质体经历了孕育、成形、演化、发生和发展的几个阶段演变而来，都遵循在诱发因素作用下从内部到外部、从局部到整体破坏的跨尺度演化规律。诱发工程地质灾害的因素涉及多物理场，需要研究它们致灾的机理、实测技术及多物理场致灾的相关性，实现工程地质灾害有效的、实时的致灾因子多场监测与数值在线分析。从具体的工程地质灾害中提炼出共性的科学问题，集中研究和解决复杂地质体破坏演化过程的理论难题，建立新的理论预测模型，发展跨尺度高效的计算方法，开发实用的计算软件。

处于复杂地质环境中的灾害体结构复杂并具有显著的尺度效应。实际工程与实验室试样尺度相差 5 ～ 6 个量级，用宏观唯象的理论解析和室内实验方法难以定量地描述内部复杂的结构及跨尺度破坏规律，所能解决的工程问题是十分有限的。这就亟须发展可靠的现场实测、监测的理论、技术和专用装备，以及相关的数据分析方法，建立基于细观 - 介观力学机理和微结构演变模拟宏观本构行为与破坏过程的跨尺度数值分析方法和高效计算方法。

此外，理论与应用、算法与软件、监测与预测的脱节长期以来制约着我国工程地质灾害预测及科学防灾减灾的发展。只有将新的基于介观力学的宏观非唯象理论模型、计算方法的研究成果转化为实用的计算软件，成为工程灾害的预测工具，才能真正实现理论指导并服务于工程实践。因此，开发出实用的集成软件，进行工程地质灾害实时监测与数值在线分析是实现工程地质灾害预测的标志性成果。最后，工程地质灾害演变行为研究和控制防御技术的发展离不开岩土力学和岩土工程理论与方法的支撑和推动。

三、重要研究内容

1. 重大工程地质灾害的现场监测技术和预警理论

重大工程地质灾害的现场实测、监测技术，灾害预警的理论、技术和专用装备及相关的大规模数据处理方法；多物理场信息融合及致灾因子的现场监测技术；考虑多物理场、多学科综合的预报理论和方法。

2. 重大工程地质灾害的预测理论及数值分析方法

工程地质体结构模型与地质状态基本信息分析方法；地质体渐进破坏过程的演化机理及计算模型；地质体碎裂破坏模型和数值方法；裂隙介质湿化过程气、液、固三相相互作用的多尺度模型和数值方法；地质灾害体流动过程及其规律的跨尺度力学方法；面向工程地质灾害模拟的高性能算法；工程地质灾害预测的理论及方法。

3. 重大工程灾变滑坡演化模式与控制

重大工程灾变滑坡区地质过程及孕灾模式；大型水库运行条件下滑坡演化与致灾机理；高地应力区工程卸荷滑坡演化与致灾机理；滑坡 - 防治结构体系相互作用与长期安全性；重大工程灾变滑坡演化多场信息表征与状态判识；基于演化过程的重大工程灾变滑坡控制理论。

4. 西部山区大型滑坡致灾因子识别、前兆信息获取与预警方法

大型滑坡长期演变的地质力学行为及成灾模式；大型隐蔽性滑坡致灾因子识别方法；滑坡体结构动态探测及前兆获取方法；滑坡多源传感器网络立体观测；多源观测数据与滑坡机理模型同化理论与方法；大型滑坡灾害协同预警模型和方法。

5. 复杂环境下的岩土力学与岩土工程理论与方法

海洋土力学、深部岩体力学与工程安全；不良地质和极端环境下岩土工程灾害预测与风险控制；高坝深厚覆盖层探测评价与控制，高填方工程变形及稳定性控制；大型工程对岩土介质与生态环境长期作用效应；岩土介质多场多相耦合机理与分析理论。

6. 大型水利水电工程高陡边坡全生命周期性能演化与安全控制

高地应力区河谷边坡岩体开挖扰动机制；高陡边坡岩体锚固机理与性能演化特征；高陡边坡岩体渗透特性与渗流控制机理；复杂环境下工程边坡岩体时效力学特性；边坡与坝体 - 库水相互作用及稳定性演化机制；高陡边坡全生命周期性能评估与安全控制。

第四节　火致灾变与防灾减灾

一、需求分析

地震和台风往往伴随着次生灾害，其中火灾是地震中发生频度最高的次

生灾害之一，火灾还是人类活动产生的主要灾害之一。据联合国“世界火灾统计中心”统计，近年来在全球范围内，每年发生的火灾就有600万～700万起，每年有6.5万～7.5万人死于火灾，每年的火灾经济损失可达整个社会生产总值0.2%（973计划工程科学领域战略研究工作组，2015）。近一二十年来，随着我国经济的快速发展，火灾发生的形势也处于比较严峻的时期。2000年1月～2009年2月，近10年的初步统计，全国共发生火灾172.68万起，造成19 843人死亡，23 601人受伤，直接财产损失达90.163亿元。事实说明，城市现代化程度越高，发生火灾的隐患也就越多，一旦发生火灾，产生的影响也越大。目前，火灾已成为我国城乡发展的主要威胁之一。在我国，建筑火灾的次数和损失居高不下，而且造成了多起特大和重大火灾，有的还造成了严重的群死群伤事件。2007年8月14日，还在建设中的上海浦东环球金融中心大厦26层的东南角观光电梯井内，由于电焊火花点燃杂物引起火灾，迅速波及18层、52层、57层、83层，形成5个起火点，造成幕墙玻璃塌落烟雾腾空，成为史上最高层火灾。2008年1月20日，新疆乌鲁木齐市钱塘江路总建筑面积10万米^{2}的德汇国际广场和德汇大酒店相继发生大火，火灾持续40多个小时，12层的大厦被毁，直接财产损失达18亿元。2009年2月9日，北京央视新址文化中心因燃放烟花发生大火，直接财产损失估计数亿元，是最近60年来我国高层建筑火灾中燃烧最快的一例。2010年11月15日14时，发生于上海市静安区一幢28层的公寓大楼的一起特别重大火灾，造成58人死亡，71人受伤。

面对我国严峻的火灾损失，亟须深入研究火灾引起的结构性能劣化、退化机理，建立结构抗火的理论体系和防御技术，为保障重大工程的抗火安全服务。

二、国内外研究现状和趋势

为保证结构抗火安全，国际上从20世纪50年代开始重视结构抗火研究。波特兰水泥协会、美国混凝土协会、美国预制预应力混凝土协会、欧洲国际混凝土协会先后成立混凝土结构抗火研究小组，主要研究混凝土的高温材性、梁、柱和板的抗火性能与计算方法及框架的火灾反应。国内钢筋混凝土结构的抗火研究起步较晚，原冶金工业部建筑研究总院（现为中冶建筑研究总院有限公司）、清华大学、同济大学等自20世纪80年代中后期开始进行混凝土的材性、构件和结构的受火性能及反应研究（李国强，2006；韩林海和宋天诣，2012）。

采用结构分析方法对钢结构的抗火性能进行研究始于 1970 年左右。20 世纪 80 年代以来，国际范围内对钢结构的抗火研究越来越广泛、深入。美国、日本、英国、德国、瑞典、澳大利亚、新西兰等在结构钢的高温性质、钢梁、钢柱和钢框架的抗火试验与理论研究方面取得了大量成果，编制了基于计算的钢结构抗火设计规范。特别在 90 年代初，英国建筑研究院（BRE）等在卡丁顿（Cardington）对一幢 8 层足尺钢框架建筑做了 6 组火灾试验，得到了许多具有开创意义的结果。而我国自 20 世纪 80 年代末 90 年代初才开始进行钢结构抗火研究，主要有中国建筑科学研究院和同济大学进行的高温钢材特性、各类钢构件、高强螺栓连接节点、钢框架结构的抗火试验与理论研究。

20 世纪 80 年代国际上开始研究钢－混凝土组合构件的抗火问题，特别是加拿大国家火灾实验室对钢管混凝土柱的抗火性能进行了系统的试验与理论研究，但国内外对钢－混凝土组合梁和组合板抗火的理论研究较少。国内哈尔滨工业大学、福州大学 90 年代后期开始研究钢管混凝土柱的抗火性能，同济大学则于 90 年代末以后分别研究了钢－混凝土组合板和组合梁的抗火性能。

工程结构抗火从侧重研究钢筋混凝土结构、钢结构、钢－混凝土组合结构和木结构等传统结构材料的结构抗火性能，到研究铝合金结构、不锈钢结构、高强钢索、碳纤维等新型材料的结构抗火性能；从侧重研究火灾下的结构性能，到研究包括降温过程的火灾下全过程结构反应和火灾后的结构性能；从侧重研究新建结构的抗火性能，到研究包括改造加固结构的抗火性能；从侧重研究建筑结构抗火性能，到研究包括建筑结构、桥梁结构和地下与隧道结构等的各种类型工程结构的抗火性能。

土木工程领域的主要国际会议上一般都设有结构抗火安全的分会场。2000 年在丹麦哥本哈根召开了第一届结构抗火国际研讨会［Structures in Fire（SiF）Specialized Workshop］，随后，该会议两年一次，先后在新西兰、加拿大、葡萄牙、新加坡、美国密西根、瑞士及中国上海召开。2001 年发生的“9・11”事件，恐怖分子用两架飞机分别冲撞纽约世界贸易中心双塔，造成两座建筑均在两小时内倒塌，并导致邻近的其他建筑被摧毁或损坏，近 3000 人死亡，6000 余人受伤。随后的分析研究认为，大楼的倒塌并不是因为飞机的直接冲撞，而是飞机内满载的航空燃油倾泻进入大楼引起的大火所释放出的巨大热量，软化了支撑大楼的钢筋骨架，最终导致世界贸易中心大楼在自身重力的作用下坍塌。这一事件使得结构抗火的研究受到前所未有的重视。由于结构防火安全的特点，吸引更多的工程技术人员参与，将研究工作和工程实践结合，是这些会议提出的一个重要发展方向。

三、重要研究内容

1. 结构火灾灾变行为与抗火理论研究

研究大型复杂结构的火灾温度场空间分布规律与时间发展规律，建立火灾作用模型；研究火焰辐射对结构构件升温的影响，建立结构构件升温计算方法；研究火灾下大型复杂结构的温度内力效应及内力分布规律，建立结构破坏和倒塌判别准则及基于结构整体受火性能的实用抗火设计方法。

2. 结构抗火可靠度设计理论及灾后可靠度评估理论研究

研究高温下与高温后结构材料的随机本构模型；研究结构的随机火灾行为，建立结构抗火可靠度分析理论；研究高温后材料力学性能随机性对结构安全性的定量影响规律，建立火灾后结构剩余可靠度的评估方法。

3. 新型材料结构抗火性能的基础研究

研究新型结构材料在高温下的材料特性，建立这些材料的高温材性模型；研究新型材料结构基本受力构件在火灾下的破坏特性和承载性能，建立新型材料结构抗火设计的基本方法。

4. 生命线工程网络灾害失效机理与抗灾可靠性控制

灾害场作用下典型生命线工程网络（如城市供水、供气网络）的灾害反应特征、灾害动力学效应，大型工程网络从基本单元损伤、网络局部失效到大面积瘫痪的发展规律与灾害演变过程；大型复杂工程网络的网络稳定性与抗灾可靠性分析方法，大型网络抗灾可靠性分析复杂性与失效相关性的关键技术；大型工程网络系统抗灾性能分析理论与评价准则，大规模工程网络性能优化与灾害控制的基本理论与方法。

第五节　爆炸冲击灾变与防灾减灾

一、需求分析

除了自然灾害，人为灾害和技术灾害也在严重威胁着城市建筑的安全，如恐怖爆炸袭击。2001 年“9·11”恐怖事件因飞机撞击和爆炸所引起的火灾后果尤为严重，造成了两幢摩天大楼倒塌、9000 余人伤亡和重大财产损失。该惨剧受到世界结构工程界的密切关注。美国“9·11”事件宣告了一种前所未有的、大规模恐怖袭击方式的出现，直接威胁量大面广的大型公共建筑安全。近年来恐怖事件的发生愈来愈频繁。例如，2002 年 10 月印度尼西亚巴厘岛连环爆炸事件，2004 年 2 月莫斯科地铁爆炸事件，2004 年 3 月西班牙马德里爆炸事件，2004 年 9 月澳大利亚驻印度尼西亚大使馆恐怖爆炸事件，2005 年 7 月伦敦地铁恐怖爆炸事件，2008 年 9 月巴基斯坦万豪酒店恐怖爆炸事件，以及 2010 年 3 月莫斯科地铁连环恐怖爆炸事件等，众多恐怖事件不仅造成了巨大的经济损失，还造成了惨重的人员伤亡，社会和政治影响恶劣。1994 年 7 月 18 日，一辆载有约 275 千克高能炸药的面包车在位于布宜诺斯艾利斯稠密建筑区的犹太人社区活动中心前爆炸，爆炸装药中心距离建筑物 3 ～ 5 米。炸弹爆炸产生的空气冲击波首先摧毁了迎爆面承重墙，接着楼板产生渐进破坏，最后引起建筑物的彻底倒塌。2010 年 1 月 14 日，浙江省瑞安市一间与民房相连的一层旧厂房突然发生爆炸，多人被埋于废墟之中。2012 年 11 月 23 日，山西省晋中市寿阳县一家火锅店因液化气泄漏引起的爆炸燃烧事故，波及了附近的房屋，造成 14 人死亡，47 人受伤。2014 年 8 月 2 日，江苏省昆山中荣金属制品有限公司抛光车间发生因粉尘遇到明火引发的爆炸事故，造成 97 人死亡，163 人受伤。随着经济的发展，人口密集区布置的石油天然气管道及设施的爆炸造成了严重的人员伤亡和财产损失。例如，1995 年 4 月韩国大邱市燃气爆炸，导致 101 人丧生，107 人受伤。1998 年 10 月尼日利亚尼日尔河三角洲地带油管爆炸，导致约 1200 名村民死亡。2013 年 11 月，山东青岛石油管线爆炸，致 63 人死亡 156 人受伤，直接经济损失 7.5 亿元。2014 年 8 月台湾高雄燃气爆炸造成 32 人死亡 321 人受伤。

由于国内外爆炸事件的频繁发生，以及其产生的日益严重的后果，对爆炸荷载的深入研究已经受到国内外研究人员和工程设计人员的广泛重视。尤其当今国际恐怖主义活动频繁，并大多以爆炸作为主要破坏手段，所以国外已经开展了深入研究，并取得了丰硕的成果。但是，针对我国爆炸灾害的具体情况，尚需开展爆炸冲击作用下重大工程结构的致灾演变机制和防灾减灾技术研究。

二、国内外研究现状和趋势

近10年来，为减轻工程结构的爆炸灾害，国内外学者在工程结构抗爆与防爆研究方面开展了大量的研究工作，较为系统地研究了梁、柱、板、拱、墙和壳等结构构件在爆炸荷载作用下的动态响应行为和抗爆加固方法，取得了丰硕的研究成果（方秦等，2009；李忠献和师燕超，2015）。研究了砖石建筑、钢筋混凝土建筑、钢结构建筑及多高层建筑等地面建（构）筑物在爆炸荷载作用下的破坏效应及抗爆设计的准则和方法，以及建筑结构在爆炸荷载作用后连续倒塌的机理及实用分析方法，取得了试探性、阶段性的进展。研究了爆炸冲击波在岩石和土层中的传播规律，以及地铁车站、隧道、停车场等地下结构在爆炸荷载作用下的动态响应行为和损伤破坏机理。较为系统地研究了工程结构外部远距离爆炸环境下爆炸波在空气中和地面上的传播规律和爆炸荷载模型，取得了较为实用的研究成果，提出了一系列新的抗爆减爆装置和方法。初步研究了建（构）筑物门窗玻璃在爆炸荷载作用下的动态响应规律及破坏效应，并提出了门窗玻璃及玻璃幕墙抗爆设计的初步方法。

当前，工程结构抗爆防爆的研究热点逐渐转向结构构件的损伤破坏机理、损伤模式及损伤评价方法等，以及考虑爆炸荷载及结构构件属性的不确定性，进而建立基于统计学的爆炸荷载作用下工程结构构件的动力响应分析和损伤破坏评价方法。结构抗爆防爆研究的另一些热点包括：爆炸荷载作用下地下结构考虑饱和砂土液化、土－结构动力相互作用的非线性动力响应与破坏；工程结构内部及外部接触爆炸环境下爆炸波在工程结构内部的传播规律和作用于工程结构上的爆炸荷载模型，以及大型城市复杂环境中爆炸波的传播规律及其影响范围，并提出工程结构构件抗爆减爆实用措施及其设计方法；爆炸荷载作用下门窗玻璃碎片的尺寸分布、速度分布、荷载模型及其灾害效应和预防措施，并开发新型防护门窗。

连续倒塌，或非比例倒塌是一种可能造成灾难性后果的结构破坏形式，不仅是抗爆研究的重点，也是近期国内外土木工程界结构工程和防灾减灾领域研究的一个热点。结构连续倒塌是指由于偶然作用（如煤气爆炸、炸弹袭击、车辆撞击、火灾等）造成结构局部破坏，并引发连锁反应导致破坏向结构的其他部分扩散，最终造成结构的大范围坍塌。国际上建筑结构连续倒塌问题的研究始于1968年英国Ronan Point公寓煤气爆炸连续倒塌事故。2001年“9·11”恐怖袭击导致纽约世界贸易中心发生连续倒塌后，建筑结构防连续倒塌设计逐渐受到国际土木工程学术界和工程界的广泛关注。目前，国际上现有的抗连续倒塌设计方法可分为两类：一是不针对灾害荷载作用的抗连续倒塌设计；二是针对具体灾害荷载作用的抗连续倒塌设计。

阻止结构的进一步倒塌主要有两种设计思路，一种是局部抗力加强法，就是在异常荷载作用下提供足够的抗力；另一种是多荷载传递路径法，即允许结构局部产生破坏，但破坏时提供其他传力路径，能够吸收异常荷载，防止倒塌。因为节点薄弱和在较大变形中缺乏转动能力而产生的大量破坏，应该作为结构稳定研究中的首要问题。对于混凝土结构来说，承重墙体结构相对于框架结构更容易发生进一步的倒塌。同样，预制混凝土结构相对于现浇结构也更易发生进一步的倒塌。结构的每个重要构件都应有承受荷载的充足抗力储备，对于整个结构应设计多个传力路径，可以通过增加冗余约束或特殊节点加强等方法获得。除了采取构造措施外，连续倒塌的研究需要对结构的极限承载力、破坏模式及冗余度等多方面进行深入的工程力学分析，包括考虑不确定性因素及动力因素的结构连续倒塌的分析、防连续倒塌的分析和结构优化设计，采用非线性有限元方法对高层大跨结构可能发生的连续倒塌进行评估。

与 TNT 等高能炸药爆炸产生的荷载模型相比，燃油、燃气、蒸气云、粉尘等爆燃产生的高温高压过程及其波传播有其特点和规律。对这些特点和规律的研究，包括其预测模型方法的研究还很不成熟。

爆炸和火灾往往伴随发生，即存在先发生爆炸后引发火灾和先发生火灾后引发爆炸两种情况。在先发生爆炸后引发火灾情况下，爆炸会导致结构初始损伤并引起火灾，持续火灾高温将进一步弱化结构材料并引发燃料（气）的后继爆炸。在先发生火灾后引发爆炸情况下，火灾高温先弱化了结构材料并造成结构损伤，爆炸作用则进一步加剧了结构的损伤程度。总之，爆炸荷载与火灾高温的耦合作用必然增加了建筑物发生损伤破坏甚至倒塌的可能性。

爆炸荷载与火灾高温对建（构）筑物的联合作用问题，由于其自身的耦合作用特点，在防护设计理论、分析手段和工程应对方法中还存在众多亟待解决的关键问题。从目前来看，对于爆炸和火灾联合作用下结构的防护研究，人们大多还是单纯地从抗爆和抗火两个方面分别加以研究解决。实际上，建筑结构在爆炸与火灾高温作用下的损坏倒塌是一个在时间和材料损伤两个方面双重耦合的整体过程，十分复杂，单纯地针对建筑物进行抗爆或抗火灾分析都是不够的。

近年来，国内外关于建筑物尤其是钢筋混凝土结构在偶然性爆炸与火灾联合作用下的防护理论和方法研究极少，因此揭示爆炸与火灾联合作用下工程材料及结构的损坏破坏机理，分析预测建筑结构在爆炸与火灾联合作用下的结构响应和破坏模式，发展相关的防护理论与方法，是工程防灾减灾领域的前沿课题，具有十分重要的理论意义和应用价值。

三、重要研究内容

1. 爆炸荷载作用

复杂城市环境中爆炸冲击波的传播规律、影响范围及作用于工程结构上的爆炸荷载模型；工程结构近距离外部爆炸（含接触爆炸）情况下作用于工程结构构件上爆炸荷载的分布规律和简化荷载模型；工程结构内部爆炸情况下爆炸波的传播机理及作用于建筑结构和关键构件上的爆炸荷载的分布规律和简化荷载模型；爆炸飞片的尺寸分布、速度分布、荷载模型及其灾害效应。

基于恐怖爆炸和燃油、燃气、蒸气云、粉尘等爆燃的不同特点，对比研究在建筑结构内、外爆炸（包括接触爆炸）等情况下爆炸波和火灾温度在城市复杂环境及结构内部的传播机理，在各类结构构件上的相互作用、加载特点及分布规律，建立燃油、燃气、蒸气云、粉尘等爆炸条件下爆炸场与温度场分析模型及预测方法。

2. 工程结构构件在爆炸荷载作用下的响应与破坏分析

爆炸荷载作用下工程结构常用材料的动态性能及适用模型；爆炸荷载作用下工程结构构件的动态响应与损伤破坏的精细化模拟模型及实用分析方法；工程结构构件在爆炸荷载作用下的损伤程度评估与失效模式预测的理论和方法；爆炸荷载与地面震动、爆炸飞片及其他灾害荷载（如火灾）等耦合作用下工程结构构件的响应与破坏的模拟模型与分析方法。

建立高应变速率与高温耦合效应的工程材料本构模型，基于爆炸、火灾等灾害发生持续时间相差较大的特点，建立爆炸与火灾联合作用下多灾场的显隐式耦合的高效数值分析方法。

3. 工程结构在爆炸荷载作用下的响应、破坏与连续倒塌分析

爆炸荷载作用下工程结构的响应与破坏的精细化建模与非线性动力分析方法；工程结构在爆炸荷载作用下的动态响应、损伤破坏与连续倒塌的高效数值模拟技术与比例模型试验方法；爆炸荷载作用下地下结构考虑饱和砂土液化、土－结构动力相互作用的响应与破坏的分析模型与方法；爆炸荷载与

地面震动、爆炸飞片及其他灾害荷载（如火灾）等耦合作用下工程结构的损伤破坏机理、非比例破坏、连续倒塌机制及其分析理论与方法；避免连续倒塌的结构优化设计，包括结构的拓扑优化设计。

4. 工程结构的抗爆、防爆与多灾场防灾减灾理论与方法

工程结构构件的抗爆设计方法与抗爆加固技术；工程结构的抗连续倒塌新体系及其设计理论与方法；工程结构的被动与主动防护设计的基本概念与构造措施；重要工程结构的抗爆与减灾控制方法与技术；爆炸和火灾联合作用下建筑结构的多灾场综合防护设计计算理论与方法。

第五章 可持续发展的土木工程

可持续发展是一种注重长远发展的经济增长模式，是指经济社会的发展既要满足当代人的需求，又不损害后代人满足其需求的能力。我国人口众多，经济社会高速发展，既是资源和能源消耗大国，同时也是环境污染和生态破坏十分严重的国家。我国政府把可持续发展战略确定为我国"现代化建设中必须实施"的战略，也是科学发展观的基本要求之一。土木工程与建筑是人类赖以生存和开展生产活动的场所，也是人类消耗资源的最主要方式。土木工程为社会可持续发展提供解决方案和技术支撑，土木工程自身建设和运行的节能减排，是土木工程可持续发展的重要方向。

探索现代建筑活动中新的能源与资源消费模式，在保持和提高人居环境质量的前提下节约资源和保护环境具有重要的意义。节能建筑、生态建筑、绿色建筑、可持续建筑等相继出现，它们均以最小的资源、能源消耗创造健康适宜的建筑与城市环境，并对外部环境的干扰效应达到最小。近年来，还出现了可恢复（resilience）建筑、可恢复城市等概念，它们是指建筑和城市应该能适应全球气候的变化、重大灾害引起的灾变等，能够自适应地恢复到它们的稳定平衡状态，恢复其功能。这些概念可以看做是可持续发展概念的延伸。

为适应我国经济增长和社会发展的需求，当前我国基础设施的建设规模已经比全世界其他国家的总和还多，许多举世瞩目的重大基础设施建设成功，如青藏铁路、三峡水利工程、世界上最大的跨海大桥、跨度最大的斜拉桥、大型奥运场馆等。这些重大土木工程基础设施的建设和运行在为我国国民经济发展提供重要基础、推动我国经济快速发展的同时，也在大量地消耗能源和资源。可以预计，未来 20 ～ 30 年我国仍将处于大规模基础设施建设时期，吸收前期建设的经验，借鉴材料等领域相关学科的研究成果，研究长寿命结构材料和可循环利用的土木工程材料，发展高性能、自修复和自集能的工程结构和工程系统，建立综合全寿命期内的安全性、舒适性、耐久性、可持续性和经济性平衡的全寿命设计理论与控制原理，在满足国民经济发展需求的同时，节约资源，实现社会可持续发展的战略目标，是当前土木工程学科面临的重要课题，也有力地推动着土木工程的可持续发展。由于土木工程可持续发展的重要性，国内外都有专门的会议研讨相关问题。例如，2014年5月，美国土木工程师协会灾害风险管理委员会和中国土木工程学会国际交流合作委员会联合在上海组织重大工程结构的可持续发展（Sustainable Development of Critical Infrastructure）国际会议，会议的主题报告和论文回顾及讨论了支撑重大工程结构可持续发展的科学和技术问题，包括高层建筑、大跨桥梁、城市交通工程、核能和电力设施面对气候变化的冲击和适应对策，可靠性工程及风险管理，全寿命性能和成本，可持续建筑材料的开发等。

第一节　高性能结构体系

一、需求分析

人类活动范围的拓展及使用需求的提高，要求工程结构必须具备更高的综合性能，以抵御自然灾害作用下工程结构的灾难性破坏，减缓乃至消除长期自然环境侵蚀下工程结构的性能退化，保证工程结构的预期服役性能。从结构性能的角度出发，以高安全性能、高施工性能、高使用性能和高耐久性能等为特征的高性能结构的发展，正在成为现代结构工程发展的重要标志。

不同的工程结构在不同环境或使用条件下对其性能有不同的要求，所以高性能结构也应具有不同的性能特点和表现形式。目前，传统结构的问题集中反映在安全性、耐久性和施工性能上。因此，高安全性是结构设计的最基本要求，高经济性则是贯穿始终的目标，高耐久性和高施工性则是当前应首要解决的重要问题。实现高性能结构体系可以有多种途径，如新材料的应用、新构件新元件新体系的发展与智能控制技术等。在基于新材料发展和创新新构件、新元件和新体系方面，土木工程领域的技术人员和研究者有巨大的发展空间。可提升大型结构体系安全性和舒适性的智能控制技术、提高结构跨越能力的纤维增强复合材料桥梁体系等均是高性能结构体系的代表。高性能结构的概念不仅可应用于技术指标或建造技术要求很高的大跨、超高、深水结构，在量大面广的住宅建筑、交通工程中也能发挥重要作用。实验研究的新拓展及计算理论方法的完善是实现高性能结构体系的支撑，而由于高性能结构工程的特点，以大规模、非线性、多场耦合问题为特征和发展趋势的现代工程计算理论对于这一方向的发展则尤为重要。

二、国内外研究现状和趋势

工程结构必须满足安全、适用、耐久的要求。20 世纪 80 年代以来，在结构工程领域内的研究者逐步深入地认识到：结构工程研究的重点与核心是研究与控制结构受力全过程、寿命全过程行为；在这一研究中，结构理论、结构试验与结构计算构成了三足鼎立的发展局面，以高耐久性、高力学性能、高工作性能等为特点的高性能结构将成为结构工程发展的重要趋势，也是土木工程可持续发展的重要方面。

结构和结构体系的“耐久性”是指其抵抗自身和自然环境双重因素长期破坏作用的能力。材料的耐久性研究是解决结构和结构体系耐久性问题的重要前提和基础，对于提高结构的耐久性具有重要的参考价值。对于传统结构材料的耐久性，国内外已经做了大量的基础性工作。混凝土和钢材是土木工程中最主要的结构材料，在材料层次上进行研究有悠久的历史。国际上混凝土材料的耐久性研究可以追溯到 19 世纪 40 年代，法国工程师写出了世界上第一部关于海水对混凝土腐蚀破坏的科研著作。从 20 世纪 60 年代开始，混凝土结构的耐久性问题开始愈发突出，相关的研究在国际上进入高潮（Mehta，1991）。进入 21 世纪，国内在混凝土耐久性研究方面取得了一批具有代表性的成果（牛荻涛，2003；金伟良等，2011）。混凝土耐久性研究主要涉及钢筋锈蚀、冻融破坏、氯离子扩散、混凝土碳化等机理及其材料退化模型等方面。在桥梁工程中，钢结构的耐久性问题主要体现在疲劳效应产生的累积损伤，以及氯离子侵蚀导致的钢材锈蚀。1951 年，苏联学者贝科夫、莫斯克文等较早开始了混凝土中钢筋锈蚀问题的研究，而 Powers 等则在世界上最早开展了混凝土冻融破坏研究。Nowak 等建立了钢筋混凝土桥的钢筋锈蚀模型，以及基于锈蚀的钢筋混凝土桥梁结构抗力衰减模型，研究了氯离子在桥梁中的扩散规律（茹继平等，2011）。国内在 1994 年“重大土木与水利工程安全性及耐久性的基础研究”国家基础性研究重大项目中，通过细观试验量测建立了混凝土中钢筋锈蚀的预测模型及抗冻耐久性预测模型，同时提出了混凝土中氯离子扩散系数的快速测定方法，并对钢筋锈蚀后混凝土构件的抗力衰减规律进行了定量分析。混凝土耐久性研究的另一个重要方面是以高性能混凝土为代表的混凝土制备技术研究。高性能混凝土在 20 世纪 80 年代末提出，现已被土木工程界所广泛接受。对于高性能混凝土虽然有着不同的解释和理解，但这个概念的提出与混凝土的耐久性需求，以及全世界日益关心的可持续发展问题密切相关。

耐久性研究的最终目标是要通过科学合理的设计得到高耐久性的结构，实现高性能结构体系。虽然结构的耐久性和组成材料的耐久性有关，但还与其结构形式及所处的外部环境因素密切相关，因此，需要在材料耐久性研究的基础上进一步研究结构构造及结构形式，开展结构构件及体系层次上的耐久性研究，提出系统的结构体系耐久性设计方法，以及完善的既有结构耐久性综合评估方法。例如，混凝土的劣化是由有害介质渗入混凝土体内所造成的，如通过对结构构造和型式进行科学合理的设计，阻断有害介质的传输途径，对结构的耐久性将有直接的提高作用。由于单一材料所组成的结构很难同时满足受力性能、施工性、适用性、耐久性及经济性等方面的综合要求，因此，组合结构越来越受到重视。欧美等国（地区）对组合结构开展了一系列研究，如美日联合完成的组合及混合结构抗震性能研究项目、日本土木工程学会钢结构委员会编制的钢结构与组合结构标准规范、欧洲在大量研究的基础上推出并不断改进的欧洲规范等。我国学者聂建国等通过 30 余年的大量试验与理论研究（聂建国，2005，2009），在钢 - 混凝土组合构件、组合梁板结构、组合节点、组合结构体系、新型组合结构及技术研发等方面取得了一系列成果，发展了组合结构设计理论与方法，促进了组合结构体系的发展。

在高效结构体系层次，结合国内已经建成或正在建设的大量超高层建筑和大跨桥梁，有关单位对混合结构体系、组合框架结构、组合结构斜拉桥、钢管混凝土拱桥等承载能力、力学分析、损伤破坏机制和结构设计开展了试验和数值模拟研究。在研究钢 - 混凝土组合结构基本静动力性能的基础上，围绕抗灾减灾，提高结构综合性能，组合结构抗火及抗震的研究正在成为新的热点和发展方向。

结合工程发展的实际需要，组合结构的发展趋势应是在构件层次研究成果的基础上，通过对新材料的开发利用，综合考虑经济性，突出抗灾能力和耐久性能，研发新的高性能结构体系及其配套建造技术，同时拓展组合结构的应用范围。因此，未来应在新型组合构件的研发、组合体系的发展、组合加固技术的创新和组合结构在其他领域的拓展应用方面展开深入研究。

三、重要研究内容

1. 超高与大跨高效结构体系研究

研究轻结构体系，加强新材料在新型结构体系中的开发利用，注重传统材料的挖潜和综合利用；研发新型组合构件和组合节点，如槽形组合梁、组合结构桥塔、钢管混凝土防屈曲支撑等，重点研究其静动力性能和在复杂空间受力状态下的受力性能；研究开发新型组合结构体系，研究其基本受力性能和在长期荷载、疲劳荷载及高温条件下的受力性能。

2. 现代混凝土结构与钢结构的基础理论与设计方法

考虑结构的服役舒适度和耐久性，加强正常使用阶段混凝土结构与钢结构的基本性能研究；厚钢板焊接部位的材料本构关系及损伤规律研究；各类钢结构节点在反复荷载下的非弹性失稳及低周疲劳失效研究；钢结构桥梁等在动力荷载下的极限状态设计方法及安全度研究。

3. 多功能新材料结构体系开发和设计理论

研究新材料结构形式及构造措施的适用性等关键问题，发展集维护、结构、保温等多功能于一体的新型建筑材料并在结构中开展应用研究，研究新型结构材料在大跨、超高、极端寒冷或高温等条件下结构中的应用；发展完善与新结构体系、新材料相适应的设计理论与设计方法；新型结构构件及体系的防灾减灾研究；预制装配式结构的创新与发展。

第二节　高性能和可再生材料

一、需求分析

工程材料是新结构体系产生的源动力，人类社会初期，土木工程主要采用土、木、石材建造，结构体系相对简单。工业革命后，混凝土和钢材成为建造土木工程的主要结构材料，由此推动了现代土木工程结构体系的诞生，伴随着科技的发展，结构体系越来越复杂，结构的性能越来越高。随着自然资源消耗与枯竭的威胁，人类希望发现可重复利用的结构材料、可回收和可再生的结构材料、长寿命结构材料、节能结构材料、自集能的结构材料，来建造可持续的土木工程，其中纤维复合材料因其良好的力学性能和耐久性，成为继钢材和混凝土材料之后的第三类结构材料。智能材料与智能土木工程结构是土木工程领域最具创新、最有活力的研究方向之一，也是发展高性能土木工程结构和可持续土木工程结构的重要途径（Li et al.，2004；欧进萍等，2006）。

开发轻质、高强、耐久的高性能材料和可再生材料，合理替代比强度低、腐蚀问题严重的传统结构材料，可望实现重大工程结构的高性能与长寿命，提升既有和新建重大工程结构服役的安全性和耐久性，建立真正的超长服役寿命结构体系，实现其全寿命周期成本最小化；可实现结构在遭受极端荷载作用后的损伤可控设计，保障结构满足不同程度要求的可修复性；同时可有效地实现重大工程结构的轻量化和低负荷设计。

重大工程结构的服役寿命长，综合性能及低成本要求甚高，在服役周期中还需要考虑可能遭遇的极端环境和荷载作用。因此，建立高性能、可再生材料工程结构的全寿命性能设计与控制理论，需要从根本上解决一些重大科学问题，并进行理念和核心技术创新。

二、国内外研究现状和趋势

高性能结构材料的应用是实现高性能结构的重要途径。除力学性能和经济性之外，当前的发展方向是要求工程材料必须具备资源节约、环境友好的特征，以符合可持续发展的需要。近年来出现了众多新型结构材料，各自在某些方面具有显著的性能优势，但只有通过基于工程结构性能的研究，合理地利用这些材料，才能将“材料的高性能”转变成“结构的高性能”。基于结构需求进行新型结构材料的合理应用将成为未来一段时间结构工程发展的重要方向之一。

以高耐久性为重要标志的高性能混凝土已得到广泛认可和应用。近十多年的研究表明，在组分中引入纳米材料、短切纤维或有机聚合物是获得高性能混凝土的重要手段，如正在发展的纳米混凝土、高延性纤维混凝土、高阻尼混凝土等。具有自感知、自修复和自适应特征的智能混凝土也得到了大力发展。目前，混凝土的功能化主要通过以下三个途径来实现。第一个途径是在混凝土内复合某些导电或半导体纳米材料，使混凝土产生压阻的性能，进而具备应变自感知的功能；第二个途径是将混凝土材料与压电材料、磁致伸缩材料或形状记忆材料等智能材料相复合，使相应的混凝土制品具有应力状态监测与调整和能量自收集等功能；第三个途径是在混凝土内埋设一些造价低、体积小、耐久性好的传感器或感知骨料，使混凝土具有相应的感知功能。

全球气候变化与社会经济发展使得人们必须重视环境保护和节能降耗，绿色建材将会成为今后建筑材料的发展方向。碱激发水泥以高炉矿渣、钢渣、粉煤灰等工业废弃物为原料，具有能耗低、强度高、耐久性好等优点，以碱激发水泥为代表的环保水泥开发和物理、化学、力学性能多学科研究受到了重视。具有相变储能功能的混凝土不仅具备传统建筑材料的力学性能，而且具有保温隔热的节能环保功能，是当今国际绿色建材研究的新热点之一。

以耐火钢、耐候钢、高强钢、高性能铝合金等为代表的高性能金属材料是近年来材料科学与工程发展的重要成果，为工程结构的应用提供了丰富的选择。但是与之相衔接的结构性能的基础研究还较缺乏，如高强钢构件的稳定性、耐火钢在荷载和高温共同作用下的结构设计方法、铝合金结构的连接节点等。高强度高性能金属材料的力学性能与机理，结构体系基本理论、分析计算和设计方法及相关规范是进一步研究的重点。

近年来，纤维增强复合材料（FRP）在土木工程领域得到了高度关注，被用来替代传统的土木工程材料（吴智深等，2011），如用FRP套管替代钢管约束混凝土结构，用FRP筋替代传统的钢筋，用FRP索代替钢索，用FRP型材代替传统的型材等。FRP所采用的纤维有碳纤维、玻璃纤维和玄武岩纤维等多种类型，其中我国玄武岩储量丰富，而玄武岩纤维具有更好的综合性能，将是未来FRP的重要发展方向。FRP在混凝土结构加固领域得到了成功应用，并正在向新型结构体系或新型组合构件方向进行拓展。目前，FRP结构在长期性能、变形性能、阻尼特性、振动特性、抗冲击性能等方面还有许多问题有待进一步研究。我国国家自然科学基金委员会及973计划已经支持多项重点项目，支持FRP复合材料在土木工程中应用的基础研究。

智能材料是当代材料科学与信息科学相结合的产物。在土木工程领域，电/磁流变液体、压电材料、电/磁致伸缩材料及形状记忆材料等驱动材料得到了较多的研究和应用；形状记忆合金在古建筑的加固及隔震支座限位器等方面已经得到应用；智能型压电摩擦阻尼器和磁致摩擦阻尼器也已从理论研究阶段逐步走向了示范工程。

此外，土木工程建设消耗大量资源，使用可回收、可再生材料是符合人类发展长远利益的趋势。有关再生混凝土、再生钢材、改性竹材、速生木材等环境友好型材料的研究已获得了较大进展。针对再生材料结构的力学性能研究，以及开发新型再生材料结构体系是未来研究的一个重要方向。

三、重要研究内容

1. 可持续高性能工程材料

发展高性能混凝土的制备和全寿命性能的系统理论，包括环保绿色水泥研发、高性能混凝土的配合比设计理论与制备工艺，高性能混凝土性能改善机理、模型及性能劣化规律；高强高性能钢构件和节点的基本力学性能和抗震、抗火性能及体系设计理论；复杂受力状态下 FRP 及其制品的力学性能与模型，功能型 FRP 的制备与性能，基于玄武岩纤维的 FRP 制备与性能；再生混凝土、速生木材、竹结构等环境友好型可再生材料的力学性能及在结构中的应用研究。

2. 土木工程智能材料

在智能混凝土领域，发展碳纤维水泥复合材料和纳米水泥复合材料及其压阻机理、建模与模型；压电水泥复合材料及其压电特性的机理、驱动与感知特性；自集能混凝土及其能量转化理论、自集能混凝土制品与结构；透光混凝土及其透光原理、效率与能量转化模型；自愈合混凝土及其力学、耐久性；电热纳米复合材料及自升温混凝土结构的热动力学原理、模型与系统设计原理。在智能材料与结构系统领域，重点研究以磁流变液、压电陶瓷、磁致伸缩材料和形状记忆材料为核心的智能驱动材料及其本构模型，智能驱动系统的设计、制备与性能；新型感知材料及其相应传感系统的制备与性能；感知与驱动材料微观结构与相应感知及其驱动机理；基于形状记忆材料的结构损伤控制、振动控制与流场控制的自适应土木工程结构及其控制原理。

3. 高性能结构材料本构关系基础理论研究

高性能结构材料的动力本构理论及机理研究，包括混凝土等结构材料的动力本构理论，不同应变率水准下结构材料的动力本构的微观和细观多尺度机理，材料动力本构尺寸效应及机理，土木工程材料随机动力本构模型与非线性研究；多种灾害作用下结构材料的本构模型，如高温或者火灾下描述混凝土内气、液和固三相介质运动的水力－热－机械力学三场耦合的本构模型，高温、高湿和高压环境下考虑材料分解、相变、水分的运移和热传播与运动等影响的力－热－流耦合的混凝土材料的本构模型及其数值计算模型，多灾害组合作用下的材料本构模型；FRP 等复合材料长期性能监测评估与智能材料本构理论，如 FRP 等复合材料在多种环境因素下的耐久性及防护措施，复合材料和智能材料在多灾害环境下的本构关系及损伤发展规律和机理，形状记忆合金和压电陶瓷等智能材料的多场耦合本构理论研究。

第三节　重大工程结构的性能设计

一、需求分析

随着我国城市化进程的不断发展，城市财富聚集趋势明显加剧，大规模建设一大批重大工程结构将会持续相当长的一段时间，相当比例的国民财富固化为工程结构本体及其功能系统，如何确保工程结构安全及预期性能是土木工程学科的重要挑战，也是维护社会安全和稳定的重要方面。采用新的科学理论和技术，适应重大工程结构向建造规模大型化、建筑功能复杂化和结构尺度快速增长的新形势，开展系统深入的工程结构性能设计与控制理论研究，成为土木工程学科发展的重要原动力。工程结构性能是衡量土木工程结构优劣的本质性、综合性指标，结构全寿命性能设计理论与方法是高性能结构设计的必然选择。重大工程结构的性能设计主要包括结构性能定量化设定、评价和控制三个基本环节。

重大工程结构全寿命性能设计与控制研究、实践能力和水平体现了国家的建筑科技发展水平，也是我国从建筑工程建设大国向建筑工程建设强国发展中需要不断深化的理论研究战略方向。

二、国内外研究现状和趋势

随着知识的积累、技术的进步及社会可持续发展的要求，人类期望工程结构系统具有可靠性（适用性、安全性、耐久性）、智能性（自感知、自适应、可调控）等更多的功能、更高的性能和更长的寿命。因此，基于全寿命周期的工程结构系统性能设计越来越成为工程学科共性的基础科学问题，并逐渐成为国内外工程学科最活跃的研究领域之一。

20 世纪 90 年代中期提出的基于性能的抗震设计方法，反映了现代结构抗震设计思想的一个重要转变，即从以往只注重结构安全，向全面注重结构的性能、安全及经济等诸多方面发展（Bozorgnia and Bertero，2004；李刚和程耿东，2004；谢礼立等，2009）。投资—效益准则是基于性能的抗震设计的一个基本原则，根据投资—效益准则，结构设计应按照结构性能的要求，利用所拥有的资源，寻求合理的、满意的、足够安全的设计及加固维修方案，即在结构的可靠与经济之间选择一种合理的平衡，使结构在全寿命周期内总费用最小。长期以来，我国国家自然科学基金委员会对基于性能的抗震设计的基础研究给予了持续的支持。我国颁布的《建筑抗震设计规范》（GB50011—2010）对建筑结构抗震性能化设计给出了相关规定，包括确定地震动水准、性能目标、性能设计指标等。并且，由谢礼立、王亚勇主编的中国工程建设标准化协会标准《建筑工程抗震性态设计通则（试用）》（CECS 160：2004）也总结了此方面的部分研究成果。

重大工程结构的全寿命性能设计包括四个主要任务：地震危险性分析、结构地震反应分析、结构损伤破坏分析、地震损失分析。目前，这一领域的研究还是主要关注性能设计的某些基本问题：①精细化材料本构模型的研究；②考虑损伤累积的结构破坏倒塌机理研究；③结构性能水准的确定和结构性能目标的选取；④在可靠度基础上的基于性能的设计理论的实现。虽然在这些关键环节上都各有进展，但要形成完整实用的性能设计方法和技术还需大量的研究工作。目前的研究主要是针对高层和高耸结构，性能水准的选择也多以反映此类结构的力学指标为主（如层间侧移），并不适用于空间体型复杂的建筑结构。因此，在土木工程结构领域还需开展具有针对性的研究，解决性能水准确定等主要理论问题，使基于性能的结构设计理论方法趋向实用。目前，结构的全寿命性能设计的总体发展趋势表现为以下几个明显特征：性能设计控制目标由单一化开始向多元化探索；应用性能结构设计理论的结构体系从高层建筑结构向其他建筑结构拓展；对结构性能的定量化进行全面设定、评估和控制成为高性能结构设计的主动选择；性能设计思想不仅面向结构抗震设计，也适用于抗风、抗火设计等。国内外陆续出现了以性能设计思想为指导的建筑设计规范或规程。

近年来，抗震结构中分灾设计、可恢复功能结构（earthquake resilient structure）的概念和结构实现手段的研究受到重视。它们是结构全寿命性能设计的有机组成部分，有助于实现快速、低成本结构可恢复功能设计、可恢复功能社区和可恢复功能城市，因此它们是贯彻落实土木工程可持续发展理念的重要手段，是工程结构设计的发展方向。可恢复功能抗震结构包括：摇摆结构、自复位结构和可更换构件 / 部件结构。合理设计的可恢复功能结构不仅可以确保安全和震后及时使用，还可以取得明显的经济效益。摇摆运动是一种很有效的减震机制，可用来抵抗剧烈地震荷载，利用摇摆隔震设计可以降低结构造价，增强结构抗震能力。现代研究人员发现古希腊的许多古建筑能够在大震过后存留下来，就是因为在强烈地震动作用下，这些结构可以发生摇摆运动。针对可控摇摆结构体系，人们开展了后张预应力筋对结构体系自复位能力的影响、耗能装置对结构减震效果的影响等研究，并对可控摇摆结构体系进行了试验。Fortney、Roh、Ricles、Wada、吕西林、Reinhorn、Bruneau 等国内外学者开展了相应的数值分析、模型试验和工程应用研究（吕西林等，2011）。

20 世纪 90 年代，我国学者提出了分灾设计的概念，将整个结构系统从概念上分为两个主体结构和分灾元件（结构）。在常规荷载下，主体结构和分灾元件共同发挥作用，保证结构的各种正常使用功能；在灾害荷载下，分灾元件开始发挥分灾作用，通过损伤耗能甚至牺牲破坏来保证主体功能结构的安全，灾害之后可以迅速地修复或者替换（李刚和程耿东，2004）。近年来，一些学者在相关领域国际主流期刊发表数篇论文，报道结构保险丝、摇摆体系、可更换构件等新型结构设计概念，在地震工程、土木工程界引起了广泛关注。这些设计理念与结构分灾设计的基本思想不谋而合，值得关注与深入研究。需要指出，目前国际上基于结构保险丝的分灾设计研究，绝大部分只是考虑分灾元件的损伤层面的耗能分灾机制，很少关注分灾元件破坏后结构的抗灾性能，即结构是否可以过渡到另外的稳定拓扑构型。因此，分灾设计不仅要考虑结构保险丝的耗能分灾机制，还要研究结构保险丝破坏后，结构能否安全地迁移到“有利”的结构稳定拓扑构型，实现多级分灾设计。

随着社会经济持续快速的发展，全球都将面临资源短缺的危机，在工程建设领域实施全寿命周期设计，就是要统筹考虑结构设计、施工、运营和管理各个环节以寻求恰当的方法和措施，使结构的全寿命性能（安全、适用、耐久、经济、美观、生态等）达到最优或优化。大型复杂结构服役期长，在其服役过程中将遭受长期循环荷载、极端气候和极端荷载作用及其耦合作用，结构将不可避免地产生损伤积累与性能退化，极端情况下甚至导致结构破坏、倒塌及报废。国内外大型复杂结构因累积损伤和长期性能退化而带来的养护、维修、加固等费用十分巨大，因结构及其功能系统（如信息系统）的部分破坏及维修造成其在一定时间段内功能不能使用而产生的经济和政治损失，甚至超过其初始建设投资。因此，大型复杂结构的分析与设计理论应向综合考虑结构全寿命期内的服役性能与投资效益的设计理论方向发展。

结构全寿命设计包含了寿命期内结构性能（安全性、适用性、耐久性等性能）研究、寿命期内结构经济分析，以及结构使用寿命研究等内容，它代表了未来结构设计理论发展的方向和趋势，引起了各国的广泛重视，已成为国内外最活跃、最前沿的研究领域之一，是国内外学者普遍关注的焦点和研究热点。

三、重要研究内容

1. 工程结构系统的全寿命环境与荷载作用

研究工程结构系统全寿命服役环境作用及其耦合作用的表征模型和机理；建立工程结构系统全寿命动力荷载和疲劳荷载模型；提出工程结构系统全寿命设计理论的环境作用与荷载设计标准的确定原则。

2. 重大工程结构性能设计的目标体系与分析方法

重大工程结构行为全过程分析的精细化研究，综合采用精细化建模方法和高效结构分析方法，对结构在多荷载场作用下的时变行为进行全过程精细化分析；设定结构性能多指标综合目标体系，建立面向工程结构的多元化性能目标体系的理论和方法；发展结构性能定量化评估体系，建立定量化的结构性能评估理论和方法，将荷载作用从单一的地震作用拓展到多荷载耦合作用；重大工程结构性能控制理论的系统化及示范应用。

3. 重大工程结构的分灾设计与可恢复功能设计

结构的抗震设防标准、抗震性能表征与概率分析方法；基于多重替代模型的复杂结构非线性地震响应评价方法；结构非线性随机地震动力响应、易损性分析与动力可靠度评估方法；分灾结构系统的构成及其预定功能分配规律与力学性能；结构分灾系统与结构的“弱化”设计的基本原则、分灾机理与优化设计方法；结构保险丝破坏后基于结构“有利”稳定拓扑构型迁移的多级分灾设计；结构破坏控制（可更换构件）与可恢复功能结构的设计理论、试验研究与创新设计。

4. 工程结构耐久性与全寿命设计理论

构建工程结构全寿命设计目标体系；结构全寿命性能研究，如全寿命期内荷载的不确定性及随机性分析，结构性能的劣化机理、劣化模型及失效模式的研究，结构维护维修加固方案，结构全寿命优化设计方法等；结构全寿命经济分析研究，如基于全寿命经济性的结构设计理论与方法，结构全寿命设计中多目标的经济优化模型；结构使用寿命研究，如结构失效准则及使用寿命预测模型；结构全寿命运营、管理分析研究及全寿命安全保障系统研究，基于全寿命经济分析的维护维修及加固决策系统研究；工业化建筑体系的安全性与耐久性基础研究。

5. 环境与荷载耦合作用下工程结构系统全寿命性能演变规律与机理

建立环境与荷载耦合作用下工程结构系统材料、结构构件、整体结构性能演变的数值模拟方法和试验标准；揭示环境与荷载耦合作用下工程结构系统材料性能劣化机理与演变规律，探明环境与荷载耦合作用下工程结构系统器件/部件和整体结构系统性能的演变机理和规律；建立从材料—构件—结构不同尺度的性能演化规律的关系与模型。

第四节　大型结构健康监测与安全评定

一、需求分析

新中国成立以来我国陆续建设了一批大型建筑（包括高层建筑、大跨桥梁和大型场馆），很多结构已经服役超过50年，进入了老龄期；特别是一些公路及桥梁由于长期处于严重超载状态，已提前进入老化阶段。因此，迫切需要对这些老龄结构进行健康监测和安全评定，以确保其服役安全。自改革开放以来，我国基础设施的建设规模和速度更是位居世界第一，许多大型工程结构相继建成并投入使用（例如，上海环球金融中心等大型建筑工程、杭州湾大桥等诸多大型桥梁、秦岭隧道等大型隧道工程、三峡大坝等大型水利工程、青藏铁路和覆盖全国的高速铁路、南海深水海洋工程等），对国民经济建设和社会发展发挥了积极的作用。为保障这些新建工程的正常服役功能，当前至未来几十年，甚至上百年中将不得不面临这些大型复杂工程结构的养护、维修和加固等耗资更为巨大的任务。在国际上，以美国为例，美国土木工程师协会每四年组织专家对全美的基础设施进行评估，以ASCE报告单（report card）的形式发布。评估根据能力（capacity）、条件（condition）、资金（funding）、未来需求（future need）、运行和维护（operation and maintenance）、公共安全（public safety）、可恢复能力（resilience）、革新

（innovation）八个方面，按 A（优秀）、B（良好）、C（中等）、D（差）、F（不及格）五个等级打分，2013 年的评审结果为：水坝 D、饮用水 D、有毒废弃物 D、固体废弃物 B−、堤坝 D−、内河航道 D−、废水 D、航空 D、桥梁 C+、内陆运输 D−、港口 C、铁路 C+、公路 D、城市交通 D、公园及休闲地 C−、中小学 D、能源 D+。据此，美国土木工程师协会向政府和社会呼吁要采取三个措施：加强更新基础设施的领导力；注意经常维护，加强基础设施的可持续及可恢复能力；提供发展和投资机会确保美国基础设施的不断改善；并提出要求在 2020 年前投入 36 000 亿美元改善其状况。由此可见，全面把握重大工程结构全寿命服役期内的累积损伤演化过程和性能退化规律，科学合理地进行养护、维修和加固，是我国乃至世界各国土木工程界已经面临并迫切需要解决的基础和核心的科学问题。该问题的提出与研究使人们认识到工程系统的分析与设计理论不仅需要考虑极端荷载下的动力灾变特性，还需要考虑持续作用的环境荷载导致的结构渐变破坏行为；不仅需要考虑结构初始的一次性投资，还需要综合考虑结构全寿命服役期内的维护费用；不仅需要考虑结构材料的强度、刚度、疲劳和耐久性，还需要考虑材料的能源消耗、环境友好、可持续性等特性。

国内外学者经过大量的研究，已从材料层次上建立了疲劳理论和耐久性理论。但大型结构尺度庞大、造型复杂，在其长期服役期间，将会遭受时空多因素耦合场和极端灾害场作用，目前基于“现状安全设计”的理论无法反映大型结构在其全寿命服役期内的真实力学行为。基于仿生技术的结构健康监测在结构上安装全方位的监测系统（一座安装了监测系统的结构相当于一个现场实验室），实时监测结构的外界荷载与响应信息，正推和反演结构的累积损伤及抗力衰减规律，评定结构的性能状态，对结构可能发生的灾变进行预警，并预测结构的剩余服役寿命，同时也可以验证现有结构分析理论与设计假定，为结构全寿命分析和设计理论提供科学依据与基础。

二、国内外研究现状和趋势

土木工程结构监测最早可以追溯到 1932 年世界上第一台强震仪的诞生。自此之后，世界各国十分重视现场监测的研究，目前全世界已经布设了 2 万多台强震观测仪；20 世纪 80 年代，美国、日本和欧洲相继开展了大型土木工程结构风荷载与风效应的现场监测，取得了宝贵的数据。80 年代末期，由于智能材料、信息技术和微电子技术的发展，推动了先进传感技术与传感网络的研究，并提出了结构健康监测的概念。自此之后，结构健康监测得到迅猛发展，美国、日本、欧洲和中国设立了多个大型科研计划和国际合作计划，推动了健康监测技术的研究、发展与应用，同时成立了多个国际学术组织，每年举办多个以此为主题的一系列大型国际学术会议。

近年来，信息技术的飞速发展使得信息的获取、传输、存储、处理、解释和显示在容量、速度和可靠性等方面有了大幅提高，有力地支持了土木工程中结构健康监测系统的研究和实施。对国内一批高层建筑、大跨桥梁而言，在设计阶段人们就对健康监测系统做了安排。结构健康监测系统积累的大量数据，推动了结构真实荷载作用及其效应的建模方法、结构累积损伤与性能退化规律、结构性能评定与可靠度预测的研究，使结构健康监测开始向结构全寿命设计理论延伸，并成为研究结构全寿命设计理论的重要手段和基础。以香港青马大桥为标志，我国早在20世纪90年代就已开始进行结构健康监测系统的实际应用。依托持续的大规模基础设施建设，目前我国在结构健康监测工程应用方面已经走在了世界前列，充分利用现场监测数据开展结构全寿命分析与设计方法的研究，发展与结构安全密切相关的状态识别和诊断方法，将有助于我国在该领域保持领先地位，持续发挥国际引领作用（李惠和欧进萍，2006；李宏男和任亮，2008；伊廷华和李宏男，2009；吴智深和张建，2015）。

大型复杂结构的监测变量包括物理、化学与力学类等变量，目前监测这些变量的传感器主要分为光学类和电学类。光学类主要有光纤传感器，它具有分布式测量、抗电磁干扰能力强等优点，根据感知原理不同，光纤传感器又分为光纤光栅传感器、布里渊时域散射型、强度型和干涉型光纤传感器，Ansari等较早开展了光纤光栅传感技术基本原理的研究，国内外大量学者相继提出了多种形式新颖的光纤传感器。自从光纤中布里渊光的频移特性进行分布式应变和温度传感技术提出以来，分布式光纤传感技术等因其具有分布式测量的优点而得到广泛研究。我国学者提出的FRP封装光纤光栅传感器、长标距光纤光栅传感器等推动了光纤传感器的工程应用。由于其独特的优点，光纤传感技术能够测量很多类型的物理量。例如，应变、温度、加速度、挠度、位移、裂缝和腐蚀，被广泛应用于建筑、桥梁、隧道、管道、风电支撑结构、高铁基础结构和工程地质结构物的全寿命周期监测。

基于电学类的传感器种类较多，如压电传感器、电磁索力计、电阻应变片、疲劳寿命丝、形状记忆合金、超声波传感器、加速度传感器，以及水泥基智能传感器。但由于传感器的精度、可重复性、长期稳定性等要求，目前研究较为成熟的主要有压电传感器、电磁索力计和水泥基传感器。结构的安全评定还与结构的性能及抗力退化有关，而钢筋锈蚀是导致结构抗力退化的主要因素。钢筋锈蚀是一个电化学过程，钢筋锈蚀监测在工业领域和材料领域得到了广泛的研究，但这些技术往往不能很好地监测钢筋混凝土结构的钢筋锈蚀，而且传感器的寿命较短。我国学者基于电化学原理研究了适用于钢筋混凝土结构钢筋锈蚀监测的腐蚀传感器，并提出采用小波变换方法对监测信号进行时频分析，提高锈蚀监测的精度。

此外，传感网络节点的合理布设及其高效管理是建立结构健康监测系统需要解决的关键科学问题。一种好的传感网络节点布设方案应做到：在含噪声的环境中，能够利用尽可能少的传感器获取全面而精确的结构响应信息；测得的结构模态应能与模型分析的结果建立起对应关系；能够通过合理添加传感器对感兴趣的部分模态进行数据重点采集；测得的时程记录应对结构参数的变化最为敏感；传感网络节点的布设应使试验结果具有良好的可视性和鲁棒性。近 20 年来，传感网络节点的优化布设在结构健康监测领域得到了各国学者的重视，展现出了迅猛的发展势头，各种新的优化准则和布设方法不断涌现。

尽管先进传感技术与传感网络得到了广泛的研究，但其还远不能完全满足结构健康监测的实际需求。例如，目前结构耐久性的监测还十分困难；传感器的长期稳定性、耐久性、可更换性、与结构的相容性等还制约着结构健康监测的发展；传感器监测的信号往往是多因素耦合作用效应，这给荷载与效应对应关系的分析及结构损伤识别带来较大的困难，受生物启发或某些数学方法的启发，研究只对某特定变量敏感的传感技术与传感器将是今后发展的重要方向；此外，降低结构健康监测系统的复杂性和造价，增加其灵活性和可靠性，而且由于结构分析的误差和使用条件的改变，初始设计的结构健康监测系统不一定与结构损伤和失效位置吻合，基于无线传感器网络技术的可移动结构健康监测系统也是今后的发展方向之一。

结构健康诊断理论主要包括损伤识别、模型修正、状态评估、安全预警和寿命预测等方面。结构的损伤识别方法可以分为基于局部的损伤识别和基于整体的损伤识别方法。局部的损伤识别方法主要用于探测结构的局部损伤。常用的方法包括无损检测等，但这类方法设备昂贵，而且不易发现内部隐藏的损伤；另一种是监测结构的局部变量，由此直接判断结构的局部损伤。但若传感器没有布设在损伤部位，则无法直接进行判断。结构整体损伤识别方法的研究大致经历了四个发展阶段。第一阶段是利用识别的结构模态参数确定结构的损伤状态。例如，基于频率的结构损伤方法，其通过结构频率的改变来构造合适的指标进行损伤识别；而基于振型的结构损伤识别方法，则是通过结构损伤前后振型的改变进行损伤识别。以后发展的各种时间域、频率域及时频域方法都是对这些方法的扩展和延伸。例如，小波频带特征提取的方法、基于信号复分解变换的希尔伯特－黄变换方法、神经网络方法、特征向量机方法等。这些方法尽管采用了具有各自特色的计算方法，但是损伤识别的基本思路一致，即通过数学模型获取结构的模态参数，用一个或多个模态参数来推断损伤，由于模态参数对结构损伤的不敏感，加之模型误差和噪声的影响，导致这类方法识别结果的离散性较高，难以得到唯一性结果。第二阶段是添加了概率模型的结构损伤识别方法。其特点是对识别的模态参数与损伤特征用概率模型进行描述，得到反映结构损伤状态的概率指标，摒弃了确定性的损伤指标方法，更加符合结构损伤的实际状况，但这些方法在损伤定位上并没有质的突破。第三阶段是考虑环境因素等作用下的结构损伤识别方法。这类方法主要是建立结构性能参数与外界环境荷载的映射关系，研究如何剔除环境因素对结构损伤识别的干扰。第四阶段是结构非线性损伤识别方法。结构损伤的实际过程是非线性的，如裂纹的闭合展开等，因此结构非线性损伤识别方法是当前结构损伤识别的一个新兴方向。结构非线性损伤识别的方法一般采用基于非线性信号处理的方法，通过识别结构非线性现象的发生来判断结构是否出现损伤。这类采用现代非线性动力学方法的研究，也许更加反映了结构损伤的本质，但目前仅处于萌芽阶段。

三、重要研究内容

1. 先进传感技术、高效传感网络与模块化集成结构健康监测系统

研究满足工程结构长期监测的特殊环境和要求的光、电、纳米、仿生、无线等智能传感元件；研究结构动、静力响应的局部和整体性态监测的传感网络、数据存储和传输算法；研究传感网络的系统结构、结点配置技术、结点拓扑结构和数据融合的理论与方法；研究同步采集技术、多线程运行机制、模块化系统架构等高效集成技术及其在重大工程结构中的适用性、经济性及耐久性。

2. 结构损伤识别、状态评估、失效预测及安全预警方法

开发具有精度高、速度快、性能稳定的数据融合处理系统，开展多种海量数据融合的结构损伤识别方法和模型修正方法研究；研究信息不完备及

小子样条件下的结构不确定性分析和可靠性分析理论与方法；研究基于监测信息的多目标特征分析、数据挖掘、作用模型建模与预测方法；建立结构累积损伤和抗力衰减的数据挖掘和数理统计方法与概率模型；研究基于长期监测信息的结构全寿命时变可靠度分析、失效模式预测方法及安全预警决策方法，给出适用于不同结构响应指标的性能评价函数。

3. 基于现场监测信息反馈的重大工程性能设计理论

研究重大工程结构全寿命尺度的损伤演化规律、累积损伤与突发损伤的耦合效应及其灾变失效的特征、临界状态、灾变破坏前兆和损伤－超载失效准则；研究重大工程在全寿命期间的作用荷载、抗力性能、性态指标变化、性态设计准则和全寿命性能维护理论与技术；建立重大工程在可能遭遇的灾害作用下的性态参量、多水平设计准则与设计方法。

第六章 土木工程信息化和数字化

信息技术的飞速发展，使得信息采集、传输、储存、处理、解释和显示的容量、速度、可靠度大幅度提升，任何学科、技术和工业部门，搭上信息技术的快车就可实现一系列的创新和突破。土木工程和信息化的深度融合必将推动土木工程的跨越式发展，在设计、施工、服役的各个阶段，从技术到管理，这样的融合都将带来全新的机遇，有力地推动各个方面、不同层次的创新。重大土木工程的施工、管理和运行等阶段的信息化和数字化正在日益显现出其重要性，但是限于本报告的主题，我们下面将不讨论这些问题。

当前，科学和工程研究已经由传统的理论和实验两类基本方法发展到了以理论、实验和计算为三大支柱的研究体系。数值模拟和物理实验的关系一直受到科技界和工程界的高度关注。首先，由于人类的活动范围和视野的不断扩大，对工程设计的要求越来越高，需要进行物理实验（包括实验室实验和现场实测）的新问题不断涌现。与此同时，也出现了很多难于进行物理实验的问题，如尺度很大的工程地质灾害的重现，微观的材料破坏和损伤机制。其次，过去需要依靠实验才能进行的研究和设计，越来越多地被计算模拟所代替。例如，过去大量应用于弹性体应力分析的光弹性实验方法，由于这类问题现在可以用计算模拟精确求解，重要性显著下降。再次，我们还看到，很多传统的实验方法和信息化、数字化融合，形成了创新的实验手段。最后，我们还可以看到，随着大规模计算能力和信息化技术的迅猛发展，处理海量数据的很多数学方法成为人们获取知识的新手段。如果将数值模拟、实验研究和理论研究看做人类认识世界的三个手段，可以形象地描述为：需要认识的世界不断在扩展，数值模拟（结合理论分析）的红线不断在向实验研究的领地推进，而实验领地则因需要研究的世界的扩展也在向前推进。物理实验是永远需要的。但一方面，由于一旦通过理论和实验研究理解了一个问题的规律，并建立起积分或微分形式的数学方程，就可以采用计算机模拟求解，解决问题的效率就可成千上万倍地提高，计算时间就可大幅度地下降。另一方面，依靠大规模数据获取的信息化手段，今天的计算技术可以帮助我们获取规律性的认识，实现大规模数据驱动的知识创新和技术进步，采用数值模拟认识世界和解决问题的能力在不断扩展。数值模拟和数字化的巨大效益，对认识物理规律的不懈追求，驱动了数值模拟的发展。高可靠性、高效率的数值模拟不仅是从事工程科学计算的研究者的永恒追求，也是理论和实验研究者的有力工具，而应给予重点发展。

复杂工程问题的数值与物理模拟是指对工程设施的功能和运行行为实施以计算机模拟为主的方法体系，尤其对重大工程的功能、性能和极端行为的模拟仿真，复杂问题科学本质的显现，如溃坝、大型结构 / 生命线工程灾变与倒塌、关键防护结构毁伤、车船或飞行器的碰撞等。现代科技对各类物理规律的认识不断增加和深入，建立了比较完整的数学方程体系来描述这些客观规律。越来越多的应用实践已经证明，以有限元方法等为代表的数值方法可以对许多物理现象进行模拟。进入 21 世纪以来，支撑高性能计算的计算机软硬件构架和应用软件也发生了质的飞跃。得益于这些进展，重大工程中相当一批问题的主要物理现象已经能够采用数值模型进行比较准确的刻画。即使是对局部的物理机制或边界条件尚存在认识缺失的问题，数值模拟通过与物理模拟互相补充和验证，也能够帮助科学家和工程师认识未知的现象和规律，支撑科学发现和技术进步，并为具体问题提供高效和可靠的解决方案。

结构分析和模拟是工程设计的基础，自 20 世纪 50 年代有限元方法问世以来，随着计算机软硬件的发展，结构分析和设计软件也已成为土木、机械、航空、航天、海洋工程等领域开展研究和进行设计的基本工具。在土木工程领域，除了开发了一批通用软件，还形成了针对特定类型结构（如高层建筑、桥梁）或研究特定性能的专用软件。工程数值模拟和支撑数字化设计的计算软件研发，在西方发达国家一直受到政府和市场的高度重视，政府制定和实施了一系列强有力的政策措施和研究计划，推动数值模拟方法和工程计算软件的发展和产业化。70 ～ 80 年代，我国自主开发了一批结构分析和计算软件，如大连理工大学工程力学系钟万勰院士领导开发的 DDJ（多工况多构件结构分析）、DASTAB（高层建筑结构分析程序）和 JIGFEX（结构分析通用软件），北京大学力学与工程科学系袁明武教授发展的 SAP84，中国建筑科学研究院开发的 PKPM，已广泛应用于我国土木工程领域，有力地支持了改革开放初期大规模的土木工程建设。然而，随着国家开放力度的加大，80 年代后，一批国外商用软件涌入中国市场，利用其技术和市场营销的优势，逐步占领了我国土木工程界的市场，形成了重大工程和工业设计部门普遍依赖国外软件的局面。近年来，尽管我国在科研基金资助和规划布局方面对数值仿真和工程分析软件比过去有了较多的投入和关注，但要改变多年形成的被动局面，迫切需要发展具有自主知识产权的软件，形成具有自主知识产权的软件的市场，这不仅需要时间，需要投入，更需要政府和社会的共识和支持。事实上，当前包括土木工程在内的重大工程和工业装备等工程计算分析、优化设计软件基本上依靠国外进口，在购置或租用软件的费用不断增加的同时，其先进高端软件模块被国外禁运。另外，多年来，我国学者自主研究的先进的分析理论和算法成果颇丰，但是没有合适的软件平台进行集成及工程化应用，直接或间接地影响到这些研究领域的发展，这是我国工程计算研究工作和软件行业面临的困境。采用先进的软件设计理论和技术，充分利用国内外已有的成果，坚持自主研发、自主创新，开发具有自主知识产权的 CAD/CAE 软件及集成平台；开展工程数值模拟方法的创新性的基础研究，以及具有自主知识产权的软件及集成平台的开发互动，是我们必须坚持的发展道路。只有这样，我国重大工程数字化设计才能摆脱受制于人的困境，才有机会在更高的科研平台上发展和推进本领域的科研创新能力。

随着土木工程建设规模的增大及对工程结构的性能和质量要求的提高，土木工程领域面临很多新挑战，推动了土木工程中实验（包括实验室实验和现场实测）技术的进步和实验对象的扩大。信息化和实验技术的融合，是实验研究创新的重要源泉。

第一节　可信性结构分析软件和数字化设计

一、需求分析

数值模拟方法与软件的使用几乎遍及所有的工程领域，包括土木、机械、航空、航天及海洋工程等领域。不但对清洁能源、高速列车、微纳制造等新兴产业的孕育起到了极大的推动作用，而且也主导了传统工业中一些重要的技术创新。例如，德国斯图加特大学高性能计算中心（HLRS）帮助国家火电工业依靠建模和模拟实现了电站设计和运行的优化，从而降低了污染的扩散，提高了大型锅炉的效率和安全性（973 计划工程科学领域战略研究工作组，2015）。宝马汽车公司（BMW）与日本地球模拟器超算中心合作，建立了汽车优化设计、安全和性能的新标杆。目前，我国正积极推进落实产业转型升级这一国家战略，工业 4.0 及两化融合都是与此大背景对接的理念，3D 打印、机器人技术等被列为重点发展的领域；数值模拟是提升相关装备设计能力的关键工具，是抢占技术高地的必由之路，成为支撑该战略实施的核心技术途径。事实上，数值模拟技术已经是重大工程中知识创新与技术进步不可或缺的主要手段，成为提升结构设计、建造水平的关键，对国民经济的重要推动作用日益显现。可以说，包括土木工程在内的各类重大工程的成功无一不得益于数值模拟技术的重要支撑。数值模拟可以解决现代结构工程研究与高技术发展中提出的大量的无法得到理论解，以及实验手段无法实现或者成本太大的复杂问题，极大地增强了结构工程仿真分析和优化设计的能力，促进了结构工程与其他学科领域的交叉融合，在重大结构工程的基础研究和前沿探索中具有重要的理论意义和广阔的应用前景。

同时，CAE 软件系统的研发和 CAE 咨询也已成为一个年产值达百亿美元的新兴产业。应用以数值模拟（结合物理实验）技术为主的计算机辅助工程和数字化设计，可大幅度缩短重大工程的研发周期，显著降低研究与工程设计成本，提高产品效能，为分析、优化、设计和建造全过程提供有力支撑，成为重大工程设计和建设中实现安全与经济协调的关键工具，对相关领域的发展具有重要的作用。另外，目前提倡的智能装备、高端装备研发，通过嵌入式开发实现软件 / 硬件结合；数值模拟方法与软件的应用将为装备的感知、预测、控制和执行提供更合理、高效的技术解决方案，为突破技术瓶颈 / 制约、构建装备核心部件的研发实力提供支撑。

随着这些工具在提高重大工程结构设计质量和效率方面的成功应用，人们对可信性结构分析和数字化设计提出了更高要求，包括可信性数值模拟、离散化技术、高性能有限元、边界元、无网格、离散元、数值流形方法、软件平台建设和大型程序系统开发等，以适应面临的更复杂的需求。

目前，科学与工程计算研究的前沿是大规模、非线性、多尺度及多场耦合问题。有限元方法仍然是科学与工程计算中的主流方法，但网格生成及网格依赖性也成为有限元发展需要克服的问题。等几何分析、广义协调元等高性能有限元，在提高计算精度、更好地适应几何造型系统、使 CAD 和 CAE

实现无缝连接等方面都不断有新的发展。误差估计、自适应有限元方法、各向异性/方向性网格生成、扩展有限元等均可归结为有限元网格依赖性问题的研究。无网格方法作为有限元、边界元等连续介质力学分析传统数值方法的重要补充，近年来获得了很大进展；但仍需在复杂区域适应性、计算精度、计算稳健性、计算效率等方面继续提高，并发挥其优势，用于求解有限元法难以解决的工程实际问题。在非连续介质力学分析方面，离散元、数值流形分析成为主要的工程数值方法。离散元方法经过几十年的发展，相关理论有了很大发展，算法日趋成熟，但是由于离散元方法具有理论严密性先天不足的缺点，运动、受力、变形这三大要素都有假设，因此还有很大的研究空间，需要逐步完善，包括实现离散元方法与有限元等方法的融合。数值流形方法作为一种能同时处理连续和不连续的统一计算方法，引起了岩土工程界的关注。

对于大规模复杂问题计算求解结果可信性的研究，推动了模型确认与验证的发展（validation and verification，VV）。确认（validation），是指是否求解了正确的数学问题，即数学模型是否正确地模拟了面临的物理问题；验证（verification），是指计算方法是否正确地求解了数学问题。导致未能正确模拟物理问题的原因，可能是采用了不合适的数学模型，也可能是没有正确模拟边界条件、外荷载条件等。由于在构造数学模型中总会有形形色色的不确定性，包括缺乏相关的知识，与数学模型的确认（model validation）密切相关的一个热点研究方向是不确定性量化（uncertainty quantification）。不确定性量化的研究，包括对输入的不确定性表征和定量化，研究输入不确定性在系统，特别是非线性和动力系统中的传播，以及具有不确定性输出的接受准则。

可靠的结构分析和数字化设计都需要软件工具。先进的结构分析和数字化设计的理论和方法，只有在软件中实现才能为工程技术人员应用，才能为土木工程界服务。通过工程技术人员的大量应用，我们才能了解这些理论和方法的局限性，提出创新的思想、理论和方法。结合我国土木工程领域的实际，发展具有自主产权的国产商用软件是一个十分迫切的需要得到支持的方向。

二、国内外研究现状和趋势

美国等西方发达国家一直高度重视数值模拟在当代工程科学中所处的战

略地位。从 20 世纪 60 年代开始，美国在 NASA（美国国家航空航天局）的宇航计划中进行计算机辅助分析与设计，发展了一批今天在世界范围内占有重要市场份额的 CAE 软件的原型，并支持它们进入市场实现商业化，在此领域一直保持领先和主导地位。2005 年 6 月美国总统信息技术咨询委员会的报告中指出“计算科学已成为科学领导地位、经济竞争力和国家安全的关键”（Benioff and Lazowska，2005）。随后，美国国家科学基金会在 2006 年 5 月发表由计算科学顶尖学者完成的蓝带报告“基于模拟的工程与科学”（*SBES*：*Simulation Based Engineering and Sciences*）中，提出“SBES 应成为工程与科学领域国家优先发展项目”，强调计算科学“在过去的三十年中已对科学和技术产生了深远的影响”（Oden et al.，2006）。2010 年 4 月，在美国国家科学基金会、能源部、国防部、国立卫生研究院和国家航空航天局等的联合支持下，世界技术评估中心（WTEC）继 2005 年、2006 年和 2008 年的研究报告，又发表了“通过科学、工程和医学的发现和创新造就一个新的美国：对未来十年基于模拟的工程与科学的研究和发展的建议”（Cummings and Glotzer，2010）。2011 年美国总统奥巴马根据总统科技顾问委员会（PCAST）建议“确保先进制造业的领导地位”，亲自启动“高端制造合作伙伴计划”（AMP），提出“发展共性设备和平台，重构先进制造业发展的理念”，并强调以数值仿真软件系统作为切入点。

值得关注的是，目前美国等西方国家几乎垄断了计算固体力学、计算流体力学、计算电磁学等领域的主流软件市场，在对通用数值分析软件系统进行商业化开发并获取重大直接经济效益的同时，对一批特殊与高端功能的工程分析软件严格限制对我国的出口，目的是保持其在重大经济产业和国家安全战略领域先进装备与工程核心技术的领先地位和竞争优势。

近年来，我国也将数值模拟及数字化设计列为国家科技发展规划的重要内容。《国家中长期科学与技术发展规划纲要（2006—2020 年）》明确提出，将“开发面向产品全生命周期的、网络环境下的数字化、智能化创新设计方法及技术，计算机辅助工程分析与工艺设计技术，设计、制造和管理的集成技术”作为制造业的优先发展目标。近年来，973 计划对数值模拟等研究日益重视。2004 年设立综合交叉领域以来，支持的以工程数值模拟为重要内容的 973 项目已达 8 项。2008 年，贺贤土、钟万勰等 15 名院士参加的中国科学院数理学部“高性能计算战略研究”咨询组，提出了“加速发展我国高性能计算的若干建议”；2008 年，中国科学院学部设立了咨询研究项目“CAE：事关国家竞争力和国家安全的战略技术”。2012 年，973 计划设置了制造与工程科学领域，对数值模拟给予了更多的关注。令人遗憾的是，由于关键性核心技术的研究和开发队伍严重不足，目前我国工程科学领域的数值模拟软件系统基本为国外厂商所垄断，在很多情况下已成为处处受人牵制的软装备。这一局面对我国相关产业的创新能力形成强大扼制，而研究和开发这些软件的难度并不亚于建设大型工程，因为这是一个高科技含量、高智商劳动力密集的产业。2012 年 6 月温家宝在两院院士大会上发表重要讲话，指出“美欧学者近期预言称，一种建立在互联网和新材料、新能源相结合基础上的第三次工业革命即将来临，它以‘制造业数字化’为核心，将使全球技术要素和市场要素配置方式发生革命性变化”。因此，我们要积极做好准备，迎接第三次工业革命。事实上，重大土木工程建设及制造业在保障结构安全性与可靠性等方面面临共性的工程科学问题。

计算机辅助工程软件是数值模拟理论与工程相结合的桥梁，是现代化工业体系科技创新的重要平台，可称为“智能化软装备”，其重要的战略地位正在受到各国关注。目前软件设计的理论和技术不断取得新的进展，但是，重大战略工程的数值模拟，缺乏国产支撑软件系统。国外成熟的商业软件系统的发展也严重滞后于先进算法和理论的发展水平，算法和系统设计不完全适应新的数值计算软硬件平台，远不能满足工业需求。所面临的关键科学问题包括：大规模、非线性、多尺度及多场耦合问题的分析和优化新方法，面向数值模拟的工程数据库和算法库系统的设计理论与方法；新一代集成化计算机辅助工程软件平台中数值计算系统、集成计算环境的软件体系结构和设计模式。

三、重要研究内容

1. 重大工程结构的可信性数值模拟和力学分析

面向过程（施工与建造过程、工程结构破坏与倒塌过程、地震与海啸过程、坝水作用、高大建筑物与桥梁风振等流固耦合作用过程）的数值模拟建模方法；材料、构件和结构的非线性动力效应，包括多尺度和跨尺度的分析；工程结构与环境介质的动力耦合效应；有限元－无网格耦合方法；高性能有限元及等几何分析方法；模型确认与验证的理论和方法，不确定性量化。

2. 高性能工程设计模拟软件、集成化计算机辅助工程软件平台实现的理论和方法

各类工程结构通用和专用数字化设计软件平台及软件；工程设计几何造

型与虚拟现实的数字化建模与信息集成；基于多核 / 分布 / 并行计算构架的超大规模科学与工程计算的高性能算法；计算机辅助工程软件平台支撑系统的体系结构设计理论；结构 - 多场耦合与多层级 / 多尺度有限元分析软件设计理论与实现方法；集成化计算机辅助工程软件平台的设计与可信度验证方法；数值模拟相关的嵌入式系统、大数据分析。

第二节　数值模拟与先进实验技术的融合

一、需求分析

物理模拟是通过实验室物理实验模拟真实物理过程的方法，现场实测从一定角度也可认为是物理模拟，因为受到实测的时间和空间的限制，传统的现场实测通常是在特定的时间区间、特定的空间范围内进行的，因此其结果也是对真实物理过程的近似。信息、材料等领域的发展为先进实验技术的发展提供了新的机遇。物理模拟、数值计算和理论分析三者的互动推动着工程与科学的发展。工程和科学计算方法与软件，需要不断地通过物理模拟和理论分析加以验证，才具有实用价值和强大的生命力。土木工程的实践表明，由于土木工程研究对象的复杂性，如岩土工程中遇到的地质体，地震动的传播和与结构的相互作用，在一些情况下，物理模拟还是认识规律、解决问题的不可或缺的手段。但是，和物理模拟紧密结合，应用数值模拟技术，结合数据驱动的知识挖掘，可以帮助我们提升对物理模拟结果的分析能力，提供对物理规律的新认识，实现知识的创新和技术的进步。而随着计算机和信息技术的发展，这一途径的效益以无与伦比的速度快速增长。发展和完善科学与工程问题的数值模拟，结合必要的物理模拟，认识过去未认识的规律和定量关系，开发更完善的数值模拟的建模及数字化工具，已经成为未来的发展趋势。从这个意义上说，重大工程的分析与设计从以实验为主、模拟为辅正在快速地转向为以模拟为主、实验为必要补充的研究模式，当然，对于不同的领域、不同的问题，转向速度是不同的。为了加速这样的转向，需要通过精心设计的、和数值模拟互补的实验，获得研究对象及其环境的关键数据和参数，认识现象的未知机理，以不断提高数值模拟的可信性。世界各国非常重视结构实验技术的研究工作。美国投资 8000 多万美元于 2004 年建成地震工程模拟网络系统（NEES 计划），主要资金用于美国14所大学大型结构实验系统的建设。日本于2005年建成世界上最大的E-Defense振动台，可承重1200吨。2009年欧洲启动SERIES计划，总投资1000万欧元，主要研究实时地震模拟系统，涉及欧洲23个大学或研究机构，为期4年。虽然我国近年试验设备投资增加很快，但是与以上这些国家和地区相比，结构实验研究的深度和广度仍有很大差距，从而导致试验设备的利用效率低，难以完成高水平的结构实验，因此，将制约我国整个结构工程学科的发展。

与其他领域的实验研究相比，土木工程结构实验的一个重要特点是其研究对象往往是缩尺模型，这使得土木工程结构实验有其独特的挑战性。例如，结构在强烈地震下往往进入非线性，小比例尺模型难以模拟结构真实的非线性特性；而对于大型结构，大比例尺模型又难以在现有规模、技术指标的地震振动台上实现。尤其是近年来越来越多的速度相关型结构振动控制装置（如磁流变阻尼器等），甚至还有与加速度相关的控制装置（如TMD、TLD等）应用到大型结构中以提高结构的抗震性能，利用小比例尺模型往往难以获得可靠的数据。所以，用传统的实验技术可能无法真实准确地反映大型结构在强震下的动力非线性灾变过程。另外，工程结构及荷载环境日趋复杂，大规模、非线性、多尺度、多场和多相耦合、不确定性、极端环境是重大工程结构设计、施工与服役过程面临的挑战性问题。物理模拟这些复杂的环境、巨大复杂的结构及相关的体系不仅花费巨大而且有些根本不可能。随着数值模拟解决传统工程问题的成功，工程和科技界对数值模拟的期望和信心也不断提高，因此，数值模拟与物理实验如何结合近年来引起越来越多的关注，其基本思路之一是对于系统中不易数值模拟的部分以实物代之建造子结构物理模型，对于其他部分建立数值模型，从而获得数值与物理的混合模型。这类模型在土木、海洋、汽车和航空航天等工程领域得到了普遍应用，发挥了巨大作用，工程应用也反过来促进了这种方法的发展。例如，土木工程领域中的动力子结构或实时子结构试验，海洋工程领域的混合模型试验，汽车制造的半实物仿真，航空航天飞行器从制造、运输、存储到发射的全生命周期数值与物理模拟等。另一个思路则是在重大复杂结构的不同层次上开展不同的数值模拟和物理模拟。例如，尽量在材料、构件、连接件等低层次上通过物理模拟获得更为可靠的、描述其特性（包括非线性特性）的参数和数值模型，减少整个结构建模中的不确定性，而整个结构的建模更多地依靠数值模拟。这也是虚拟实验的基本思想。

针对土木工程结构，结构实验学应当包括以下三个层次的内容：结构材料、结构构件和结构体系。对于简单的线性结构系统，理论分析可以给出方程的精确解析解或数值解。对于复杂的线性结构，现有的数值方法能够给出足够精度的数值解。对于复杂结构的非线性问题，不能仅通过有限元方法及数值积分描述结构体系的力学性能，必须进行结构体系的实验研究来提出、验证或修正理论。为解决实验模型比例尺问题，并考虑到新型建筑材料及振动控制装备所具有的率相关性，可选择现场实验、子结构拟动力试验、基于网络的协同实验或振动台试验，来准确地反映大型结构在强震下的动力灾变过程。这些情况决定了结构实验学的科学定位，结构实验学是研究非线性结构体系或结构非线性性能的必要科学手段。换句话说，结构实验学的主要发展方向是通过实验客观真实地定义和描述工程结构及工程材料的非线性性能，从而指导结构设计。

互联网、高速并行计算机、高精度智能传感器、高速强力作动器等现代信息及控制技术与传统结构实验技术的融合，使结构实验学的研究对象及研究手段具有强烈的交叉性。结构实验学的研究对象已经不仅仅局限于结构本身，与结构发生相互作用的现代信息与控制技术也纳入结构实验学的研究范畴。在 21 世纪信息时代的大背景下，应充分利用迅猛发展的信息及自动控制技术，发展融合现代信息及控制技术的结构实验学。

二、国内外研究现状和趋势

重大工程的物理实验是与数值模拟相互补充、相互验证的必要手段。当前，物理模拟的对象在空间尺度上分别向极大、极小两个极端加速延伸，在时间尺度上经常面临超长期服役性能和极端瞬态响应的测试需求。对于高温、高压、强场耦合等极端环境的仿真也不断提出超常规的要求。发展面向不同时空尺度与极端环境条件的数值模拟与物理实验结合的新方法和新技术原理是十分重要的研究方向。

对于很多复杂工程问题，人们经常对分析对象局部的复杂物理过程的规律缺乏正确的认识，从而为数值模拟引入较大的误差和不确定性。在这种情况下，有针对性地对一些数值模拟无法准确建模的关键环节进行物理模拟，并将模拟结果及其反映的物理规律以某种形式反馈和固化到整个系统的数值模型中就成为合理的选择。这种结合物理模拟的数值模拟途径，不但可以减少工程分析的局部不确定性，还将提供物理规律的新认识，并将最终提高数值模拟的可信度。需要取得突破的科学问题是数值模拟与物理模拟相结合的新的理论框架与方法。

结构实验的研究与应用已取得了大量的成果（Wu et al.，2007；潘鹏等，2013；王进廷等，2014），但还是难以满足大型复杂结构实验的要求，因此仍存在许多有待解决的问题，特别是以下几个方面值得关注。

1. 土木工程材料本构关系

已有研究主要针对简单应力下材料的本构关系，在复杂应力下的各类工程材料及复合材料的本构关系，以及在复杂荷载耦合效应下的本构关系需要进一步研究。随着新材料、新结构形式的出现，针对高性能材料（高强钢、高性能水泥和复合材料）、新型结构（如CFRP约束混凝土柱）的研究迅速增加；岩土工程领域，由于岩土的多样性、不确定性及服役环境（温度、湿度）的复杂性，国家自然科学基金和国家973计划中都支持了研究不同类型岩土材料的本构关系的研究工作。

2. 子结构试验方法

子结构试验包括拟动力子结构和实时子结构等多种不同类型子结构试验的实时加载控制与边界条件模拟方法的研究。目前，商品化的结构实验系统大多采用以PID（proportion-integration-differentiation，比例－积分－微分控制器）为主的线性控制，对于简单体系可以取得较好的效果，然而很难实现复杂非线性结构实验的精确加载。虽然已经有人开始研究实验系统的非线性控制方法，但是这些研究有的只经过简单小试件验证，有的还停留在理论研究阶段。另外，对大型复杂结构进行物理与数值实时结合实验时，子结构之间的边界条件非常复杂。由于受到实验条件的限制，可对边界条件进行适当的简化。目前关于实时子结构边界条件简化方面的研究还很少，相关的实时实验验证更是一个空白。

实时子结构试验数值方法的研究注重考虑实时试验系统特性对子结构试验逐步积分方法数值特性的影响，是实时子结构试验方法研究非常重要的方面。另外，很多传统和新兴的数值积分方法（如基于能量平衡的逐步积分算法）有很好的数值特性，但是在实时子结构试验中的应用还需进一步研究。对于进入强损伤的大型复杂结构的子结构试验，数值子结构的非线性如何考虑，也没有得到满意的答案。

大型结构的实时子结构试验及网络协同实验的研究面临迫切需求。虽然目前各国研究者进行了不少实时子结构试验，但是其实验子结构往往形式简单、尺寸小，甚至到目前为止还缺乏钢筋混凝土结构的实时子结构试验。另外，基于网络的（准）实时实验还有很多关键问题需要解决。

3. 和信息技术融合的实验技术

近年来，和信息技术融合的实验技术发展迅猛，其中代表性的有基于光纤传感技术和网络的结构实时在线监测及全寿命健康监测，基于全场测量的力学参数识别，以及数字图像测量及误差评价，它们都得到了广泛的关注和研究。除此之外，由于制造技术的进步和国家科研投入的增加，国内一批研究单位增加了很多大型试验设备，并发展了相应的实验技术，如大型土工离心机及土工离心实验技术。20 世纪 70 年代末，长江科学院率先自主研制建成了我国第 1 台 150g · t（重力加速度 · 吨）土工离心机。目前国内自行研制的土工离心模拟试验机容量已达 500g · t，安装在成都理工大学地质灾害防治与地质环境保护国家重点试验室。离心机高速运转产生离心场，可以解决在采用缩尺模型开展试验时其他手段难以模拟的加载问题，为土工模拟试验提供了重要的研究手段和基础平台，国内已经开展的设备和实验技术研究工作还可实现离心 - 振动复合，模拟地震荷载；实现离心 - 爆炸复合；实现离心 - 撞击复合；配备机械手系统，模拟工程施工开挖、填筑、压拔桩等过程。国内一些研究单位增加的另一类大型设备是地震模拟振动台系统，主要模拟地震动作用下工程结构的动力响应和力学行为。这些设备的控制和信息采集都依赖于现代信息技术的进步。

三、重要研究内容

1. 重大工程数值模拟和物理实验结合的新方法和技术原理

基于先进信息技术和微纳技术，发展极端尺度下的数值模拟和物理实验结合的新方法和技术原理；研究跨尺度、多物理参量高精度测量的基础科学问题；研究物理实验海量数据驱动的科学发现和技术创新的关键技术；半物理仿真中实验模型与数值模型的无缝对接方法及数据流传递机制；采用局部物理实验的数值模拟的容错机制、冗余信息处理及一致性分析理论；半物理仿真中不确定性信息的甄别与特征提取及其对数值模拟结果的敏感性分析；基于物理模拟技术的数值模型修正与验证及其可信性评价准则的关键问题。

2. 融合现代信息及控制技术的结构实验方法

振动台 - 结构相互作用体系的控制方法，振动台试验模型的相似比问题；子结构试验的逐步积分算法，数值子结构的模型修正，实时子结构试验的加载控制，实验系统的时滞估计及补偿方法；大型复杂结构远程协同实验的网络支持技术和实验系统，网络化快速拟动力试验，网络化实时观测与实验数据的互动，网络化振动台与快速拟动力的混合实验，网络化离心机实验与振动台、拟动力混合实验。

第三节　高性能计算环境下的工程数值模拟

一、需求分析

高性能计算是指在大型计算机集群等高性能计算平台上，运用有效的算法，快速完成科学研究、工程设计、工业产品开发、金融经济，以及社会管理等领域内具有数据密集型、计算密集型和 I /O（数据输入输出）密集型的计算。其主要优点是：求解问题的效率更高，可处理的问题规模更大。高性能计算技术以分布式计算资源和网络技术为基础，依托高端并行计算技术和可视化，可高效地解决大型复杂结构高精度分析、优化和控制等问题，从而促进工程结构设计水平和设计质量的提高。近年来，我国土木工程正处于高速发展时期，随着计算机软硬件技术的发展，常规的工程设计有限元分析和设计计算已经普及。而由于超高、超长、大跨度等复杂工程的大量涌现，工程结构设计中对高性能计算的需求越来越迫切。

高性能计算要处理的对象是大规模计算问题，研究主要集中在并行算法的可扩展性（包括并发性、数据局部性、延迟与带宽）、计算的精确性与稳定性。20 世纪 70 年代至今，并行计算机系统经历了 5 代的快速发展，已经达到亿亿次 / 秒浮点量级的计算能力。90 年代中期开始的网格计算，以及近年来出现的多核技术为计算环境的发展注入了新鲜血液。多核技术使计算机从提高单 CPU（中央处理器）的主频转向多 CPU 协同工作，使传统的串行计算机由多用户分时串行计算改变为分时并行计算，近来出现的 CPU-GPU（图形处理器）耦合体系使这种并行能力得到进一步提高。

目前，国际上已将现有并行算法分为可实现的可扩展算法类、经过重点研究可望实现的可扩展算法类及难以扩展的算法类。列入第一类的算法有：线性代数算法、正定对称矩阵的稀疏直接解法、可并行的稀疏迭代解法、蒙特卡罗（Monte Carlo）算法、快速傅里叶变换（FFT），以及高并发性的算法（如多体问题的树码解法、辐射迁移算法）。列入第二类的算法有：动态非结构化网格（unstructured grid）法、网格生成、网格自适应、负载自动平衡、分子动力学算法、线性规划内点法、数据采掘、归并及搜索、遗传算法、边界元算法、符号演算、离散事件模拟及某些随机响应算法。经过 30 余年的努力，上述研究已经有了很大进展，各种算法得到不断的改进和完善，并开始融入土木工程计算领域。与此同时，作为工程计算领域的主要分析方法——有限元并行算法的研究也已取得了很大的进展，并行网格生成、区域分裂和多重网格等方法的引入，大大提高了有限元分析的规模和计算效率。

网格计算是在 20 世纪 90 年代中期为构建先进科学和工程分布式计算设施而引入的概念。网格计算系统的关键元素是网格中的各个节点。在网格中，各种系统常常基于标准机器或操作系统，而不是基于大多数并行计算解决方案中使用的严格受控制的环境。位于这种标准环境顶部的是应用软件，它们支持网格功能。网格计算技术能够满足土木工程领域解决大型、复杂问题的迫切需求，已经向实用化发展并向云计算迈进。美国、欧洲、日本等发达国家（地区）都启动了大型网格研究计划。我国也非常重视网格技术的发展。与发达国家相比，我国已有的网格规模尚小，地域分布也不广泛，可供应用的行业网格极少，也缺乏行业的参与和支持。这种现象在土木工程领域尤为突出，在已经建立的 20 余个网格结点中尚无针对土木工程的结点和社区，研究工作亟待加强。

二、国内外研究现状和趋势

高性能计算可划分为三个层次：超级计算（supercomputing）、高性能计算（high performance computing，HPC）和高效能计算（high productivity）。高性能计算应该包括两方面：一方面用多个 CPU 完成同一个问题的计算，也就是并行计算；另一方面使用互联网，计算时不仅可以使用本地的计算机，还可以用到异地的计算机，这个技术通过互联网的形式进行高性能计算，也就是可能用多个并行机同时进行计算，即网格技术。网格技术是指通过互联网整合一台巨大的超级计算机，实现计算资源、存储资源、数据资源、信息资源、知识资源、专家资源的全面共享。实现高性能计算的两个途径：一是基于大型计算机；二是基于网格计算平台。

最近几年，在网络高速通信技术的推动下，基于高性能计算机的“云计算”迅速发展。云计算是在分布计算、并行计算、网格计算、效用计算、虚拟技术等基础上发展起来的一种全新数据密集型超级计算模式，体现了当前信息技术的先进理念和发展方向。云计算旨在通过网络把多个成本相对较低的计算实体整合成一个具有强大计算能力的信息系统，并借助于诸多先进的商业模式把这种强大的计算能力分布到终端用户手中。云计算的核心思想是将大量用网络连接的计算资源虚拟化后进行统一管理和调度，构成一个计算资源池向用户按需提供服务。通常，把提供资源的网络称为“云”。“云”中的资源在使用者看来是可以无限扩展的，并且可以随时获取，按需使用，按使用付费。云计算具有超大的存储与计算能力、“云”中的数据与软件、虚拟化管理、动态扩展性、高可靠性、服务多样性等特点。云计算应用了一系列最先进的计算机网络技术，包括虚拟化技术、分布式海量数据存储和分布式并行编程等。数据中心虚拟化是目前的研究热点，包括网络虚拟化、存储虚拟化、系统虚拟化、软件虚拟化、服务器虚拟化等，这些都是云计算的基础。云计算和大数据技术在土木工程和力学中的渗透与应用也初露端倪。

高性能计算技术能够有效提高重要工程的设计效率和水平，提升设计的质量和内涵。北京奥运工程设计中火灾模拟技术的应用，杭州湾跨海大桥和上海浦东机场二期航站楼等大跨度工程设计中数值风工程技术的应用，上海中心大厦等重大结构设计中罕遇地震作用下的弹塑性时程分析，大坝水利工程的施工过程仿真控制等，能够使工程师更加准确地把握工程设计与建设运营的安全性和适用性，这也是土木工程行业提高自主创新水平的重要方面（陆新征等，2007；钟登华，2008；李云贵，2010）。

遗传算法、粒子群算法等智能优化方法和响应面、径向基函数、Kriging（克里金）、支持向量机等替代函数类黑箱优化方法的发展为土木工程领域的大规模计算注入了新的活力。这些方法的内在并行性非常适合于高性能计算，是大规模土木工程计算中一个值得注意的发展方向。代理模型（surrogate models）特别适合需要大量仿真模拟的情况，如可靠度分析、优化设计和Monte Carlo模拟等，是提高计算效率的有效途径。利用尽可能少的样本点，构造逼真、稳定、方便的代理模型是人们研究的重点，它涉及了费用函数和构造替代模型的规则化准则的选择、实验设计、代理模型的选择和构造、灵敏度分析、收敛性和优化。

网格计算能够充分吸纳各种计算资源，并将它们转化成一种随处可得的、可靠的、标准的同时还是经济的计算能力。除了各种类型的计算机，这里的计算资源还包括网络通信能力、数据资料、仪器设备甚至是人等各种相关的资源。我国自1999年起也启动了相应的高技术研究项目，其中比较有代表性的有：科学技术部组织实施的国家网格（CNGrid）、教育部组织实施的中国教育科研网格（ChinaGrid）、国家自然科学基金资助的e-Science网格研究计划等。但是，在土木工程领域中的网格技术和应用推广等研究工作非常薄弱，亟待加强。

21 世纪是信息化和网络化的时代，随着计算机向更高速和更小型化发展，互联网的不断普及，将为工程和科学的计算机仿真分析带来更大的机遇，我国从事计算科学和工程应用的学者将面临新的挑战。国外基于模拟的工程与科学研究发展很快，近年来许多国家成立了工程计算机模拟和仿真学会，以及类似的学术团体。高性能环境下的数值模拟既有科学问题也有工程问题，又是多学科交叉领域。迎接和适应全球科学和技术高速发展的挑战，时不我待，因此，需要汇集国内高等院校和科研单位的研究力量，以工业部门为载体，促进基于高性能数值模拟的理论、方法与技术发展。

三、重要研究内容

1. 大型结构工程的高性能分析和设计方法

基于不同离散或分解模式数值算法的耦合方法；多场、多尺度耦合系统分析的理论与算法；非线性结构耦合系统的大规模数值模拟方法；结构工程计算中若干新算法，如哈密顿系统辛几何算法、代理模型、减缩技术、智能优化设计和黑箱优化等算法的高效并行化问题。

2. 大型结构工程的高效能计算模型和算法

面向多核、集群、CPU-GPU 体系等新型计算环境的工程结构的计算模型和算法；工程结构多学科、多场耦合分析的网格计算和云计算方法；面向大型 / 超大型（上亿 / 数十亿自由度）工程结构综合分析计算软件设计理论与方法；基于高效能计算的国家大型 / 生命线工程的数值模型库、数据库与集成仿真环境。

3. 土木工程信息化智能化的高性能计算技术

基于 BIM 技术的建筑工程信息化智能化全过程监控技术，研究突破建筑工程 BIM 系统互联网和移动终端软硬件开发、高性能计算、工程建设数据数字化与标准化、设计和施工数据交换与处理及智能化项目交付等关键技术难题，支撑我国重大土木工程智能化和信息化建设的重大需求；研究面向土木工程健康监测、实时信息采集、大数据分析和数值模拟相结合的高效算法及软件开发技术与平台。

第七章 土木工程中的工程力学

力学是关于力、运动及其关系的科学。力学主要研究介质（固体、液体、气体和等离子体）运动、变形、流动的宏微观行为，揭示力学过程及其与物理、化学、生物学等过程的相互作用规律。力学所研究的介质包括自然界中的各类固体、液体和气体，也包括人类在改造自然的活动中建造或制造的结构、机械及运载器等。虽然后者也是由自然界中的固体、液体和气体所组成，但是，由于其特定的功能需求，其特有的运动、变形、流动的宏微观行为是自然界中或者观察不到，或者不被重视的。对于工程活动中产生的这类力学问题的研究，是人类积极、能动地利用自然，改造自然，使之更好地为人类服务的需要。值得指出的是，虽然力学的一般规律对解决人类工程活动中产生的这类力学问题具有指导的作用，但这并不能代替针对具体的工程领域所需的力学研究。由于人类的工程活动，如结构和机械的设计和制造，要求对所关心的问题有定量的分析和结果，对这些力学问题的研究极大地推动了力学研究的深入和定量化。而且，由此形成了力学学科的一个鲜明特点：以机制性、定量化地认识自然界和工程中各类现象的规律为研究目标。回顾人类科学发展的历程，现代科学的产生源于定量化的研究，定量化不只是将观察结果用数学形式表达，也是抛弃中世纪的哲学转向详细和精确的观察与度量，换言之，转向通过细节知识的递增实现学科的发展。

工程力学主要研究人类工程活动中产生的力学问题，是力学与工程结合的学科分支，针对工程技术和科学中的力学问题，研究其理论、方法和应用，在土木工程、水利工程、海洋工程、交通工程、机械工程、航空航天工程、矿山工程、材料工程等工程科学中都起着支撑作用，是这些学科的基础学科之一。需要强调的是，由于人类工程活动极其广泛，所有这些工程活动中力学的原理方法是其基本的支撑，所有这些工程领域都有特殊的力学问题，都需要特殊的研究，所以工程力学覆盖非常大的范围，下面的叙述将重点围绕土木工程中的工程力学问题，必然挂一漏万。

工程结构的设计和性能分析的核心与基础是环境荷载的定量表征、材料本构理论和破坏准则，以及结构的变形、运动与破坏。大型复杂土木工程的安全性和耐久性非常重要，这些问题更是其结构设计和性能分析的关键。面对工程中荷载特性、材料结构物理和几何参数实际存在的大量不确定性因素，不确定性结构力学有助于准确把握和分析重大工程的力学行为、静动力响应和可靠性。在全球产业发展的节能低碳、绿色可持续发展的理念下，结构优化理论在重大工程全寿命抗灾性能设计和安全服役中扮演着不可或缺的角色。此外，随着理论分析、实验手段和计算技术的不断进步，与基础设施建设有关的工程流体力学面临新的挑战与机遇。

土木工程材料，包括岩土、木材等自然界的天然材料，以及钢铁、混凝土、高分子材料与复合材料等人工制造的材料。在这些材料中，对于钢铁、木材等通常可采用连续介质理论来描述。但混凝土和岩土材料等则应该归类于具有复杂微结构、细观非均质、在宏细观尺度分别具有连续和离散双重特征的颗粒材料。理解和预测它们在连续体尺度的某些力学行为，建立基于机理的本构理论和破坏准则需从颗粒尺度，甚至从更细小的尺度研究入手。土木工程力学中的多尺度方法连接颗粒材料从离散颗粒到连续体的细观、介观、宏观等不同尺度的力学模型，其主要目标在于获得非均质材料在连续体尺度的本构模型而无需求助于宏观唯象学。

第一节　工程材料的本构理论和破坏准则

一、需求分析

纵观土木工程的发展历史，可以发现土木工程设计理论和建造技术的每一次进步和跨越均与新材料的开发和应用息息相关，而土木工程材料本构理论的研究是结构设计及性能分析的基础和核心。尽管国际土木工程界期待着将来能够有可供人类大量使用的、性能极高的、符合低碳环保和可持续发展要求的全新工程材料的出现，但从当今土木工程的实际情况来看，可全面代替混凝土和钢材等传统土木工程材料的全新材料还未出现。现今涉及土木工程建设的材料主要包括混凝土材料、钢材、各种高性能复合材料、岩土材料等。

一般而言，材料的本构理论是材料力学特性在连续体模型中的数学描述，往往包括材料的本构关系、破坏准则及其演化规律。土木工程材料的本构关系在材料层次上描述材料的内部应力与应变，以及各种外界环境条件如温度、湿度等之间的关系和运动规律。从广义上看，材料的本构关系中所包含的物理量除了应力和应变外，还可以包括温度、湿度、荷载速度、时间和空间等多种因素。通常应力－应变关系是在常温下并且不考虑与时间有关的因素而通过短期静力加载试验得到。

材料的破坏准则表征材料达到某特定破坏模式的一个临界状态。它通常可表示应力或应变空间中的一个随材料内状态变量演化的状态曲面。一般地，视为分叉问题的材料破坏被定义为随一定（应力或应变）变量连续演变的以二阶功消失为标志的材料失稳状态变化。对应不同类型的材料破坏，可以建立不同的材料破坏准则。进一步基于均匀化过程和宏细观能量等价性，可以揭示宏观连续体破坏准则的细观机理。

虽然土木工程材料本构理论对于大型复杂土木工程结构的设计和非线性性能分析是最重要的基础理论之一，但是与我国现阶段重大工程建设繁荣兴旺的大背景，以及重大工程对于土木工程材料性能不断提高的需求相比，人们对量大面广的土木工程材料，特别是高性能材料的本构模型的研究和把握明显不能满足对结构进行精细化设计和分析的客观需要。目前，对混凝土等土木工程材料和结构的研究基本遵循现象学（唯象学）的思路，也就是提出基于现象学的本构模型，并通过有限的宏观试验来验证。因而迄今为止，混凝土结构的破坏机理还有待进一步揭示，人们无法全面把握混凝土结构的行为，模拟和分析基本上停留在“后验”阶段。岩土材料的多样性、不确定性和地域依赖性使得岩土材料的本构模型的研究更加复杂多样。对土木工程材料的本构理论研究所处的困境使得人们对结构构件，乃至结构体系的力学性能的把握依然在相当程度上依赖于经验科学。建立能够较好地综合反映土木工程材料在多维应力空间、多物理场下的力学特性的本构理论依然是土木工程界所面临的具有挑战性的课题。依靠细观和介观尺度上的机理性材料本构行为与破坏过程研究，大力发展基于介观和介－宏观结合的土木工程材料的多尺度本构理论研究，对于发挥土木工程材料的强度和性能，提高设计及计算分析效率和水平，降低工程造价，把握土木工程结构的力学性能，特别是预测对重大工程结构的破坏起控制作用的地震、强风、台风，以及爆炸与冲击等强动力荷载作用下的力学行为并加以有效控制，提高工程结构的可靠度，避免重大工程结构的失效和破坏，对于实现社会基础设施的可持续发展和生命周期成本最小具有重要的战略意义。

二、国内外研究现状和趋势

进入 21 世纪以来，世界范围内形成了对具有高力学性能、高耐久性和高度智能的第三代土木工程结构创新性研究的热潮。其中，土木工程材料的本构理论的研究由于其基础性地位而得到了越来越多的关注。材料科学相关理论的发展，以及以材料多轴和快速加载技术、多种灾害和物理场下的综合实验和测量技术为代表的现代材料实验技术的长足进步为土木工程材料本构理论的创新研究提供了坚实的基础。

1. 混凝土本构理论

在过去的 40 年里，关于混凝土的本构模型的研究取得了长足的进步，在静态和准静态荷载作用下，混凝土材料在简单受力（单向拉伸、压缩）和多轴应力状态下的力学特性及其本构理论研究相对完善。人们先后将经典弹性力学、非线性弹性力学、塑性力学、断裂力学等多种理论引入到混凝土本构关系之中。但是，由于混凝土材料是一种典型的多相介质复合材料，力学特性具有较强的随机性，在复杂受力状态下表现出丰富多样的非线性行为。人们发现，这些适用于金属材料的理论模型被引入混凝土材料后各有其自身的优缺点，往往仅能着重体现混凝土材料的某一方面或者某几方面的特性，很难客观全面地反映混凝土所具有的应力－应变全曲线的应变软化、非弹性体积膨胀、滞后特性、蠕变特性、弹塑性耦合，以及受加载历史影响等复杂的真实受力行为。可以说，迄今为止，人们还远远没有达到对混凝土受力行为的准确预测并加以有效控制的理想目标（茹继平等，2011）。

围绕混凝土的静态本构关系建模，先后出现了弹性本构模型、塑性本构模型、内时理论、断裂力学模型、损伤力学模型、细观随机损伤模型和弹塑性随机损伤本构关系等。弹性本构模型分为线性和非线性，线性弹性本构模型较适合于描述混凝土处于较低压应力及拉应力的情形；非线性弹性本构模型包括 Cauchy 模型、超弹性模型和次弹性模型等，其特点是计算简单，比较精确，适用于描述单调加载下的混凝土非线性变形阶段的本构关系。Valanis 于 1971 年提出了内时理论，其基本概念是：塑性和黏塑性等耗散材料内任一点的现时应力状态是该点邻域内整个变形和温度历史的泛函，且该历史是用一个取决于变形中的材料特性和变形程度的内时尺度来度量的。最早把内时理论用于混凝土的是 Bazant，Bazant 本构模型能较好地模拟混凝土的力学性能，但是模型参数过多，而且一些参数有耦联关系，一些参数缺乏物理意义。一般认为，最早将损伤力学基本概念应用于描述混凝土非线性特性的是 Dougill，但混凝土损伤力学理论研究中具有开创意义的工作是由 Ladeveze 和 Mazars 完成的。然而，Ladeveze-Mazars 单边损伤本构模型不能很好地反映多轴受压应力状态下混凝土强度和延性的提高。为此，不少研究者试图在弹性损伤力学的框架内修正和完善 Ladeveze-Mazars 模型，包括 Mazars、Lubarda、Papa 及 Comi 等的代表性工作。然而，上述模型并没有在 Ladeveze-Mazars 模型的基础上取得实质性进展，所建立的模型均不能很好地反映混凝土多轴非线性行为的机理和特性。弹性损伤力学模型的根本缺陷在于其没有反映混凝土受力非线性发展过程中的塑性变形。20 世纪 80 年代中期以来，一批研究者试图突破弹性损伤的理论框架，将塑性应变及其演化规律引入到损伤本构关系的建模过程中，以期能够反映混凝土材料的残余变形。Faria 等提出了基于有效应力分解的损伤能释放率表达式，随后基于不可逆热力学基本原理，推导得到了损伤本构关系的基本表达式。李杰等从考虑损伤和塑性的耦合效应入手，引入弹塑性 Helmholtz 自由能势，基于损伤能释放率建立损伤准则，提出了具有热力学基础的双标量弹塑性损伤模型（李杰和任晓丹，2010）。而且，我国学者徐世烺（2011）等在混凝土断裂准则、尺寸效应及环境友好混凝土等方面都有重要的研究工作。

混凝土材料在动态和冲击荷载作用下的力学特性及其本构关系研究具有十分重要的理论意义和工程应用价值，一直得到各国研究者的重视和关注。早在 20 世纪初人们就发现混凝土力学特性具有率相关性。1917 年 Abrams 就对混凝土材料进行了不同应变率下的压缩实验研究，发现混凝土材料抗压强度存在应变率敏感性。从此，学者对混凝土材料在不同荷载形式作用下的力学特性进行了系统的实验研究，其中也包括了对水泥品种、水灰比、试件湿度、试件制备、养护条件和养护时间，以及骨料粒径等影响因素的研究。从现有混凝土材料抗拉与抗压强度的应变率敏感性的试验研究成果的总结中可以看出，人们对动力本构的率相关性的物理机制的认识还未尽统一。一般认为混凝土材料动态力学特性的物理机制可以通过黏性效应、裂纹演化及惯性效应来解释。在准静态加载情况下黏性效应占主导地位，在动态冲击荷载作用下惯性效应占主导地位。但近年的研究指出，类似于静力试验直接运用试件的动力加载试验结果建立材料层次的动力本构关系的思路值得商榷。在高应变率条件下，即使是小尺寸试样也需要作为一个结构来考虑。混凝土材料的动力本构理论的研究更具挑战性。现有混凝土材料动态本构模型一般是通过修正准静态本构模型，基于黏弹性理论、黏塑性理论、损伤理论、塑性与损伤相耦合的理论、断裂理论而建立的。对黏塑性动力本构关系，已有研究者做了大量的理论工作，其中具有代表性的是根据 Malvern 和 Perzyna 的理论建立的一维过应力模型，及在此基础上发展的三维 Perzyna 模型及拟线性模型等。Sauris 最早研究了能够反映应变率效应的动力损伤模型。Bui 等将损伤与断裂结合起来，初步建立了动力损伤断裂模型。Holmquist 对适用于金属材料的 Johnson-Cook 模型进行了修正，建立了考虑应变率和损伤的混凝土本构模型。李兆霞等认为，对于应力应变曲线峰值前的一段稳定变形过程，材料损伤依赖于黏塑性应变率和等效应力变化率，而在应力峰值后的不稳定变形过程中，损伤演化仅依赖于黏塑性应变率。李庆斌等则用几何方法构造考虑材料率敏感性的单轴损伤演化方程。

上述混凝土本构理论的国内外研究现状综述主要限于基于宏观及连续体模型下的唯象本构理论与模型。针对钢筋混凝土和纤维加强混凝土等先进混凝土材料，国内外许多研究工作者已开始致力于研究和发展基于介观的混凝土材料宏观本构理论和破坏准则。

2. 钢材本构理论

在常温和静载条件下，钢材作为一种典型的延性材料具有良好的塑性变形能力，在土木工程结构特别是大跨桥梁和空间结构上的应用越来越广泛。建筑钢材的常用本构模型有理想弹塑性模型、各向同性强化模型及随动强化模型等，这些模型各自从不同的角度反映了钢材的力学特性。各向同性强化模型容许屈服面膨胀和收缩，能很好地反映单调加载情况下钢材的特性，但对于循环塑性不能反映包辛格效应。随动强化模型相对于各向同性强化模型有所改进，但只能反映微小的应变强化。对于复杂的荷载历史，以上二者均不能真实描述钢材的循环加载特性。于是，有研究者提出了结合各向同性强化模型和随动强化模型的混合强化模型，其屈服面可以膨胀、收缩和平移，且可以考虑包辛格效应和屈服平台。对于循环荷载作用下的钢结构构件，基于能量等效假设并考虑损伤弹塑性各向异性的损伤本构模型和混合强化模型，形成了能够描述循环荷载作用下钢结构特性的弹塑性各向异性损伤混合强化模型。近年来，研究者对钢材在高温和火灾下的性能进行了系统的理论和实验研究。在双向和三向应力状态、低温、高应变率及多灾害作用下钢材的本构关系，以及钢－混凝土组合结构的力学性能的研究还需要进一步完善。

钢材的动力本构模型中运用较广的是 Johnson-Cook 本构模型。考虑应变速率和损伤累积效应对钢材动力性能的影响，采用 Johnson-Cook 本构方程和考虑损伤累积效应的失效准则，有的研究者对钢结构在爆炸冲击荷载作用下的动力响应进行了分析。国内研究者对常温下及高温下钢在不同应变率的应力－应变关系进行了研究，修正了 Johnson-Cook 模型中的应变率强化系数，确定了本构关系，并用数值模拟进行了验证。当今，对钢材的动力力学特性的研究还主要体现在钢筋的屈服和极限强度的动力增大系数研究方面，而对钢材动力行为的微观机理的理解和研究还比较欠缺。

3. 纤维增强复合材料本构理论

近年来，以玻璃纤维增强复合材料（GFRP）、碳纤维增强复合材料（CFRP）及芳纶纤维增强复合材料（AFRP）为代表的纤维增强复合材料（FRP）以其轻质高强、抗腐蚀性能好、具有可设计性和可监测性等优点在土木工程中的应用日益广泛。一般认为，FRP 是一种线弹性脆性材料，除了 FRP 本身的断裂外，FRP 加固结构的典型破坏形式是 FRP 与结构的界面剥离脆性破坏，避免黏结界面的脆性破坏是保证 FRP 加固结构延性的关键之一。对 FRP 的强度、刚度、疲劳性能及本构关系，特别是长期性能和在反复动力荷载作用下的力学性能的深入研究有利于推动其在土木工程中的应用。

由于复合材料的损伤形式多样而复杂，复合材料的损伤本构研究是一个十分复杂的问题。从本质上说，复合材料损伤是概率统计意义下结构系统内变量的不可逆连续演化过程。对纤维复合材料的损伤行为一般以连续介质损伤力学方法、概率统计方法和细观力学方法进行研究。在早期由于实验条件和理论方面的欠缺，很难从细观层次上系统描述材料的力学行为，通常都是通过简单实验跟踪应力－应变曲线来研究复合材料本身的宏观非线性本构关系，由此得到了若干宏观非线性本构理论模型，如 Hahn-Tsai-Chen 剪切非线性模型和 Jones-Nelson-Morgan 多模量非线性模型。此外，分别建立了适用于复合材料单向板的 Tsai-Hill、Hoffman、Tsai-Wu 等失效准则和综合考虑了层间失效的 Hashin、Chang-Chang、Hou 等失效准则，以及层合板破坏准则。我国学者俞茂宏（2004，2011）提出了双剪统一强度理论和多种新的材料屈服准则，在主应力空间的屈服面可表述为多边形锥体，这一理论普遍适用于金属、岩土、混凝土等材料，并逐渐被推广到各向异性材料和复合材料领域。另外，复合材料宏观强度理论也面临着缝合、编织等新型复合材料技术应用的挑战。在复合材料的细观力学层次，学者从面内和层间失效模式两方面深入研究了复合材料结构的损伤机理和失效机制。

和航空航天工程不同，土木工程对材料的成本更为重视，因此，土木工程中使用的纤维增强复合材料往往是低成本的。例如，竹纤维、木纤维等生物质纤维也都在土木工程中得到应用。这类材料的本构关系的离散性和受环境的影响需要进行专题研究。

4. 岩土材料本构理论

在岩土材料本构模型研究方面，1952 年 Drucker 和 Prager 首先把不考虑中间主应力影响的 Coulomb 屈服准则与不考虑静水压力影响的 Mises 准则联系在一起，构建了广义 Mises 理想塑性模型，即 D-P 模型。后来，英国剑桥大学的 Roscoe 等于 1963 年提出土体的 Cam-clay 剑桥模型，该模型只有 3 个参数，且易于测定，因此是当前应用最广的模型之一。剑桥模型的主要缺点是受到传统塑性理论的限制，且没有充分考虑岩土的剪切变形。1970 年，Duncan 和 Chang 根据 Kondner（1963）的研究成果，提出了 D-C（*E-V*）模型，并根据试验结果提出改用体积变形模量 *K* 作为计算参数，将 *E-V* 修正为 *E-K* 模型。1975 年，Lade 和 Duncan 根据砂土的真三轴实验结果，提出了一种适用于砂土类的真三轴弹塑性模型。20 世纪 70 年代至今，岩土本构模型的研究十分活跃，相继提出了不服从塑性势理论的模型、双屈服面模型、多屈服面模型等，而且建立了深层次的、新的岩土本构模型。国内学者也先后提出了一些岩土弹塑性本构模型，其中有：黄文熙等提出的清华模型；沈珠江提出的“南水”模型；郑颖人等建立的“后工”模型；殷宗泽等提出的双屈服面模型；姚仰平等基于 Cam-clay 模型和下加载面概念提出了适用于超固结土和正常固结土，且与 Cam-clay 模型参数一致的简单实用模型，称之为 UH 模型。当超固结比为 1 时，UH 模型可退化为经典的 Cam-clay 模型。

目前，建立岩土本构模型的理论依据主要包括增量广义胡克定律（Duncan-Chang 模型、K-G 模型等）、非线性弹性理论（Cauchy 弹性理论、Green 弹性理论）、弹塑性理论（广义塑性力学模型、应变空间模型、多重屈服面模型）等宏观连续体本构理论。这些理论基于一定的理论假设，对其数学和物理实质，以及各种假设之间的数学联系的理解和认识较为缺乏，难以构成较为完善的系统理论。特别是这些理论没有考虑岩土材料在介观尺度层次上的离散特征和微结构演变效应。

一般认为岩土材料的应力 - 应变关系比较符合弹塑性理论，相关研究最为活跃。在弹塑性本构理论中，有待于解决的问题主要有应力主轴旋转的问题、塑性应变增量方向的唯一性问题及关联和非关联流动法则的问题。例如，在岩土多重屈服面本构模型的研究方面，需要考虑的关键问题包括屈服面的确定方法，是否可以采用相关联流动法则等。岩土材料同样具有高度的复杂性，为了建立适当的本构模型并揭示其受力和变形的规律及机理，必须开展岩石材料的微观和细观研究，建立基于介观离散颗粒模型－宏观连续体模型联结尺度本构模型。这依赖于精细而系统的各种应力状态下的试验研究和数据积累，以及新型试验设备和测量观测手段的进步。发展能够反映应变软化、循环荷载和非饱和土在复杂受力状况下的受力性能的新型本构理论及模型是需要重点研究的课题。岩土材料的种类很多，有显著的地域特征，如黄土、红土等不同种类的岩土本构关系相差很大，都需要特殊的研究。土体材料的另一个显著特点是土体颗粒集合体孔隙中存在的孔隙和孔隙水，以及依赖于饱和度的孔隙气、液相压力差的非饱和多孔连续体中吸力效应，饱和度及其变化对土体材料的本构行为具有很大影响，因此对湿化过程导致的边坡失稳与泥石流等地质灾害的认识与分析亟须开展颗粒材料非饱和－饱和过程中介－宏观水力－力学耦合过程的多尺度本构模型研究。对于高速铁路及高速公路的路基等，持续的振动荷载还可能导致土体颗粒的变形、破碎，从而使土体的本构关系随服役时间而变化。颗粒尺度上的颗粒破碎机制需在岩土材料本构模型中得以考虑和定量描述；需要研究岩土材料破碎准则和破碎模式，定义描述颗粒破碎程度的内状态变量。在垃圾填埋场等的土体还应考虑污染物随孔隙液体流动对土体本构行为的化学－热－渗流－力学耦合效应。

除了以上提到的材料，公路路面的沥青及其混合料也是用量很大的一类土工材料，其考虑温度、湿度、各种组分和级配等因素的本构模型非常复杂，虽然已经有很多理论和实验的研究，但深入的研究对于我国不同地域环境下沥青公路路面的防开裂，减少车辙，提高路面承载力仍然非常重要。

5. 冻土本构理论

冻土为温度在0℃或更低时，土体中含有冰的土壤或岩土材料。它是一种包含冰晶、未冻水和土颗粒的混合土体。在冻土工程的力学分析中，只有本构模型能较准确地描述冻土变形特性时，才能保证其力学分析结果的合理性，尤其是在水、热、力等多场耦合的情形下，应力应变场的计算结果直接影响其他场变量的计算精度。国内外的学者对冻土本构模型开展了大量的研究，这些研究主要包括冻土的黏弹塑性模型（蠕变模型）、弹塑性模型和非线弹性模型等（赖远明等，2009）。

冻土由于冰晶的存在，具有一定的抗压与抗拉特性，但正是由于土颗粒与冰晶的混合体使冻土的蠕变特性非常明显。最早的冻土蠕变模型由维亚洛夫（Viyalov）于1962年提出用非线性黏弹性理论来描述冻土的蠕变，该理论描述了冻土变荷载时的蠕变方程，结合Boltzman黏弹性叠加原理，得到继承蠕变方程（维亚洛夫，2005）。而Andersland和Akili应用率过程理论（rate process theory）建立蠕变模型来描述冻土的蠕变行为。吴紫汪等基于冻土的单轴蠕变试验，提出了冻土的衰减蠕变模型和非衰减蠕变模型。为了描述冻土在第三阶段（渐进流阶段）的蠕变变形，朱元林等以Assur的蠕变模型为基础，提出了一个能描述冻土蠕变全过程的蠕变模型。把热力学理论应用于冻土研究，Fish于1984年提出一个冻土本构模型，统一描述常应力蠕变与常应变速率蠕变过程。由于冻土的蠕变与围压、温度、载荷情况、加载速率等都有较大的影响，研究者对冻土的时间效应研究不仅限于从现象学角度着手，而且在小变形的前提下，将总应变率分解为蠕变应变率和塑性应变率之和，建立了冻土的黏弹塑性本构模型。如果将冻土的蠕变过程看成是土体的损伤破坏过程，Cai和Nie于1991年提出了一个以破坏时间为损伤变量的黏弹塑性损伤本构模型，该模型能较好地描述冻土蠕变全过程。而苗天德、何平等更是从冻土的微细观结构角度建立了不同的冻土损伤蠕变模型。

事实上，普通的岩土材料本构模型较难直接应用于冻土的弹塑性力学行为分析，因此有必要建立冻土的弹塑性模型。由于冻土组分的复杂性和对温度的敏感性，应力应变关系研究比融土材料或普通冻土研究更为复杂。Lai等于2009年和2014年分别对冻结粉土建立了弹塑性损伤本构模型和冻土的超塑性理论模型。根据试验，冻土所表现出的强度曲线最基本的特点为：首先强度曲线不过坐标原点，土体有抗拉特性；其次强度曲线的摩尔包络线随着围压的增加会逐渐向下弯曲。根据这一特点，马魏等基于线性特点建立了冻土的抛物线强度理论。另外，赖远明等在研究中发现，冻土塑性加载的初始塑性流动方向与静水压力中并不一致。当等向固结压缩完成以后剪切加载开始施加，然而，样品在等向固结过程中产生了初始各向异性。由于固结压力，土颗粒在剪切加载开始前出现了初始各向异性角。随着剪切加载的进行，盐渍土各向异性旋转角在水平轴下方逐渐减小到零，然后在水平轴上方逐渐增加到最大值。在剪切加载应力的诱导下，土体颗粒在初始转角基础上各向异性特性继续增加直到试样破坏，但不会与天然软土有相似的加载各向同性化。因此，通过热力学理论方程，2016年Lai等建立了冻结盐渍砂土初始各向异性特性和剪切加载下应力诱导颗粒旋转的双屈服面旋转硬化本构模型。

另外对于冻土来说，温度的敏感性反映为温度变化下力学特性的相应变化。当前与温度效应相关的研究也仅限于冻胀或冻融循环等。因此，有待从另外一个角度来分析温度连续变化影响下的冻土力学特性。结合实际工程，对于特殊冻土力学特性进行深入的研究具有深远的意义。特别是盐渍化冻土研究，土中的冰晶体与土颗粒结合，温度的变化使土体又将出现盐晶体，而盐晶体的形成对土体结构的微观或细观特性变化将反映冻土不同的应力应变特性。冻土在循环载荷作用下应力应变关系随着循环次数的变化也有着很大的不同。如果考虑温度的变化等因素，循环载荷下的冻土本构模型就变得更为复杂，相关理论模型有待深入研究。冻土的蠕变性反映了冻土的力学行为具有加载率相关特性，需要研究不同加载方式和不同加载率下的冻土本构模型。而对于寒区列车动载荷作用下，冻土路基的动力学特性分析亟待展开更加深入的研究。

三、重要研究内容

1. 土木工程材料的动力本构理论及率敏感性的物理机理

考虑应变率对不同土木工程材料的力学行为的影响；土木工程材料在中速加载（应变率小于 10^{-3}/ 秒）和高速加载（应变率达到 10/ 秒）时的动力本构关系；率相关效应的微观和细观物理机理，以及动力本构试验研究方法；多灾害和多物理场下的土木工程材料本构关系；高温、高湿和高压环境下考虑材料分解、相变、水分的运移和热传播与运动等影响的力 - 热 - 流耦合的混凝土材料的本构模型；在低温、高温、火灾和冲击爆炸等多灾害组合作用下工程材料的本构模型。

2. 混凝土材料本构关系和混凝土动力细观随机损伤模型

建立物理意义明确、便于工程实际运用的通用本构模型；静力荷载下非线性和随机性的细观随机损伤模型；混凝土动力损伤细观机理、单轴和多轴弹塑性动力损伤本构关系建模；混凝土动力本构关系的系统实验研究；动力荷载作用下混凝土损伤产生和演化的物理机理；混凝土动力随机损伤本构理论；高性能与智能混凝土的静、动力本构模型和损伤演化。

3. FRP 等高性能复合材料的细观力学和损伤本构关系

尽管运用复合材料宏观力学基本能够解决当今 FRP 在土木工程补强加固上的应用问题，但是随着 FRP 研究和应用的深入，人们发现对复合材料的许多性能特点的了解还很肤浅，对实验中观测到的某些力学现象，无法通过宏观力学来解释。必须运用复合材料细观力学的观点和方法来研究复合材料，并借此揭示复合材料性能与其组分之间的关系，建立损伤本构模型。

第二节　极端条件下结构的失效和灾变

一、需求分析

土木工程结构和其他领域内的承载结构的失效、破坏和灾变有很多共性。结构的破坏和灾变可以由材料 / 构件的损伤、断裂、疲劳、磨损、结构整体过大幅度的变形和振动、失稳乃至倒塌所引起。土木工程结构可以有很多不同的类型，如按使用材料划分，有钢筋混凝土结构、钢结构、砖石结构和木结构等；按几何特征划分，有高耸结构和大跨结构等；按使用用途划分，有高层建筑、桥梁、地下建筑和特种结构等；不同的结构有不同的失效、破坏和灾变模式，这就使得极端条件下结构的失效破坏和灾变具有非常丰富的研究内容。

几乎所有的复杂结构都是由构件组成的，构件的变形和破坏规律是研究结构破坏的基础，也是不同类型结构研究中的共性和基础问题。传统工程力学已对杆、梁、板壳、薄壁结构及它们的组合结构进行了深入研究，包括其静力学、动力学和稳定性的研究。随着新材料、新结构形式的出现，相关力学行为研究有了新的内容，它们仍是工程力学研究工作的重要组成部分，特别是考虑物理非线性、几何非线性，应用于耗能减灾、集能和智能型的杆梁板壳等基本构件的研究工作，包括复合材料、梯度功能材料和智能材料板壳等，在国际学术界十分活跃。例如，近年来高强钢、高强混凝土、纤维增强复合材料等日益广泛的应用，使得轻量化薄壁结构的研究非常活跃。

由基本构件组成的结构及结构体系的力学分析是土木工程设计中量大面广的工作，也是传统结构力学的主要研究内容。分析复杂组合结构力学性能既是现有商用有限元分析软件的重要应用方面，也是有限元方法相比其他数值方法，如无网格法，最具优势的一个重要方面。这些力学性能的分析为复杂结构的失效、破坏及灾变研究提供了重要的基础。

但是，土木工程和机械装备结构使用的材料不同，结构类型、型式和服役环境也不同。一方面，断裂、损伤、疲劳等是土木工程中非常重要的研究内容。另一方面，其失效和灾变需要研究的问题也有特殊性。土木工程基础设施正在向着大型化、轻柔化发展，在全寿命周期内可能遭受地震、台风、海啸、滑坡、火灾、爆炸等极端灾害作用的打击，在这些极端条件下结构可能发生变形、破坏乃至倒塌，产生的直接损失和间接损失巨大，并引发严重的社会和政治影响。重要公共服务体系、国防单位、学校和医院等关键性基础设施的结构防护和安全性分析更为重要，必须研究极端条件下结构的失效、破坏和灾变，这些问题通常涉及材料结构的非线性力学和动力灾变分析。

伴随着人类探索向深地、深水海洋等领域的拓展，以及核电、风能、高速机车、高功率水力发电等高新技术的研发，各种新型土木工程结构不断出现，所以极端环境下这些工程结构的响应与损伤破坏等相关力学问题越来越受到关注。结构材料的多样性及其受力后的复杂响应，使得极端环境下结构响应与破坏失效研究具有明显的非线性特征，如塑性、蠕变、断裂和疲劳等，产生了很多难以解决的问题。因此，极端环境下结构响应与破坏失效研究也是工程力学在很多工程领域应用中非常基本的研究方向，对我国国民经济的发展具有重要作用。

极端条件下结构的失效和灾变预测的主要困难表现在：一是不同尺度和不同层次间的耦合作用；二是结构破坏失效模式的多样性及灾变的突发性；三是灾变行为呈现局部化特征及时间的不确定性。此外，由于结构材料越来越复杂，且要承受超常的服役环境，对工程结构破坏和失效的实验与分析手段也提出了新要求。

二、国内外研究现状和趋势

复杂工程结构的失效有多种模式，如变形过大影响使用，因使用材料的强度被超越、应变大于极限值而丧失承载能力，丧失稳定性，丧失耐久性，结构整体倾覆或滑移等。依赖于结构和环境荷载的特点，研究复杂结构可能发生的失效模式和不同失效模式之间可能出现的耦合，是工程结构力学的研究对象。地震、台风、海啸、滑坡、核爆等重大灾害荷载作用下，重大工程结构的防护和安全性分析，需要依靠工程力学的理论分析、实验研究和数值模拟技术。在强地震动场和强（台）风场及强波浪场动力作用下的损伤-破坏演化过程的研究，揭示了工程结构的损伤演化机理和动力灾变机制，对于工程结构的设计和防灾减灾非常重要。为了达成这一目的，需要结合物理模拟和数值模拟，形成综合模拟理论与方法。计算结构工程是综合模拟理论与方法的重要组成部分。在此方面的关键科学问题包括：①材料、构件和结构的非线性动力效应、工程结构与环境介质的动力耦合效应及其数值模拟方法。大力发展材料、构件和结构非线性动力行为模拟的数值方法，是当前计算结构工程的前沿与中心任务之一。②结构损伤演化规律与动力灾变机制。结构非线性行为具有明显的“个性”，在“个性”中发现“共性”，形成对结构损伤演化与动力灾变机制的规律性认识，是摆在结构工程研究者面前的困难问题，也是计算结构工程较之其他研究手段的优势所在。③施工中不完整结构受环境、突发、灾害性荷载的安全度分析。

建筑结构的地震损伤－倒塌分析近年来引起了关注。事实上，结构倒塌分析十分复杂，包含了大变形、显著的二阶效应、接触与碰撞等复杂问题。目前，强震作用下建筑结构的倒塌破坏分析方法主要有非线性静力 Pushover 分析、逐步有限元分析和增量动力分析等。在 Pushover 分析研究中（Chopra，2014），人们提出了改进 Pushover 方法、考虑高阶振型影响的模态 Pushover 方法、基于能量平衡的多模态 Pushover 方法等。作为一种工具，增量动力分析方法可以研究结构从构件屈服到动力失稳阶段的结构整体行为，近年来得到了一定程度的重视。近断层地震动对自振周期很长的建筑结构将产生不利的影响，而针对近断层地震动作用下的结构地震损伤－倒塌分析，还很少有人涉足。由突发灾害荷载引发的连续倒塌是结构整体力学行为，虽然实验研究的难度和花费较大，但国内外都开展了一定的实验研究。采用数值分析手段是研究连续倒塌和设计抗连续倒塌结构的主要手段，其难点在于既要对局部构件失效后行为进行准确的模拟（涉及大位移、大变形、材料非线性、动力效应和强非线性），又要能够高效地分析结构在连续倒塌过程中的整体行为，由于结构可能发生破碎，不能局限于采用基于连续介质的计算方法。

爆炸冲击波对结构会产生严重的破坏作用，所以深入研究爆炸冲击作用下结构的动力响应、损伤破坏与防爆减爆具有十分重要的意义。与准静荷载下的力学问题研究相比较，爆炸冲击动荷载下力学分析的主要特征和难点在于需计及两类动态效应，即惯性效应和应变率效应（王礼立，2001）。前者导致了对应力波传播和其他形式的结构动力学的研究；后者促进了对材料力学行为的应变率相关性的研究，包括率相关本构关系和率相关动态破坏准则的研究。国内外众多学者对各类意外爆炸情况下爆炸波的传播规律及其与建筑结构的相互作用机理等方面进行了长期的研究，取得的进展有：研究了在爆炸波的传播及其与结构相互作用的数值模拟中的网格尺寸效应，并提出了消除网格尺寸效应的爆炸荷载参数的数学修正方法；通过数值分析与模型试验，研究了城市复杂环境中爆炸波的传播及其在建筑结构间的反射、绕射规律，建立了作用在建筑物外表面的爆炸超压荷载特性及预测公式；研究了在外部爆炸情况下，爆炸冲击波与结构构件的相互作用规律，研究了影响结构构件上的爆炸荷载的关键因素，建立了确定结构构件爆炸荷载各参数及超压时程曲线简化模型方法；在内部爆炸引起的爆炸冲击荷载研究方面，探讨了地下隧道、地下建筑等封闭、半封闭空间内部爆炸下爆炸冲击波的传播规律，提出了相应的预测公式或者简化计算方法；另外，研究了工程结构构件在爆炸冲击作用下的动力学行为和结构抗爆设计方法。但是，由于爆炸冲击波传播机理和工程结构所处周边环境的复杂性，结构构件形式的多样性和工程抗爆、防爆的综合性及广泛性特点，工程结构抗爆防爆领域的深入研究仍亟待展开。

计算流体动力学（CFD）数值模拟技术的发展，极大地促进了高层建筑的风振响应研究的进程。然而，大部分 CFD 模拟是把风载与建筑的响应作为两个相对独立的部分，考虑风场和建筑耦合的整体研究还很少。此外，目前计算高层建筑的动态响应往往只考虑第一阶振型。对于超高层建筑，其高阶振型对结构风振响应的影响不能忽略，因此有必要耦合前几阶振型进行更有效、准确的风振响应分析，以满足设计和工程的需要。近年来，国际学术界非常关注采用 CFD 对建筑风环境分析与应用、高层建筑风场大涡模拟和涡激振动、风工程大气边界层建模及用于风电预测的风速预报等。

深海工程、高速机车、核能工程、地下深层工程和冻土工程等的持续健康发展与极端环境下结构响应问题的研究密切相关。在极端环境与强动荷载作用下，材料、结构及其周围岩土介质将发生严重的变形或扭曲，甚至会出现相变、接触间断、不连续界面及粉碎性破坏等，这些现象涉及复杂荷载条件下的几何非线性、材料非线性和边界非线性之间的强耦合非线性等问题，还可能伴随着高温、高压等极端环境的作用。同时，由于温度、压力、应力 / 应变场等的改变，必然导致材料微观组织结构的改变，引起材料的宏观力学、物理特性的变化，如韧 - 脆转换特性、断裂疲劳特性、蠕变特性、膨胀系数和热导率等的变化，从而影响结构的强度与稳定性。这些问题涉及力 - 电 - 磁 - 热多场耦合、宏观 - 细观 - 微观多尺度等力学基础理论、本构理论、破坏理论、健康诊断与安全评估、数值仿真、试验技术等方面的研究。

极端环境下材料 / 结构响应、损伤演化的复杂性及其基础理论研究的薄弱，决定了长期以来基于经验或半经验的设计方法占有重要地位。结构的实验研究是在工程设计过程中，按照设计方案建造结构或结构的一部分的模型，在实验室中进行深入研究，在实验中调整材料 / 结构参数的一种研究方法。其优点在于能够校核数值计算方法的准确性。但由于模拟极端条件的困难性，实验研究不仅费时，还需要高昂的成本。如果改变结构的某些参数，往往需要重新实验。这样不仅导致工程设计过程中方案反复、设计周期长、经费投入大，而且可能影响结构的性能。通常，在极端环境下结构响应与损伤演化问题的实际发生过程非常短暂，涉及的变形、应力 / 应变场及破坏等参量随时间的变化规律很难通过实验手段获取。在很多情况下，精细的数值计算技术便逐渐成为研究此类大变形、高应变率、瞬态动力学问题的重要手段之一，在一定程度上弥补了实验手段不足或成本高等带来的设计周期长、经费投入大等缺陷。实验研究和数值计算成为解决极端环境下材料 / 结构响应与损伤演化问题中相辅相成的两种重要手段。

三、重要研究内容

1. 极端环境灾害作用的表征和量化

极端环境灾害作用发生的不确定性及其和结构的强烈耦合，使得其研究既迫切又充满挑战，需要实验和实测、理论和数值研究的紧密结合。需要研究极端环境荷载作用的理论和描述方法；在工程尺度范围内，灾害环境荷载在基础设施周围介质中的发生、发展和传播的建模和数值模拟；工程结构与环境介质的动力耦合效应及其数值模拟方法；环境荷载与结构失效的多物理场耦合分析理论、建模与算法。

2. 极端条件下工程结构的损伤失效与安全性分析理论和方法

适合于重大工程结构极端时间尺度下各环境剖面的材料与结构非线性行为及其机理模拟的研究；材料—构件—结构—系统的损伤破坏过程的分析理论、建模与算法；材料、构件和结构的非线性动力效应；重大工程结构的损伤演化、灾变控制与优化理论和数值方法。

3. 变形体强度理论和灾变破坏机制

新型工程结构材料体系（先进复合材料、功能梯度材料、纳米材料、智能材料等）的强度理论、破坏准则及计算和实验方法，伴随物相演变过程的材料非线性行为模拟；多场环境下固体变形和破坏的微观机制、宏观实验表征与数值分析，变形体的跨尺度变形、损伤和灾变破坏过程，基于准连续介质力学、分子动力学乃至量子力学的跨尺度计算。

第三节 不确定性结构力学

一、需求分析

重大工程所处的环境具有很大的不确定性，它们的材料和结构的制备及服役过程也有诸多不确定性因素。结构的力学行为分析和设计，是工程力学的重要研究领域。研究不确定性表征与传播、力学分析的可信性和结构设计的安全性，是力学面向国家需求，更好、更主动地为工程服务的重要方向。近20多年来，国际上工程设计规范总的发展趋势是从确定性的限制（如安全系数）向概率性的评估（如基于可靠度的决策、基于风险的决策）发展（International Organization for Standardization，2015）。重大工程的这些不确定性使工程结构与系统在极端灾害荷载作用下的复杂非线性响应具有显著的不确定性，包括所导致的工程结构的破坏或失效的不确定性，由此带来的经济乃至社会和环境方面的损失也具有明显的不确定性。不确定性的广泛存在也给采用确定性模型描述的数值模拟的可信性提出了严峻的挑战。从技术、经济和社会结合的层面，要求我们回答这些风险发生的可能和定量估计，对可能造成的损失和后果进行评估，提出有效规避或控制风险的理论和方法。因此，近年来不确定性的表征、量化、传播和分析，考虑不确定性的工程结构设计，正引起广泛重视并成为研究热点之一。

工程中的不确定性因素包括概率不确定性和非概率不确定性，所面临的关键科学问题包括：环境荷载、材料不确定性的建模、表征和量化，复杂结构系统不确定性的建模、度量及不确定性传播，结构响应不确定性的许可准则，包括可靠度、鲁棒性等的新理论和数值模拟；考虑系统可靠性的优化设计的理论框架和高效算法；风险分析，包括分析风险诱发因子的属性、计算风险大小，提出和采取相应的风险规避控制措施，以有效减小可能灾害及由此引起的各种可能的损失和不良影响。这些问题的研究构成了不确定性结构力学，主要包括考虑不确定性的工程材料的本构行为及其随机建模、工程结构的随机力学分析和失效机理、考虑不确定性动力作用的随机振动分析，工程结构全寿命过程的风险源分析与计算，结构可靠度和不确定性传播、风险分析与控制等内容。

二、国内外研究现状和趋势

工程中的偶然和认知不确定性因素普遍存在，考虑随机不确定性、有界不确定性（包括区间模型和凸模型）和模糊不确定性等的结构分析和设计方法越来越受到学术界和工程界的关注。在工程实践中，来自结构与动力激励等多方面的随机因素对工程结构与系统的安全性和使用性能具有重要的影响。考虑不确定性能够使工程师做出更加可靠的决策，减少经济损失，有效管理风险，而且避免过分保守或偏于危险的设计。计算结构力学的一个重要特点是它能够通过数值模拟，考虑在物理实验中难以再现的诸多随机因素的影响。

20 世纪 60 年代中期以来，一些学者即开始关注结构参数随机性的影响问题。随机结构分析在早期文献中又称为随机有限元，这一名词表明早期学者对这一问题的关注主要来自对结构可靠性的重视。70 年代以来，随机结构分析理论得到了国内外学者的广泛研究。迄至 90 年代中期，已经形成了随机模拟方法、随机摄动技术与正交多项式展开理论为主导的多种随机结构分析方法。其中，随机模拟方法原理简单，具体实施简便易行，但巨大的计算工作量成为它在实际工程结构分析中难以逾越的障碍；与之相比，随机摄动方法计算效率有了很大的提高，但由于利用了对基本参数的摄动，因而仅对基本参数变异性很小的情况具有较好的精度，限制了它的适用范围。更严重的是，在结构动力分析中随机摄动法具有久期项问题，从而在本质上不适用于随机结构的动力响应分析。正交多项式展开理论避免了久期项问题，而且不受基本参数变异性大小的限制，是线性随机结构分析较为理想的选择。遗憾的是，在非线性随机结构分析中遇到了极大的困难。国内外学者虽然付出了极大的努力，试图对上述方法进行推广，但对多自由度非线性随机结构系统都没有取得成功。事实上，由于确定性非线性分析较之线性分析计算工作量显著增大，因而，对大型复杂结构分析采用随机模拟方法几乎是不可能的。对非线性结构，随机摄动精度有可能很差，而正交多项式展开理论在非线性随机结构分析中也难以发挥优势。

20 世纪 50 年代中期以来，国内外学者对随机振动进行了大量的研究，研究工作有了深入的进展。事实上，1957 年 Crandall 在麻省理工学院（MIT）举办暑期研讨班，标志着随机振动这门学科的诞生。早在 1962 年，我国学者胡聿贤、周锡元就开展了平稳和平稳化地震作用下结构随机振动反应分析的研究。迄至 80 年代末，关于线性结构随机振动分析的矩传递理论、谱分析方法、演变谱分析和FPK方程及其求解均已基本完善，并开始进入工程实践。值得指出的是，林家浩等提出的虚拟激励法（Lin et al.，1994；林家浩和张亚辉，2004），将随机振动分析转化为确定性分析，极大地提高了随机振动的计算效率，为大型复杂结构的随机振动功率谱分析提供了重要工具。虚拟激励法已被广泛应用于高层建筑、大跨度桥梁等重大工程的随机动力响应分析，并且作为一种主要的结构抗震分析和设计方法（即功率谱法），于2008年被我国《公路桥梁抗震设计细则》（JTG/TB02-01—2008）的相关规范条文所采纳。我国在建筑、桥梁、大坝、高速铁路等工程领域随机振动理论与应用方面的进展体现了国际工程设计规范的发展趋势，在一些领域处于国际前沿水平，可以进一步发展成为我国工程技术水平赶超国际的一个方面。

在非线性随机振动分析方面，虽然国内外学者自20世纪50年代后期即已开始进行多方面的探索，发展了等价线性化方法、随机平均法、矩方程累积量截断、FPK方程的路径积分法、最大熵方法和等价非线性系统法等诸多方法，但直到20世纪末，尚没有任何一种方法能够获得多自由度非线性体系的随机振动响应解析解。90年代中期以来，朱位秋（2003，2006）在Hamilton理论框架下考察非线性随机动力系统，结合随机平均法，获得了五大类多自由度非线性随机动力系统FPK方程的精确平稳解，这些成果是非线性随机动力学的重要进展。然而，在工程结构与系统的实际服役过程中，可能遇到的地震和强风等灾害性作用都是强非平稳、非高斯的，其响应特性则更为复杂。经典非线性随机振动理论对此方面的研究面临较大困难。

非线性随机结构分析与非线性随机振动分析不约而同地遇到的巨大困难，表面上看来自不同的源头，但本质上都是源于结构行为的非线性与系统参数及激励随机性的耦合。非线性与随机性的耦合，在数学形式上表现为高维常微分或偏微分方程难以解耦。例如，对非线性随机振动问题，矩演化方程本质上是不封闭的，因而要联立求解无穷个非线性常微分方程，累积量截断即通过强行截断以获得有限个方程进行求解；若直接求解FPK方程，则需要求解系数高度非线性的高维偏微分方程。在非线性随机结构分析中，若采用正交多项式展开，同样不能获得解耦的线性待定系数方程组。因此，随机振动与随机结构分析的划分，看似具有一定的合理性，实则源自对随机性的现象学处理。要克服非线性与随机性耦合导致的本质困难，回到随机性的物理本源是必由之路。21世纪初以来，李杰等（Li and Chen，2009；Li，2016）从随机系统的概率守恒原理出发研究概率密度演化的规律和描述，取得了一系列研究进展。在他们的工作中，深入剖析了概率密度演化方程的物理意义，提出了一类新的广义概率密度演化方程，揭示了确定性系统与随机系统的内在联系，在多自由度非线性结构随机动力响应分析、结构动力可靠度、体系可靠度分析和随机最优控制中取得了成功的进展。当前，解决好随机激励的功率谱密度描述与随机函数描述的衔接，提高计算效率适应大规模随机结构分析，有助于推动概率密度演化方法的发展和应用。

20 世纪 50 年代，结构可靠度理论开始获得广泛关注并得到迅速发展，至 70 年代末，经典静力可靠度的一次二阶矩理论基本成型。以 1979 年 Ditlevsen 提出系统可靠度窄界限的开创性工作为起点，国内外学者对结构体系可靠度进行了深入研究，但也发现失效模式组合爆炸和相关性问题的困难难以克服。上述工作属于分解化结构可靠度理论的范畴，而整体化方法从 80 年代以来获得了重要进展。随机结构分析方法、响应面方法、现代随机模拟技术和可靠度的矩方法即可认为属于这一类方法。最近，基于区间数学、椭球凸集理论、证据理论、可能性理论等的非概率可靠性方法，以及贝叶斯理论研究比较活跃，为概率信息不完整、不精确的工程结构设施可靠度与风险分析及安全评定提供了新的途径。我国学者段宝岩、邱志平、韩旭、亢战、吕震宙、姜潮、王晓军等在非概率不确定性结构分析和可靠性方面开展了深入系统的研究，推动了不确定性结构力学的发展，缩短了这一前沿理论与工程应用之间的距离（郭书祥和吕震宙，2002；Qiu and Wang，2003；曹鸿钧和段宝岩，2005；Jiang et al.，2007；Kang and Luo，2010）。

对结构动力可靠度问题的深入研究几乎是与经典静力可靠度理论发展同步进行的，到 20 世纪 80 年代主要发展了基于扩散过程理论的方法和基于跨越过程理论的方法。但前者对多自由度体系尚基本无法求解，而后者在获取期望穿域率及对跨越过程的假定上存在本质性的缺陷。近年来，概率密度演化方法为结构静、动力可靠度分析提供了新的工具。在此基础上，明确地阐述了基于非线性发展全过程的结构整体可靠度的基本思想。

21 世纪初以来，风险分析得到了国际学术界的重视。瑞士学者 Faber 和 Stewart（2003）较为系统地阐述了风险分析常用的方法和在土木与环境工程中的应用。近年来，国内外学者进行了工程结构的风险管理研究和应用，但主要限于在施工阶段实施，对工程结构全过程风险分析与控制，则尚未开始。

结构可靠度理论的历史与逻辑的发展过程，既取决于科学乃至社会和经济总体背景的发展水平，又具有结构工程学科和结构可靠度领域的内在动力的驱动。这些驱动，使得结构可靠度理论从早期的可靠性数学发展到可靠度科学，实现了向可靠度工程的迈进，并开始了基于全过程的风险控制的探索。过去10年来，结构可靠性与风险控制领域出现了一些新的动向，这些新动向表现的趋势是：从工程结构的受力全过程可靠度向工程结构的全寿命可靠度控制迈进；从单纯工程角度考虑设计准则到综合考虑经济、环境和社会效应的综合决策。

“鲁棒性”是控制和优化领域最早提出，并在土木、机械工程界得到广泛使用的一个术语，它是指系统在一定参数的摄动下维持其某些性能的特性。例如，在机械制造产品加工过程中不可避免地会有误差，鲁棒的设计应该确保产品性能不受一定范围内的加工误差的影响。再如，在环境（荷载、温度、湿度）和设计阶段的假定有较大差异时，鲁棒的产品仍然保证其功能。鲁棒性也被定义为在异常和危急情况下，系统生存的能力。结构鲁棒性问题的研究始于1968年英国伦敦的Ronan Point公寓大楼因煤气爆炸导致公寓大楼一角发生连续倒塌事件。该事件引起了国际土木工程界的极大关注，各国学者开展了如何防止结构发生连续倒塌和提高结构整体性措施的研究。1972年，英国建筑结构设计规范率先制定了预防建筑结构连续倒塌的设计准则。随后美国、加拿大及欧洲规范也相继在建筑结构设计规范中增加了加强结构整体性的具体技术要求。2001年美国“9·11”事件，世界贸易中心大楼遭受恐怖袭击而发生连续倒塌，结构的连续倒塌和鲁棒性问题重新引起全世界土木工程界的关注和重视。2005年，国际结构安全性联合委员会（JCSS）联合国际桥梁与结构工程协会（IABSE）专门召开了“结构鲁棒性研讨会”，欧盟也启动了“结构鲁棒性”研究项目。2008年6月，JCSS正式颁布了“工程风险评估原理”指南，将工程结构的鲁棒性纳入到整个风险评估框架中；目前，JCSS正在制定“结构鲁棒性评定与条例”的推荐性指南。近年来，我国发生了多起恶性的工程结构倒塌事故，特别是2008年汶川特大地震中大量建筑物发生粉碎性坍塌从而造成了巨大的人员伤亡和经济损失，工程结构的连续倒塌和鲁棒性问题引起了我国土木工程界的广泛关注。

三、重要研究内容

1. 随机荷载和抗力的统计与建模

各类荷载和抗力统计数据的积累与更新是随机结构力学、结构可靠度理论为工程实践提供基本指导和服务的基础；不同时间与空间尺度的地震、强风、海浪、浮冰等灾害性荷载的时间与空间统计数据的搜集与随机建模方法；岩土材料、复合材料及结构抗力的统计、建模理论。

2. 非线性随机动力学分析

发展具有统一基础的随机动力学理论；多尺度随机力学与多尺度随机涨落分析；考虑大变异性的大规模随机结构分析方法；大规模非线性随机结构的动力响应、概率密度演化和动力可靠度分析。

3. 非概率可靠性理论与结构整体可靠度分析

随机动力激励与环境荷载的物理建模，主要建立考虑地震动、强风、海浪、浮冰等动力激励的物理建模；基于椭球模型、证据理论等非概率不确定性描述下结构响应和可靠性分析方法，概率 / 非概率混合描述下结构不确定性响应和可靠性分析；不确定性结构的可靠性、鲁棒性与损伤容忍性能的设计方法；结构整体可靠度分析理论与计算方法，发展基于工程结构非线性全过程的结构整体可靠度分析理论。

4. 工程结构系统全寿命可靠性优化设计及风险分析与控制

工程结构系统服役环境与荷载耦合效应、不同失效机理相互作用、失效模式竞争机制；工程结构系统非线性动力学特性及随机性的动态概率设计理论与方法；基于可靠性的工程结构系统安全系数设计方法及可靠性最优分配理论；研究工程结构系统性能多指标综合目标体系，建立面向工程结构系统的多元化性能目标体系的理论和方法；研究工程结构系统全寿命风险分析与控制理论，揭示工程结构灾害风险发生的机理、统计特征及规律；研究工程结构风险事故接受准则、风险决策控制方法与技术。

5. 工程结构系统的鲁棒性分析与优化方法

工程结构系统的鲁棒性指标的合理表征；基于风险分析、耗能指标的结构鲁棒性分析方法；工程结构系统基于鲁棒性的全寿命优化设计理论与方法；面向鲁棒性要求的工程结构系统分灾设计；考虑可靠性与鲁棒性要求的工程结构系统整体防灾能力优化设计。

第四节　工程流体力学

一、需求分析

人类生存须臾不能离开空气和水，流体力学的发展始终与人类的生活和技术发展需求相伴随。在我国大规模的基础设施建设中，面临大量的流体力学问题，与基础设施建设有关的工程流体力学面临新的挑战与发展机遇。例如，在水利水电开发和海洋工程建设中需要水动力学的理论支持，包括研究这些工程结构和水环境的相互作用及确定作用在结构上的水动力荷载；在研究工程地质灾害的多物理场致灾因子时涉及多相流与渗流理论；在大跨高层结构风荷载的描述中涉及空气动力学理论。水动力学和空气动力学理论，以及与工程结构耦合的流体力学是这些工程问题研究的基础，也是新时期工程流体力学研究的主要方向，对于重大工程结构的极端环境灾害的描述和量化，以及工程结构的分析和设计具有非常重要的作用。

进入 21 世纪以来，资源开发、环境保护、国家安全已成为世界各国普遍关注的战略问题。深海资源开发、沿海经济带资源利用和环境保护对水动力学研究提出了新的迫切需求。多相流广泛应用于水利等领域，如利用小浪底水库等水利设施，人工形成异重流，实现水库高效排沙减少淤积，是我国工程界近年来在黄河调水调沙的一项重大成就。多相流的普遍性、重要性和复杂性决定了其在流体力学中的重要地位。渗流力学是涉及流体力学、多孔介质理论、表面理论、物理化学、地球物理、土壤学、生物学等的交叉学科，在工程技术和环境领域有广泛应用。为适应经济和社会的发展，工业和环境流体力学、结构 - 流体耦合力学的研究内容将不断丰富，并为能源的开发利用、环境保护和治理、海洋结构物设计与安全运营提供更为科学的决策依据。

二、国内外研究现状和趋势

水动力学是流体力学的一个重要分支，是一门研究水（和其他液体）的运动规律及与相邻介质（岩体、结构、运动物体）相互作用的学科，研究内容包括水体运动规律（波、浪、流等）、作用在结构或运动物体上的水动力荷载特性，以及各种复杂流动条件下动量、物质和能量的输运规律。与空气动力学研究相比，我国在水动力学方面的研究相对薄弱。水动力学有三大难题：高雷诺数流动（$Re>10^7$），自由表面大变形甚至翻转、破碎等，以及空化。近年来，我国学者在流固耦合研究方面取得了重要进展。在数值模拟方面，国内基于势流理论和 N-S 方程的自然空泡流计算仿真取得了较好进展。结合应用研究，我国水动力学研究在非线性水波及其对海洋结构物的作用等方面具有显著的研究特色，取得了具有一定国际影响的成果。针对空泡流、大变形自由表面流动等水动力学机制研究，发展先进的实验测试和数值模拟方法已成为推动本学科发展的共性关键技术。未来水动力学的发展主要关注海洋开发和水中航行体方面的研究，其中，空化、空泡流、通气超空泡、流动噪声等成为国际学术界关注的前沿领域，物体出入水、海洋内波、破碎波、液舱晃荡等强非线性自由表面流动的研究方兴未艾，近海波浪数学模型与数值水池技术研究十分活跃，河口、海岸与近海水动力学数值模拟和湍流输运、泥沙流动机制研究也需要重点关注。海洋工程中水动力学研究的主要问题有：①极端海洋环境及其与结构物的相互作用，其中包括：极端海洋环境的数理描述，强非线性水波的相互作用与干扰，强非线性水波、风、非均匀流与海洋工程结构物的相互作用，复杂海洋水声环境效应规律。②非线性水动力学、结构物非线性动力响应机理及数值方法，其中包括：海洋浮体非线性动力荷载计算，海洋浮体非线性动力响应的机理与预报方法，基于 CFD 的波 - 流 - 结构物相互作用问题的数值模拟，深海水动力学问题的数值模拟。

多相流具有现象与过程复杂、涉及面广、交叉性强等特点，这使得系统、完善的多相流科学体系的形成和发展比较缓慢。对工程应用和自然现象中一些复杂流动条件下多相流场的研究逐渐增多，如多尺度和多场作用下的流动、纳米颗粒多相流、非牛顿介质多相流、颗粒能量和传递机制导致的振动分离、斜坡崩塌等。随着测量技术的发展和理论研究的深入，多相流研究将继续关注受连续相流场制约的离散相动力学特性、离散相对连续相的影响、离散相之间的相互作用。从基础研究上将侧重多相湍流场及其稳定性、非线性多相流相界面动力学、数值模拟和测量方法、超常规离散相多相流、多尺度和多场作用下的多相流、多相流场的非牛顿效应、多层稠密多相流动等。从工程应用上将着眼于多相流过程的理论预测精度、多相流模拟软件的改进和完善、与多相形成与分离相关的环保问题等。

渗流指的是流体通过由固体骨架和相互连通的孔隙、裂缝及各种类型毛细管所组成的材料的运动（国家自然科学基金委员会和中国科学院，2012a）。其工程应用集中在岩土力学、大坝渗流、地下建筑、地面沉降、油藏工程和煤层气渗流等，内容包括裂缝型介质渗流、饱和与非饱和渗流、定常与非定常渗流、非线性渗流和微观渗流等。渗流力学的基础研究将进一步关注多相多组分渗流中相间和组分间相互作用机制、物理化学渗流中物理过程和化学反应复合条件下的渗流运动、非线性渗流中的非达西渗流、基于介观尺度孔隙中液桥毛细效应、液桥失效和重构、液桥构形演变等介观机理的非饱和渗流等。在实际应用方面则侧重于能源的开发利用和相关环境问题的治理，如水渗流引起的山体滑坡、过度开发地下水引起的地面沉降、石油的科学开采、岩浆运动和地幔对流等。

工业和环境流体力学是同工业流动、自然流动和环境科学密切结合的力学综合性研究方向，主要研究工业环境和自然环境中的流动、物质输运、动量能量转化机制及其对环境演化影响的共性科学问题。其特点是研究对象具有综合性，涉及不同的时空尺度，复杂介质及多过程耦合流动问题。我国学者在工业与环境流体力学研究领域努力探索，取得了特色鲜明的研究成果。例如，利用环境风洞和分层水槽，实验研究大气或水体中的污染物对流扩散，为核电厂设计、城市 CBD（中央商务区）规划、苏州河治理提供重要依据；结合长江口航道治理，研究河口非恒定水流与泥沙输运；通过小浪底水库及黄河上多个水库的调水调沙，形成人工异重流，将高含沙水带入黄河入海口，解决了黄河泥沙和断流问题。钱宁、谢鉴衡、窦国仁、韩其为、王光谦、倪晋仁等面向国家实际需求，在河流泥沙运动、河床演变和治理方面开展了长期深入系统的研究（钱宁和万兆惠，1983；谢鉴衡，1997；窦国仁，1981；韩其为和何明民，1984；王光谦等，2006；倪晋仁等，2008），其工作具有相当的国际影响力。此外，我国学者郑晓静等（2004）研究了风沙气动临界风速，得到了风沙输沙律公式，发现了风沙带电现象，分析了它对风沙运动的影响；通过湍流模拟获得了波龄稳定度对海气交换系数的影响，为气候模型参数化提供依据；用涡动力学研究台风异常路径，数值模拟台风浪、风暴潮及海啸灾害等。根据未来面临的工业和环境挑战，在工业环境流动方面将重点关注如何降低工业能源消耗及减排，在能源开发和有效利用方面将重点关注流体力学传热、传质及流动等问题。同时，在高速列车发展上涉及的空气动力学问题也非常重要，如列车高速运行引起隧道内空气被压缩，由此导致的列车和隧道结构安全及噪声问题不容忽视（田红旗，2007）。

三、重要研究内容

1. 海洋工程中的流体力学

特殊海洋环境下风、浪、流等的非线性耦合作用，内潮和内波的发生机制、演化与传播规律；深海结构物的流体荷载和流固耦合理论，大型复杂结构的流体荷载模拟计算理论和软件，海洋波、浪、流与海床的相互作用和耦合动力学，非线性波浪等有关的带自由面的强非线性力学问题；海啸作用下海底管线的局部流场及床面冲刷分析、海啸与海底管线和海岸结构物的相互作用及海堤的安全性评价；超空泡流动特性及水中高速航行体的超空泡减阻机制和技术。

2. 风荷载及相关空气动力学的研究

高层及超高层建筑风环境及风工程的流固耦合研究；风沙运动规律及其多尺度、多场耦合机理研究，风沙灾害发生机理的认识和防治措施；风场特性及高耸风电塔的研究；高速列车的地面效应和隧道效应，高速列车的气动噪声评价方法和减噪机理。

3. 与环境、灾害相关的流体力学

复杂自然环境流动机制，流动和物质能量输运过程及其与物理、化学、生物学过程的耦合机制；复杂自然介质，包括岩土介质内的渗流、破坏机制和描述方法，环境和灾害发生突变和演化中的关键力学特征和规律；复杂相间作用的多相流、异重流的理论和特征，复杂介质和非线性渗流理论，复杂流动的多尺度效应和非线性理论；水利工程中的水力学与水信息学研究，河流海岸动力学与泥沙研究；复杂环境流动的实验模拟方法和大型计算软件。

第五节　多尺度力学与跨尺度关联

一、需求分析

土木工程中的众多现象和问题本质上都具有多尺度特征，它们涉及从电子到原子直至连续介质的变形和运动，并横贯微观、介观和宏观等多个时空尺度上不同物理、力学机制的耦合与关联。多尺度分析是考虑空间和时间的跨尺度与跨层次特征，并将相关尺度耦合的新方法，是求解各种复杂的科学和工程问题的重要技术手段。

大型土木基础设施在施工期间结构中的材料内部和构件连接部位不可避免地存在先天细观缺陷，如钢结构中焊连接区域的细观缺陷、钢筋混凝土结构中混凝土中的细观裂纹及其与钢筋之间结合面上的界面缺陷，在结构漫长服役期内环境侵蚀、材料老化和荷载的长期疲劳效应、突发事变过载效应等因素的综合作用又不可避免地会导致结构中的损伤累积和抗力衰减。在重大工程结构安全服役中材料破坏到结构失效的共性特征是：跨越微 / 细、宏观尺度和从材料、构件再到千米级结构层次的发展，经过多尺度、跨层次材料破坏的非线性演化，导致结构失效。

随着地震、台风及全球气候异常导致的地质灾变等灾害发生得越来越频繁，加上人为管理不力引起的事故对结构的冲击，重大工程结构正面临着越来越多的可能诱发结构损伤加速演化的突发事变与不利环境。这类随时可能发生的突发强荷载除了会加快结构中损伤演化的进程，还可能造成损伤从材料层次向构件或结构层次的灾变，令结构发生毫无预警的灾难性破坏。重大工程结构具有重要功能并通常都是当地的地标性建筑，一旦发生破坏，不仅造成重大的人员伤亡和巨大的经济损失，还会产生极坏的社会影响。因此，随着我国超大、超高或者超长、超限的结构越来越多和服役环境越来越复杂，重大工程结构的安全服役问题就越来越突出。建立能够主动把握损伤演化过程的结构损伤预后系统，改变长期以来土木工程结构在服役期内无法预知结构损伤状况和安全可靠性、潜在危险性的现状，需要解决重大工程结构安全服役中的共性科学问题。

重大工程结构中损伤演化是漫长而持久的累积过程，与突发过载造成的突变产生交互耦合作用。对于重大结构的设计，通常其设防级别较高，一般地震或其他形式的突发过载不至于使结构马上破坏，但可能诱发结构内部的损伤演化进程"提速"，可能造成损伤从小尺度向大尺度、低层次向高层次的"跃进"，损伤演化过程随时可能由于外在的微小诱发而导致崩溃性的结构失效。因此，需要依靠结构多尺度力学和损伤演化分析，主动地把握结构中损伤演化的过程，以便可以在损伤演化从局部的材料层次发展到可能导致结构性病害发生以前就能够预见到（吴佰建等，2007）。

工程力学中包含多个耦合的时空尺度的问题的基本难点在于微结构的层次性及各个层次上的演化，并且不同层次上微结构演化的物理规律和速率不同。因此，全局平均、相似解、摄动方法都不再适用，亟待发展能被广泛验证的新的跨尺度关联方法，尤其需要处理好连续与离散、均匀与异质、有序与无序、竞争与耦合的关系。

二、国内外研究现状和趋势

多尺度模拟和计算是21世纪迅速发展的热点与前沿研究领域（Kassner et al.，2005），特别是在材料科学、化学、流体力学和生物学领域，因为这些领域中的问题往往在本质上是多尺度、多物理场耦合的，不同尺度下的过程由不同的物理定律支配，不同尺度上的响应特性又相互关联。采用多尺度模拟和计算，准确认识结构损伤失效的过程并且能够正确地预测（计算分析）

结构失效是固体力学的前沿研究方向之一。虽然考虑损伤以后的材料与结构非线性计算过程相当复杂，但是，随着有限元技术的提高和越来越完善的大型有限元软件的出现，在汽车、机械、航天等工业领域的结构分析中已经可应用损伤和断裂理论进行结构或构件损伤和裂纹扩展过程的非线性分析。对构件和小型结构的损伤、断裂和失效分析已经有大量理论和计算方法的积累，可以建立结构性能评价规范，尤其是针对以裂纹为主要缺陷的结构。在这方面，大型土木工程结构的分析理论相对于机械、航空等其他工程领域是滞后的。在美国土木工程师协会最近发布的报告中指出，现在关于土木结构系统的承载能力、服役行为的认识是严重不足的，尤其是既有结构在长期服役以后的实际荷载传递机制、内力分布、失效模式与剩余寿命等方面的分析，其预测结果的误差之大往往是不可接受的。

目前，国际上方兴未艾的多尺度分析大多是针对材料特性的分析需要，并应用于复合材料包括混凝土的多尺度损伤与失效过程模拟，涉及的尺度量级为纳米尺度到微观或者宏观尺度。对于重大工程结构而言，由于作用在上千米的结构上的荷载、整体响应与发生损伤的小于毫米级的局部细节，以及材料中客观存在的微观缺陷在分析尺度上相差甚远，其整体响应和局部损伤过程同样需要用不同的理论去分析。如果用于结构分析的模型都是在同一尺度上进行，必然使得计算工作量非常巨大而不可接受，或者过分地简化而使分析结果与实测结果相去甚远。因此，对于重大工程结构而言，传统的单一分析尺度内的模拟和计算已经无法达到结构损伤分析的目标，同样存在多尺度模拟和计算的需要。在这里，涉及的空间尺度量级应该为微 / 细观尺度到宏观尺度，同时涉及损伤从材料层次、构件层次向结构层次的递进发展。但是，目前有关复杂土木结构多尺度损伤演化过程的时空多尺度模拟与分析方法的研究还很少见到，更缺乏系统的论述与足够的关注。近年来在大跨桥梁结构空间多尺度模拟方面的初步研究表明：结构多尺度力学问题与材料多尺度力学问题之间既存在共性的问题，也有其个性化特点和难点问题。

与材料的多尺度破坏现象类似，结构的劣化也是从局部开始。但是结构多尺度破坏同时也是跨层次的过程，而且重大工程结构的多尺度破坏演化机理与结构构造密切相关。钢结构与钢筋混凝土结构是现代重大工程常用的两大类结构，它们在多尺度建模理论上有区别：前者必须重点关注源于结构高内力区的焊连接部位细观缺陷的损伤演化，后者应关注关键的承重、传力构件的易损局部中混凝土内部的细观裂纹及其与钢筋之间结合面上的界面缺陷。但从离散化角度看其共性特征都是：结构性能由结构的整体刚度矩阵的性质来决定，不同基本构造类型的结构局部损伤演化，在开始时对应的都只是整体刚度中一个很小部分的变化，但这个“很小”的变化最终却可能导致庞大结构的失效。局部的损伤特性是如何影响结构整体失效性能的，这是一个亟待探讨的关键科学问题。结构最终的破坏常常是非常突然的灾难性行为，即临界敏感性（critical sensitivity）。对于重大工程结构而言这一点比材料的失效更为可怕，结构中多尺度损伤演化过程在不同层次上的临界敏感性表现为：脆弱的稳定状态随时可能被突发过载造成损伤演化的“跃进”而打破，使得损伤演化从材料或构件层次突然上升至上一层次造成突发灾难。

应该指出，“结构多尺度”与“材料多尺度”是序列多尺度途径下对同一数值模拟问题的工程性分离，它们应统一在同一协同多尺度模拟问题中。上述结构多尺度力学问题中关注的“焊连接部位细观缺陷的损伤演化”和“混凝土内部的细观裂纹及其与钢筋之间结合面上的界面缺陷”本质上均是在协同多尺度模拟问题中某一尺度上的“材料多尺度”力学问题。

多尺度分析要求建立基于材料介观结构及其力学响应、表征材料连续体局部宏观力学行为和破坏过程的本构模型。混凝土与岩土等土木工程材料作为颗粒材料在材料性质上具有高度非均质、随机，以及在细－宏观尺度的离散与连续双重属性。鉴于材料介观结构的复杂性及其在结构高应变区（如应变局部化区域）随荷载历史的剧烈演变，建立基于介观尺度非线性本构行为精细描述而导出的宏观本构关系的闭合形式通常不可行。需要依靠计算多尺度方法，特别是协同计算多尺度方法。

合理表征和正确处理多尺度问题中的耦合与关联是解决土木结构工程中多尺度问题的关键，也成为正确获取复杂系统演化规律的重要途径。针对大型结构变形、损伤和破坏过程的时空多尺度模拟与分析方法的研究包含的重要科学问题有：不同物理层次数学模型之间的联系与区别，不同物理层次数学模型的耦合机制，不同模型“握手”区域的无缝连接，处理时间多尺度的高效算法等。

此外，对于大型组合结构的地震响应分析，采用宏观模型具有计算高效的优势，但却难以反映结构破坏的微观机理；微观模型的建模和计算工作量巨大，对计算软硬件条件要求高。因此，多尺度模拟和计算可兼顾低计算花费和高精度的需要，并成为新的研究方向。多尺度模型指整个分析模型由不同尺度的模型构成。根据结构构件或节点的复杂程度和破坏过程中的非线性程度，选择适当尺度的分析模型，并实现不同尺度模型之间的协同计算。对于受力复杂、破坏严重的关键构件和节点采用微观模型，而其他部分采用宏观模型，选择合适的约束条件和连接方式，使得宏观模型与微观模型协同计算，则可更好地研究结构的整体受力特征和损伤演化微观破坏过程。大型复杂结构多尺度动力分析需解决的重点问题包括：材料多尺度失效与破坏机理，结构动力响应的时空多尺度模拟方法，结构多尺度模拟的连接与关联算法，结构多尺度分析中的不确定性传播与量化。

众多不同的多尺度途径可归为两类：协同（concurrent）和层级或序列（hierarchical 或 sequential）尺度联结途径，二者所关注的问题差异显著。在协同途径中，不同尺度的模拟同时进行，如连接尺度方法（bridging multiscale method）和计算均匀化方法（computational homogenization method）。在层级或序列途径（如渐近均匀化方法）中，每个尺度的模拟分别进行，由细尺度域在预设条件下数值模拟确定的本构行为作为“粗略”响应上传给粗尺度；与协同途径比较，它节省计算工作量，但由宏观尺度的计算给出微结构层次的力学响应还需更多的研究。这两类多尺度途径既可以应用于不同尺度的遵循不同物理规律的问题，如宏观尺度遵循连续介质力学，微观尺度需要采用分子动力学，也可以应用于宏观尺度和微观尺度都采用连续介质力学的情况，如分析大型复杂组合结构时，我们可以在低层次上将具有复杂芯层和面层的复合梁板壳均匀化为等效的宏观各向异性构件，建立高效的分析方法。

当然，土木工程领域也有涉及从原子直至复杂结构尺度上不同物理机制的耦合和关联的问题。在每个尺度建立反映尺度特征的物理模型，制定相邻粗 - 细尺度间的信息上传与下传规则，合理表征和正确处理多尺度问题中的耦合和关联，是解决土木工程中跨尺度与多尺度问题的关键，也成为正确获取复杂系统演化规律的重要途径。跨尺度与多尺度问题已经迅速成为各门学科研究的热点和前沿。在宏细观连续体层次的多尺度分析方面，国内外学者发展了诸多的多尺度耦合模型和算法，如子结构方法、多尺度均匀化方法、多尺度有限元法、多尺度有限体积法及非均质多尺度方法等。在结合原子与连续体层次的耦合多尺度方法研究方面，基于材料和结构问题所蕴涵的跨尺度与多尺度特征，国内外学者也提出了包括准连续介质方法和连续介质 - 分子动力学耦合方法等为主的多种跨尺度与多尺度算法。针对土木工程中典型的工程材料 - 颗粒材料发展了宏细尺度连续体 - 离散颗粒集合体耦合方法、利用有限元 - 离散元耦合数值算法的计算多尺度方法。在这些方法中，如何将不同物理层次的数学模型进行耦合或连接，如何保证连接区域场变量的一致性，如何保证系统的能量和动量守恒等问题仍然没有得到很好的解决。此外，目前这些国际上方兴未艾的跨尺度与多尺度分析大多是针对材料特性的分析需求而展开的，离实际工程应用尚有很大的距离。而针对大型结构变形、损伤和破坏过程的时空多尺度模拟与分析方法的研究更为少见，尚缺乏系统的方法。所以，从材料的纳观和微观层次特性，到构件的宏观层次行为，再到整个大型结构的力学性能分析，需要加强结构多尺度力学理论和方法的深入研究。

白以龙等指出，对准脆性固体损伤演化诱发灾变破坏的非线性多尺度动力学过程的理解，是涉及自然界和实际工程中的灾害，如地震、滑坡、地下工程失效等预防预测的基础性问题，也是工程力学领域面临的新挑战（郝圣旺等，2014）。在传统的弹性力学、塑性力学范畴，很难找到问题的答案和解决办法。地震等重大灾害常发端于很小的尺度。另外，聚集量是众多小事件在宏观上的反映，其可能会呈现出共性前兆行为。所以，理解损伤演化诱发灾变破坏过程中的跨尺度关联和动力学过程，是探索新理论与新方法的基础性问题。在德鲁克公设（Drucker postulate）之外的非稳定阶段，每个点均可能产生分叉。这种分叉通常伴随着内部结构的演化，如局部化区的演化。实验室结果表明，脆性固体破坏前，局部化是一个普遍的前兆行为，局部化区尺度与灾变破坏之间存在着直接关联。但是，局部化演化的动力学过程还是一个有待深入探索的课题。

固体损伤演化存在三种典型局部化带，即膨胀带（dilatant bands）、剪切带（shear bands）和压缩带（compacting bands）。所以，局部化区不能归结为常规意义上的剪切带，它可能是多个剪切带或高损伤区构成的变形（或损伤）高度集中的区域。但是，局部化区形成过程中存在着多种机制的相互作用，是一个损伤在时空上串级的复杂过程。基于局部化区预测灾变破坏，还有许多关键问题有待探索。其中的一个重要问题就是灾变破坏前会形成多个潜在的高应变区构成的斑图，最终的宏观破坏与高应变区的发展演化特征密切相关。局部化斑图演化存在两个重要现象：一个是高损伤（或变形）区的串级和相互作用；另一个是主导性高损伤（或变形）区的相互竞争。因此，哪种局部化演化模式会最终诱发宏观破坏，还需要更深入地去探索局部化斑图演化的动力学过程。理论和试验结果表明，聚集量的响应函数在灾变破坏前会呈现 −1/2 阶的临界幂律奇异性前兆行为。基于该幂律行为的时空演化特征，可以估计灾变破坏的敏感区尺度。这说明，研究灾变破坏前兆行为既是探索灾变破坏预测的一个重要方法，也是理解灾变破坏机理的重要途径。基于 GPS（全球定位系统）观测，将关于局部化与前兆幂律行为方面的认识应用于分析日本大地震（2011 年 3 月 11 日，日本本州岛）和中国汶川地震

（2008 年 5 月 12 日，中国汶川）的地表应变场斑图或前兆特征，可以对其应变能释放的敏感区域和量级进行估算，估算能量与地震波观测能量在量级上一致。这些结果表明，与准脆性固体灾变破坏一样，地震事件是自持过程，与准脆性固体损伤演化诱致灾变现象属于相同类型。对 GPS 观测数据空间分布的重构结果表明，汶川地震区域在震前变形增量加剧，变形增量梯度大，这与已有的准脆性固体损伤演化诱致灾变的研究结果相符。另外，结合准脆性固体的响应特征和板块匀速运动的近似假设，以震前观测和汶川地震时间作为后验，发现变形对时间的响应函数的幂律指数为 −1/2 的区域包含了汶川地震发生的区域，这个结果可能与灾变的幂律奇异性有关。白以龙等强调，固体的失效破坏是涉及断层破坏、岩爆等灾害的重要基本问题。这类重大灾害的相关基础性问题，对力学学科提出了新的需求，需要突破传统的力学范畴，需要发展新的力学理论（白以龙等，2007；郝圣旺等，2014）。德鲁克公设之外的非线性分叉行为的认知与刻画，细微观斑图演化的非线性动力学过程的理解，可能为该问题的探索提供基础性思路。灾变破坏前兆的提取是探索灾变破坏预测及其机理的一个重要途径。理解损伤演化诱发灾变破坏过程中的跨尺度关联十分关键。各种微观观测手段的联合使用，促进了对损伤演化诱致灾变破坏过程的认识和理解，也使得从宏观到微观多个尺度上来综合理解和解释相关现象及经验性结果成为了可能。

三、重要研究内容

1. 结构损伤破坏的多尺度分析模型与算法

结构变形、损伤和破坏的多尺度分析模型与算法；复杂受力条件下工程材料的损伤机制、宏观力学行为；基于材料介观尺度的离散颗粒集合体模型中非线性本构行为描述的宏观连续体材料损伤、塑性等破坏表征；结构多尺度模拟模型和算法的验证及软件平台；不同物理层次数学模型的耦合或连接机制；不同模型“握手”区域的无缝连接；结构损伤多尺度模拟和分析过程中不确定因素及随机敏感性。

2. 重大工程损伤演化机理和时空多尺度分析

结构损伤演化机理及其时空多尺度建模理论；结构多尺度损伤演化过程的计算方法及实现；基于检测 / 监测信息的结构多尺度损伤识别与模型修正；服役环境下重大工程结构性能劣化预后分析方法；结构多尺度损伤预后的不确定性分析及可靠性验证；重大工程结构安全预后系统集成及其应用。

3. 多尺度力学的基础理论和方法

固体强度与工程灾变中的多尺度力学表征理论和方法；准脆性固体损伤演化诱发灾变破坏的非线性多尺度动力学理论；不同时空尺度下的力学效应对固体强度和灾变的影响；跨尺度力学和关联的理论模型、计算多尺度方法和实验测量技术；高阶介质细观力学理论，塑性不均匀性的细观描述和塑性增量理论。

第六节 计算力学

力学和数学一直有着非常紧密的联系，在众多的学科门类中，力学以定量化为其特色。以有限元为标志的计算力学的诞生是20世纪下半叶应用力学发展中最主要的事件。计算力学将力学的基本理论和计算机强大的数值计算功能相结合，极大地提升了力学定量化解决工程问题的能力，并推动了整个技术科学和工程技术的定量化进程，如计算物理（电磁场理论、光学）、计算化学等的迅速发展和广泛应用。现在，计算力学也已经成为力学基础研究的一种有力手段，尤其在大规模复杂工程结构系统分析与设计、非线性力学和多物理场、多尺度力学研究中正起着不可替代的作用（Oden et al.，2003）。回顾从20世纪60年代至今的力学学科发展历程，我们看到，计算力学从不被多数人接受和重视，到今天人们普遍地使用该领域建立的理论、方法和软件工具，以有限元为标志的计算力学显示了其强大的生命力。在计算力学工具普及的同时，学术界也产生了一种误读。有人认为，从事力学研究的人都离不开计算，进而质疑计算力学的学科地位。深入分析国内外计算力学相关的出版物和研究成果可以看出，以连续介质力学为代表的力学理论，需要经过科学的离散化建模，并结合程式化的计算过程和矩阵代数形式语言，才能适应具有自动化操作功能的计算机，从而获得强大的数值计算能力。连续介质离散化的建模理论和方法，离散化模型的求解方法和理论，以及计算力学软件的实现都包含了大量需要研究的科学问题，也是计算力学的基本研究内容。随着计算力学的发展和工程需求的推动，以及连续介质的破坏、破碎、开裂行为分析与颗粒介质力学研究的需要，处理非连续介质的方法也受到重视并取得进展，成为计算力学的重要研究内容。

面对日益复杂的力学问题，力学的研究手段必须不断更新。快速发展的信息科学和计算技术将不断推动计算力学的进步。以计算力学方法为纲，集模型建立、数据测量、智能控制和力学计算为一体的力学研究手段正在形成。虚拟型号研制（virtual prototyping）的需求正促使力学在重大工程中由配角地位变为主角地位。与之对应，将推动一系列新的计算体系，大规模高性能的数值和智能算法，软件系统及其集成，计算可视化与虚拟仿真技术的发展。近 20 年来，一些新的计算力学方法，如无网格法、扩展有限元、等几何分析、物质点法、离散元法、数值流形元和光滑有限元（Liu et al.，2007）等快速发展，带动了工程数值模拟的理论和应用研究，促进了新兴计算方法与技术在工程科学领域中的渗透和实践。关于计算流体力学的内容已在本章第四节中有所论述，也可参考《中国学科发展战略 · 流体动力学》(2014 年)，本节不再赘述。

一、需求分析

1. 有限元法的新发展

计算力学研究的一个重要组成部分是连续介质力学的离散数值分析，有限单元法（FEM）自 20 世纪 50 年代被提出以来，已成为应用最广泛的连续介质离散化和数值计算方法（Turner et al.，1956；Zienkiewicz et al.，2005）。随着其理论的成熟和研究的不断深入，一大批功能不断完善、性能不断优化的商用有限元软件进入市场、推广及应用，有限元方法已经解决了大量的工程和科学问题，成为工程师和科研人员的常用工具。

有限元法的强大生命力除了在于其广泛的应用，还在于其严格的力学和数学理论。变分原理是有限元法的重要力学理论基础，包括最小势能原理、最小余能原理、两变量、三变量混合变分原理，我国学者胡海昌（1954）在这方面的工作具有重要的国际影响。基于不同变分原理及变分原理的弱形式，采用伽辽金法等推导有限元列式，在 20 世纪七八十年代，除主流的位移元，还涌现出大批不同类型的有限元，特别是基于胡 - 鹫津（Washizu）广义变分原理发展的杂交元（卞学鐄）和混合元（Simo，Belytschko）。在这一方向，我国学者唐立民等（1980）提出了拟协调元的基本思想，龙驭球等（2004）发展了广义协调与新型自然坐标法主导的高性能有限元。在有限元的列式方面，对于平面的三角形单元、空间的四面体单元，由于其网格生成相当方便，人们还在发展高精度，对单元形状适应性强的三角形、四面体低阶单元。板壳单元的 C^1 连续性、壳单元所具有的膜力和弯曲可能有不同的比值，这些困难都推动了新的更健壮的壳单元的研究。在连续体结构的动力学、非线性问题中，相关的时程积分格式也仍然在不断研究中。例如，在先进信息技术和工程力学实验技术结合形成的半物理仿真实验中，物理模型与数值模型的无缝实时对接要求采用更加高效稳定的时程积分算法。

有限元数学理论的发展是有限元方法成功的一个要素。Richard Courant于1943年提出将区域分解为有限个三角形的子区域，以求解圆柱体扭转问题的二阶椭圆偏微分方程（Courant，1943）。1965年，我国学者冯康发表了基于变分原理的差分格式，这是有限元数学理论的先驱性工作（冯康，1965）。我国学者石钟慈、林群、李大潜等的研究成果对有限元数学理论的发展都有重要贡献。在国家自然科学基金数学学科的基础研究项目中，有限元方法的数学理论仍然是前沿研究方向之一。

2. 有限元网格及无网格方法

有限元分析的一个最显著特点是使用预先定义好的网格将一个无限自由度的连续体离散成有限自由度的单元集合，从而获得复杂问题的近似解。对于相当任意的三维几何体，生成全六面体网格是一个尚未妥善解决的问题，目前仍有很多新的进展。与网格重生成相关联的误差估计与自适应有限元分析对于有限元法的工程应用与软件开发十分重要，有待深入研究。

然而，正是由于使用了网格使得有限元法在分析求解某些复杂非线性问题时也存在固有的缺陷。这些问题主要包括：金属材料冲压成形问题、高速冲击和爆炸问题、几何畸变及材料裂变问题、裂纹动态扩展问题、极度大变形问题、流固耦合问题、多相变问题、结构优化问题等。严重的网格扭曲、畸变或单元分裂，介质或其位移、应力的间断等，造成有限元方法在求解时遇到困难，通常需要不断地进行网格重划分，大幅增加了人工干预的工作量和计算时间。复杂的工程问题和结构模型，对于网格划分的速度和质量都提出了更高的要求，而且网格的改进并不能从根本上解决问题。有限元近似是基于网格的逼近，那么只要网格出现了问题就会直接影响到有限元的建模分析和计算求解。因此，如有限差分法、边界元法等其他一些依赖网格的数值计算方法也都存在类似的缺陷。

鉴于此，国际计算力学界从20世纪90年代开始兴起了无网格法的研究热潮，实际上早在40多年前就已经有了无网格方面最初的研究工作。与基于网格的有限元方法不同，无网格分析不再使用相互联结的单元来离散求解域，而是用一组点来代替，近似函数的构造借助于离散点来完成。因此，无网格法不需要网格的初始划分和重构，在保证计算精度的同时减小了计算的难度。另外，容易构造高阶形函数、易于实现自适应分析，以及其形函数具有高阶连续性等特点，使得无网格法对于传统数值方法很难解决的问题是个具有吸引力的选择。

3. CAD、CAE 的无缝连接和等几何分析

有限元方法和以其为基础的 CAE 软件，为机械零件和部件，以及土木工程中的杆件、结构和系统提供了高效可靠的力学及多物理场分析工具。以画法几何、工程图学和计算几何为基础发展起来的 CAD 软件，为零部件和结构的几何表示及建模提供了强大的工具。但是，为了高效地完成完整的分析设计过程，需要 CAD 和 CAE 的连接。由于 CAD 和 CAE 在建模方法及数据结构等诸多方面存在巨大的差异，虽然将两者无缝连接是很多商品化软件声称已经实现或将要实现的目标，但实际上这个问题尚未很好地解决。工业设计和工程分析过程中，大部分的时间和工作量花费在从物理模型到计算模型的转换上，而计算模型在细分或者优化过程中又需要不断地与 CAD 中物理模型的几何信息保持通讯。因此，怎样在不放弃底层几何的情况下省去繁琐而耗时的模型转换，直接基于 CAD 几何信息进行分析和优化，将其结果直接指导设计，成为工业界和设计界共同关注的问题。基于有效解决网格障碍的思路，同时又保留结构初始的几何模型，研究者一直致力于找到将几何设计和分析过程能够真正融合的新途径。

另外，CAE 中的有限元方法提出较早，可以追溯到 20 世纪 40 ～ 50 年代；而 CAD 中的样条技术出现较晚，在 20 世纪 70 ～ 80 年代，Cox 和 de Boor 提出 B 样条的便于计算的迭代格式。正是由于这种历史差异，造成 CAD 和 CAE 二者所涉及的模型对象不同。CAD 的通用描述语言为样条几何，而 CAE 的几何描述采用网格，过去的长时间里二者始终没有实现真正的无缝集成。直到 2005 年 Hughes 等首次提出等几何分析的概念，将工程结构的分析计算构架于精确的几何模型之上，摒弃现有的以网格为基础的有限元分析模式，从统一 CAD 与 CAE 的高度来进行工程分析与设计（Hughes et al.，2005；Cottrell et al.，2009）。

等几何分析方法基于等参思想，将表达几何模型的非均匀有理 B 样条（NURBS）基函数作为形函数，实现精确几何结构的分析。NURBS 由于其最高可以达到 C^{p-1} 连续的特点，使得等几何分析能够克服传统有限元方法通常仅有 C^0 连续性的弊端，可以方便地用来求解高阶问题。此外，等几何分析的细分操作具有保形性，细分过程独立实施且几何形状始终保持一致，即使是粗糙的细分水平也能保证精确的几何模型。在这样的框架下，工程结构的设计、分析和优化过程就有了统一的描述，三者之间可以形成最佳的配合方

式，有望 CAD/CAE 一体化的实现。

4. 破坏过程的数值模拟及离散单元法

土木工程材料既可模型化为连续介质，也可模型化为非连续介质（离散颗粒系统）；即使对于同一材料，如混凝土或岩土，在宏观和介观尺度也可同时分别建立连续和非连续介质模型。一般采用的数值模拟方法主要是基于连续介质模型和非连续介质模型两大类。对于连续介质模型发展的有限元方法，离散后单元间仍然保持着连续性。混凝土、岩石等脆性材料在冲击、爆炸、地震等动荷载作用下的破坏过程，是一个从连续到不连续直至破坏的过程，基于连续介质模型的离散化分析方法模拟此类问题并不合适。同时，在处理岩土工程中的断层、节理、裂隙这样的不连续结构面时也存在局限性，只能处理为数不多的不连续结构面。此外，针对颗粒流问题，如雪崩、沙丘演化、泥石流、滑坡等现象的研究，连续介质模型把颗粒流看成是由连续的物质所组成，用拟流体的方法加以研究。这种分析过分依赖高度简化的本构方程，忽略了颗粒介质并不满足连续性的假定和颗粒的物性参数，如粒径、形状及其分布等对颗粒流的影响。此外，颗粒材料受材料性质、流动速率和外界约束等因素的影响还会呈现出类固体或类液体的力学行为，而其在类固－液转化过程中的本构模型目前尚未确定。基于宏观的连续介质模型的数值方法分析此类问题会导致模拟结果与实际的偏离，应该采用更为有效的数值分析方式。

离散单元法是 20 世纪 70 年代初由 Cundall 提出的专门用于解决非连续介质问题的数值方法（Cundall，1971）。它的思想源于较早的分子动力学，最初的研究对象是岩石等散体材料的力学行为。自问世以来，离散元法在岩土工程和粉体（颗粒散体）工程这两大领域发挥着越来越重要的作用。此外，离散单元法已经扩展到求解连续介质及连续介质向非连续介质转化的力学问题，能够有效地模拟材料损伤和破坏的具体形式及破坏的整个过程（张楚汉等，2008）。近年来，随着高性能计算机和并行算法的发展，离散单元法愈发地显示出其巨大的应用前景和生命力。

二、国内外研究现状和趋势

计算机科学和技术的飞速发展将极大地推动计算力学的研究和应用，使大规模、高性能、非线性数值计算和设计仿真成为可能。考虑几何、材料、状态非线性的计算固体力学，流固耦合响应计算，结构及工程耦合系统的参数优化设计与控制，在解决土木、水利、岩土和交通等工程领域许多重大问题中将发挥重要作用。把力学理论、算法研究、软件系统和虚拟仿真技术结合起来，将已经在工业设计中推广的 CAD 技术和得到迅速发展的效能更高的 CAE 广泛地应用于工程领域，这不仅将极大地促进计算力学的发展，更会使一批产业得到本质的提升。这将是 21 世纪我国工程界提高竞争力的一个主要技术源泉。

近年来，在基本理论上，钟万勰（2006）发展了全新的计算力学辛求解体系。Belytschko 等结合断裂力学理论与有限元提出了扩展有限元法（XFEM），它为解决复杂断裂问题提供了新的计算工具（Moes et al.，1999；庄茁等，2012）。在国内外大力发展工程数值仿真和软件系统的形势下，无网格法、等几何分析、离散元法等新兴计算力学方法面临重大的发展机遇，并具有光明的前景。欧美学者重视与促进计算力学的工业应用和成果转化的做法值得我们借鉴参考，推动计算力学程序软件系统的研发和重大工程力学问题的解决是我们的研究目标。

1. 计算力学辛求解体系

经典分析力学是力学最根本的体系，拉格朗日方程、最小作用量原理、哈密顿正则方程、正则变换、哈密顿 - 雅可比理论等，是非常优美的理论体系，并且也是统计力学、电动力学、量子力学等基本学科的基础，但它们反而在计算力学中体现得不够充分。

从 20 世纪 80 年代末开始，钟万勰等建立了现代控制论与计算力学问题的相互模拟关系，在此基础上，围绕计算力学问题求解理论的变量空间构造、力学常微分方程的数值积分求解基本方法、非线性边界待定问题和动力学与最优控制的求解理论与算法等计算力学共性问题开展了一系列研究工作，为计算力学问题提供了新的求解方法（钟万勰，2006）。

在弹性力学的求解辛体系方面，20 世纪 90 年代初钟万勰（1995）证明了现代控制论的数学问题与计算力学问题是一一对应互相模拟的，其基础是哈密顿理论和辛对偶变量。通过引入原变量的对偶变量，将计算力学诸问题导入辛体系，系统地建立了计算力学的辛对偶求解理论与方法。辛求解体系改变了以往力学求解中大量运用半逆凑合法的传统，通过理性的推导可以求得许多传统半逆凑合法无法求解或难于求解的问题，提供了更为丰富的弹性问题分析解。采用辛求解体系，系统地求解了各向同性和各向异性平面问题、各向同性和各向异性薄板弯曲问题、各向同性和各向异性复合材料层合板、Reissner 板弯曲问题、平面偶应力问题、弹性地基板等问题，显示了辛求解体系的优势。在获得弹性力学分析解的基础上，基于辛本征解，针对裂纹断裂问题，构造了一系列的高性能解析奇异单元，包括含裂纹与任意V型切口等平面与薄板弯曲问题的解析奇异单元、裂纹面受任意荷载问题的奇异元、双材料混合型Dugdale模型的奇异元、界面裂纹表面含桥联力分析的奇异元等。

力学问题抽象为数学物理模型后，边界待定的问题大量存在，如力学中的弹塑性接触问题。在物体受力后，其内部既产生了弹性区又可能产生塑性区，而交界面是待定的，同时在接触交界面处，两个物体的实际接触区域也是不能事先给定的，采用经典变分原理表述这类问题时，它们所构成的泛函不可微，这就导致许多数学方法的运用发生困难。钟万勰等基于现代控制论中的极大值变分思想，将边界待定问题转化为系统控制问题，从模拟关系的角度创造性地提出了适用于非线性固体力学中弹塑性与接触问题分析的参变量变分最小势能与最小余能原理。其特点是本构关系不再像经典变分原理那样隐含于能量泛函之中，而是以状态方程的形式体现，作为对所求解系统的控制施加于整个变分过程，从而建立了非线性固体力学问题计算的参变量变分原理。与经典变分原理相比，参变量变分原理应用范围广泛，它不受Drucker公设的制约，可方便地对材料软化、带内摩擦材料的非关联流动、弹塑性耦合材料的不可逆流动、摩擦接触物体相互间的非法向滑动等问题进行求解，为高效稳定的参数二次规划算法构建奠定了理论基础。参变量变分原理已被广泛应用于计算力学中的非线性问题求解，包括三维各向异性接触问题、热耦合接触问题、动力学弹塑性问题、颗粒材料与复合材料非线性多尺度计算、聚合物力学性能计算的高性能单元构建、Cosserat体分析、梯度塑性模型求解、柔性网膜与纳米层次微细观计算的范德华力广义参变本构模型的建立等多个方面。

在结构动力学初值问题的精细积分算法方面，结构动力学初值问题的时间积分是计算力学中的一个核心问题，积分方法的精度、稳定性和效率对于数值分析的整体效果至关重要。传统差分类算法是常微分方程数值积分通常采用的方法，各种不同的差分算法的精度、稳定性和收敛性各不相同，在数值计算中总会面临一些难点问题，如稳定性问题、刚性问题等。区别于传统的差分类数值积分方法，以精确计算矩阵指数函数为基础，提出了结构动力学等初值问题分析的精细积分方法。通过引入对偶变量，动力问题的二阶微分方程可变换为一阶微分方程，其解可以通过Duhamel积分解析表示，Duhamel积分中的核函数为矩阵指数函数，精确地计算出矩阵指数函数，即可得到高精度的动力积分方法。在数值积分过程中，基于加法定理构造的精细积分方法通过仅计算和存储过程中增量的技巧，将计算过程中的截断和舍入误差降低到计算机精度之外，从而能够给出计算机意义上的精确解，并能在合理的积分步长范围内不发生稳定性和刚性问题。该方法不仅是显式积分格式，并且是无条件稳定的，这突破了差分类算法一般只有隐式格式才具有无条件稳定性的限制。同时，精细积分算法还具有零振幅衰减率、零周期延长率、无超调等优点。由于算法的优异性能，能够获得远远优于传统差分算法的数值结果，特别是在处理刚性动力问题时具有差分类算法无可比拟的稳定性和高精度。精细积分方法已被广泛应用于结构动力学、控制理论、弹性力学、随机动力响应分析、动力弹塑性硬化和软化问题、Floquet 传递矩阵计算、对称和非对称 Riccati 微分方程求解、波传播问题、动力刚性问题、周期结构能带分析等领域。

在力学中边值问题分析的辛传递理论及其精细积分算法方面，刚度矩阵是计算力学边值问题有限元分析的基础，在应力集中问题或复合材料分析中，采用有限元离散的位移法时，常常需要在局部采用精细的有限元网格，但稠密的网格会导致刚度矩阵发生严重的数值病态，给数值模拟带来不可估计的误差。例如，一维两端边值问题，其核心是传递矩阵的计算，采用位移法时在一些情况下会产生严重的数值稳定性问题。边值问题中还存在大量的本征值问题，需要求解高阶非线性代数方程组或超越方程，由于这些方程的性态非常复杂，采用通常的迭代算法求解，很容易丢根。钟万勰团队以哈密顿和辛理论为基础，提出了混合能概念，区别于势能和余能给出的下限和上限解，混合能给出的解位于它们之间，精度更高，而且有限元网格可以精细划分而不产生数值病态。他们的研究表明传递矩阵具有辛结构，揭示了能量传递性质与辛数学结构之间的深刻关系，给出了代数 Riccati 方程与功率流的联系，从而能够以更简洁和统一的数学形式处理两端边值问题。并且通过混合能的概念，揭示了传统数值方法计算传递矩阵数值不稳定的原因，以此为基础提出了边值问题精细积分算法，成功地解决了一直困扰人们的数值病态问题，算法稳定可靠，计算效率高。在此基础上，进一步将精细积分算法和求解本征值问题的单变量的 W-W 算法相结合，利用混合能和辛几何的概念，发展了基于对偶变量的扩展 W-W 算法，它可精确、高效地求解结构振动、波传播、周期结构能带分析等大量本征值问题，保证不会遗漏任何本征解，算法可靠、鲁棒性好。

在动力学与最优控制问题的辛方法方面，基于计算力学与现代控制论的模拟关系，将结构力学中的混合能变分原理和子结构凝聚算法移植到最优控制领域，形成了黎卡提方程的精细积分法，获得计算机上的精确解。建立了 H_∞ 鲁棒控制问题与结构振动和屈曲问题之间的联系，H_∞ 鲁棒控制问题最优范数的计算可转换为 Raleigh 商问题，并基于两端边值问题的精细积分方法，给出了最优范数可靠、精确的计算方法。在此基础上，建立了大系统 H_∞ 分散控制与动力子结构分析的模拟关系，从而可将模态分析与综合的整套理论移植到 H_∞ 分散控制中。基于模拟关系、对偶变量变分原理和离散正则变换，对非线性哈密顿动力系统构造了不同类型的保辛算法，并提出了微分－代数方程的保辛算法，它避免了微分－代数方程求解中的指标问题，能精确满足位移和速度约束，为刚柔体动力学分析提供新的方法。

经过近 30 年的发展，计算力学的辛求解体系已取得丰富的研究成果，但还有很多研究方向值得深入探索。例如，三维弹性静力学、弹性动力学和黏弹性问题的辛数值求解方法需要深入发展；针对断裂、屈曲等重要力学问题，建立基于辛求解体系的高性能有限元，并发展与其他成熟数值方法相结合的技术，以充分发挥辛求解体系的优势；针对非线性动力学和控制问题，特别是刚柔耦合系统、有约束动力系统等，发展高性能的保辛算法；充分利用力学问题的物理特性，发展高效率的精细积分算法。

2. 无网格方法

无网格法萌芽于 20 世纪 70 年代的光滑粒子流体动力学方法（smoothed particle hydrodynamics，SPH），而形成于 90 年代。1992 年 Nayroles 等将移动最小二乘（moving least-squares，MLS）近似（插值）引入到数值分析，提出了漫射元法（diffuse element method，DEM）；1994 年 Belytschko 等对该方法做了两点重要的改进，并称之为无单元伽辽金法（element-free Galerkin，EFG）。他们展示了 EFG 方法优于传统有限元法的计算精度和收敛性（Belytschko et al.，1994），引发了广泛关注，掀起了此后延续至今的无网格法研究热潮，标志着该类方法的正式形成。在此后 20 余年的发展中，有几十甚至上百种无网格法被提出，如 Liu 等（1995）的可再生核粒子法（reproducing kernel particle method，RKPM）、Onate 等的有限点法（finite point method，FPM）、Atluri 等的无网格局部彼得罗夫－伽辽金法（meshless local Petrov-Galerkin，MLPG）、Liu 等的径向点插值法（radial point interpolation method，RPIM）等。

无网格法区别于传统有限元法的主要特点是：一方面，它的近似函数（节点形函数）仅基于离散点，无需网格单元，因而在很大程度上可以缓解困扰有限元法的网格扭曲问题，如 Chen 等的研究工作表明无网格法可以十分方便地应用于金属铸压成型的大变形分析；而且，由于局部加密只需加入节点而非单元，因而在自适应分析中极具优势；此外，在一些特殊应用中也独具优势，如在裂纹扩展分析中无须处理裂纹面与单元边界的匹配问题等。另一方面，众多的无网格法节点形函数具有全局光滑、高阶可导的共性。与此形成鲜明对比的是，传统有限元法节点形函数仅为连续函数，不具有全局的光滑性，不能求高阶导数。高阶光滑性给无网格法带来的是高收敛性和高精度（尤其是对于应力场而言），这是无网格法相较于传统有限元法的主要优势和特点之一。

无网格形函数在具有上述优点的同时，也会带来一些困难，主要有两个：其一为大部分无网格形函数不具有 Kronecker Delta 性质，即节点形函数在自身处值不为 1，在其他节点处值也不为 0，这给施加本质（位移固定）边界条件带来困难；其二为无网格形函数的丰富性和光滑性导致对其实施精确的区域积分十分困难。在过去的 20 年中，各种各样的方法和技术被提出用于克服这两种困难，成为无网格法学术发展的两条主线。

为方便准确地施加本质边界条件而发展的各种方法大致可分为两类：其一为修改弱形式类方法；其二为保持弱形式不变，边界条件仍然如有限元法一样在边界节点处直接施加。第一类方法代表性的研究工作有 Belytschko 等发展的拉格朗日乘子法、Atluri 等提出的罚函数法及 Huerta 等发展的 Nitsche 法等。该类方法的共性是它们都通过向弱形式中引入额外项达到施加本质边界条件的目的，这样操作的优点是无网格形函数可以保持不变。然而，该类方法的缺点也很明显，如拉格朗日乘子法使得系数矩阵丧失了带状、正定的性质、罚函数法的求解精度依赖于罚系数的选择，以及 Nitsche 法的弱形式不具一般性等。第二类方法代表性的研究工作有 Chen 等发展的变换法、Belytschko 等及 Huerta 等发展的与有限元耦合法、Liu 等发展的修正配点法、Kaljevic 等提出的奇异权函数法等。该类方法的优点是弱形式保持和有限元法一样，没有额外项，边界条件能如有限元法一样在边界节点处直接施加；缺点是该类方法大多只能保证边界条件在边界节点处得到精确满足，而无法保证其在边界点之间也能得到满足，而且它们大多需要对边界附近的无网格形函数做出调整，而这往往会牺牲掉无网格法的某些特性，如形函数的高阶光滑性等。可见，这一困难还没有得到彻底解决，还有待于后续深入的研究。应着重指出的是，表面上看，不满足 Kronecker Delta 性质导致了该困难；实则不然，已有数种方法能够在边界处为无网格法恢复 Kronecker Delta 性质，但本质边界条件仍然不能得到精确施加。注意到，有限元法中内部节点的形函数在边界上值为 0（即无影响），而无网格法中则不是这样，内部节点的形函数对边界有影响（即值不为 0）。无网格法的这种非局部特性才是导致施加边界条件的本质困难所在，是后续工作须着重研究的问题之一。

针对前述区域积分的困难，直接的做法就是使用高阶的积分格式，即使用大量积分点。然而，这将导致无网格法的计算效率极其低下而无法应用于实际工程问题的数值分析。更为严重的是，由于无网格法的节点形函数是非多项式的有理函数，即使使用大量积分点，也不能做到精确积分，因而仍然会造成精度的降低，甚至稳定性的丧失。为避免区域积分，一个自然选择就是使用配点格式，即让控制方程仅在节点处严格满足。然而，配点型无网格法常常是不稳定的，须采用各种各样的稳定化机制，如清华大学张雄等发展的引入辅助点的方法等。配点型无网格法的另一缺点是它的刚度阵不对称。因此，目前诸多的无网格法仍然与有限元法一样使用伽辽金弱形式，即让控制方程在积分意义上得到满足，因而仍然需要完成区域积分。为减少积分点数目，多种行之有效的方法脱颖而出。Belytschko 等首先提出了节点积分的概念，即仅选用节点作为积分点。为消除由此导致的不稳定性，他们向弱形式中引入了一个带有人工参数的最小二乘稳定项。虽然稳定性得到了加强，但是求解精度依赖于人工参数的选取。Nagashima 及 Liu 等先后基于函数的泰勒展开理性地引入稳定项，避免了使用人工参数，但是方法的精度仍然不令人满意，尤其是对于高阶无网格法。Rabczuk 等还通过在节点之间引入辅助点来增强稳定性，发展了应力点积分方法。但是，该方法仍然不够稳健，常常导致应力场的虚假振荡。为此，Duan 和 Belytschko（2009）还通过向弱形式中引入额外的稳定项发展了稳定的应力点积分方法，但是仍然需要选择合适的人工参数。

到目前为止，在无网格法领域使用最广泛的高效积分方法是 Chen 等（2001）通过应变光顺技术发展的稳定相容节点积分方法（stabilized conforming nodal integration，SCNI）。该方法的优点是可以精确地通过线性分片试验，而且不引入任何的人工参数，因而获得广泛青睐。然而，段庆林等指出该方法不能通过二次分片试验，因而不适合于高阶的无网格近似。为此，他们构建了一个包含近似微分一致性（differentiation of approximation consistency，DAC）和离散散度一致性（discrete divergence consistency，DDC）的高阶无网格法导数修正的一致性框架，为导数修正提供了统一准则和普适公式。进而还在该框架下为二阶无网格法发展了二阶一致三点积分方案（quadratically consistent 3-point integration，QC3），可精确通过二次分片试验。与直接积分方法相比，该方法不仅大量减少了积分点数目，同时还显著提高了高阶无网格法的计算精度和收敛率，因而极大地提高了计算效率。该方法与泰勒展开技术相结合还可进一步发展一点积分技术。2014 年，他们还基于胡 - 鹫津变分原理理性导出了上述导数修正的一致性框架，并由此提出了一致性无网格法，仅使用少量积分点，却可一致性地精确通过各阶分片试验，具有高效、高精度和高收敛的优点（Duan et al.，2014）。与此相较，经典的无网格法使用大量积分点，却不能精确地通过分片试验。因而，一致性无网格法是近期该研究领域的代表性工作之一，具备较好的发展潜力。应着重指出的是，守恒方程背后的数学原理是散度定理，因而一致性无网格法引入的离散散度一致性对于数值求解守恒方程具有普遍意义。

经过 20 余年的发展，无网格法已取得了长足的进步，并应用于解决各种各样的力学问题，如裂纹扩展、大变形、结构优化等。但是，由于上述两个根本困难还没得到彻底解决，无网格法的大规模工业应用仍然未能实现。更好地解决其瓶颈问题、开发出可用于大规模工业分析的无网格法商业软件成为进一步发展的关键。尤其值得注意的是，近来新兴的基于非局部作用思想建立模型，并通过空间积分方程描述物质力学行为的近场动力学（peridynamics）方法在分析宏 / 微观不连续力学问题时引发了极大的关注，而 Liu 等的研究已表明无网格法与近场动力学方法具有天然的联系（Bessa et al.，2014）。因而，与近场动力学方法的自然结合将进一步加强无网格法的优势，使得其在计算力学领域大有可为。

3. 等几何分析

等几何分析最早由 Hughes 等在 2005 年提出，该方法旨在摒弃现有的以网格为基础的有限元分析模式，将工程问题的分析和计算构架于精确的几何模型上，实现 CAD 和 CAE 的融合与统一（Hughes et al.，2005）。等几何分析的思想被提出后，迅速地在工程科学界引起了很大的反响，学者在构造分析适合的几何、基函数构建、数值积分、边界条件处理及推广应用等方面开展了大量深入的研究工作。目前，该方法已成功应用于结构力学、固体力学、流体力学、生物力学和接触力学等，且国内外学术界掀起了一阵等几何分析方法研究的热潮，与其相关的多篇论文，在工程力学领域国际期刊论文被引率名列前茅。

等几何分析提出伊始，只适合处理较简单的 NURBS 几何，无法处理复杂的 CAD 模型。随着算法的成熟和研究的深入，目前已可以实现复杂拓扑结构的剪裁样条等几何分析。在基函数构建方面，NURBS 最早被用于等几何分析方法中，它具有非负性、单位分解性、基函数线性无关性和局部支撑性等优良的数学性质，因此 NURBS 成为等几何分析中最常用的基函数形式。考虑到有效的误差估计和适应性算法的发展，随后研究者将 T 样条技术引入到等几何分析中，用于简单的流体和结构力学计算，其局部细分的功能可以进一步提高等几何方法的计算效率。T 样条是 NURBS 的扩展，除继承了一些原有特点外，还能消除曲面连接处的间隙或重叠等，适于处理复杂几何的拼接造型设计和分析问题。此外，层次 B 样条、三角形 B 样条及其他的样条技术也被用于特定问题的等几何分析中。

等几何分析作为一种新型数值方法的出现，给迫切需要高精度和高性能算法的工程科学计算投射了新的曙光。结构设计模型中的几何连续性可以自然地保留到计算物理场中，这样不仅提高了数值解的精度，而且节省了计算工作量。等几何分析与传统有限元方法相比，其显著特点主要包括：①分析计算直接基于精确的几何模型，不丢失几何精度；②细分过程实施方便，且 k 细分得到的单元具有 C^{p-1} 连续性，求解精度更高，计算更有效；③ NURBS 具有变差缩减特性，避免了高阶拉格朗日多项式插值出现的剧烈振荡现象；④几何和分析采用统一的描述，简化了模型转换的中间过程，有望实现结构设计、分析和优化的一体化。

等几何方法在结构分析和动力学问题上取得了丰硕的成果。NURBS 基函数的光滑性为板壳单元的直接构造提供了便利，且等几何板壳单元展现了较弱、有时可以忽略的数值闭锁现象。对于结构振动问题，等几何分析独有的 k 细分方法可以保证单元之间的高阶连续性，求解精度比传统有限元法有很大提高。

基于等几何分析的工程结构优化设计是研究者重视的一个热点问题。传统基于网格的结构响应分析和灵敏度计算会存在网格近似引起的精度问题。等几何分析抛弃网格的思想避免了形状优化问题繁琐的参数化过程和耗时的网格重划分，将控制点信息作为设计变量可以有效解决不规则边界造成的不现实设计等。此外，优化结果以有限元网格的形式表达需要额外的后处理与 CAD 系统进行数据交换。然而，等几何分析将几何、分析及优化设计有效地纳入到相同的框架下，采用统一的描述方式，对于结构优化问题研究是合适的选择。

等几何分析在流体及流固耦合问题中的应用是研究的一个重点问题。NURBS 基函数跨单元间高阶连续性和变差缩减性保证了其不会产生传统拉格朗日元易出现的“Gibbs”现象，并且样条函数能精确描述光滑的几何形状及更真实地反映实际物理场。因此，该方法非常适合于高阶微分方程问题的求解，可方便地应用于流体、流固耦合方面的研究。构造等几何分析适合的几何也是研究的重点内容之一。虽然 NURBS 是描述工业产品几何形状的标准技术，但由于其单一的拓扑结构导致其无法描述复杂的结构模型。因此，研究者发展了一系列诸如 T 样条的适合等几何分析的造型技术。T 样条比较适合表征复杂的几何，然而 T 样条基函数通常不是线性独立的，可能导致刚度矩阵病态，因此提出了构建分析适合的 T 样条的思想。此外，基于现有的剪裁 NURBS 几何，非协调的样条几何及体积参数化等几何造型技术也随之发展。

基于等几何分析的软件平台技术是极具应用前景的研究方向。目前，国际上尚无商业化的等几何分析软件。等几何方法与有限元方法具有很多相似之处，因此可以借助于成熟的有限元算法框架，有效融合 NURBS 或 T 样条基函数理论，开发结构设计、分析与优化一体化的等几何分析软件平台。对于工业界和设计界来讲，它无疑具有重要的意义。

等几何分析方法在具有很多优点的同时，仍存在着一些需要深入研究予以解决的问题。例如，一方面，与无网格法形函数类似，等几何分析中的 NURBS 基函数一般不具有插值特性，直接在控制点处施加本质边界条件会引起明显的误差。因此，研究者提出增强处理本质边界条件的方法或是采用 Nitsche 法施加。另一方面，等几何分析依赖于几何边界表示（B-Rep）模型，复杂剪裁几何直接用于分析将会引起兼容性问题。相比于 B-Rep 模型，构造实体几何（CSG）模型能以更直观和有效的方式构建实际结构，因此在大多情况下更适合工程设计过程。

4. 离散单元法

离散单元法（DEM）是一种基于非连续介质力学的数值方法，最初被用于分析岩土材料的力学行为等问题。Cundall 和 Strack（1979）首先开发了二维颗粒离散元程序，并被广泛应用于散体颗粒的力学行为分析中，得到与实验非常吻合的结果。随后，研究者对离散元法进行了广泛而深入的研究，其单元的模型有了各种改进，包括椭圆和椭球模型、超二次曲面模型、块体模型和扩展多面体模型等，使得对颗粒几何形态和力学特性的描述有了明显的改进。这个尺度层次的研究致力于发展两个直接相邻接触颗粒间相对位移与相对接触力的率无关和率相关的线性与非线性本构关系。近年来，一些学者开始发展具有黏接－破碎（解簇）性能的离散单元法，研究和探讨连续介质及连续介质向非连续介质转化的力学问题，如混凝土等脆性材料在动荷载作用下产生的损伤和破坏、海冰与海洋结构物相互作用时的动力破碎等。与基于连续介质模型的有限元等数值方法比较，离散元法在理论和算法上都处于不甚完善的阶段。

一个接触颗粒对不能描述离散颗粒集合体的介观结构及其演变。因此，需要致力于含一定数量颗粒的具有典型介观结构的离散颗粒集合体表征元的物理和力学现象研究。而且深入研究接触力链结构及其演变、颗粒材料受限破碎中的自组织（self organization）作用、颗粒物质堵塞现象等；研究基于介观信息的宏观等价连续体的各向异性本构行为；探索宏观等价连续体的塑性、损伤等材料局部破坏规律。

由于离散元方法采用显式差分格式，其较低的计算效率是影响其工程应用中大规模计算的制约因素。离散元低效计算的一个重要原因是单元接触搜索中的繁琐迭代过程。如何有效地提高颗粒单元的接触搜索效率一直是离散元研究的热点。这对于复杂形态颗粒的离散元分析尤为重要。为解决颗粒材料数值计算中的计算效率和计算规模问题，近年来，已有工作致力于发展基于细－粗颗粒模型严格连接的多尺度粗粒化（coarse graining）方法。基于多核 CPU 并行计算和高性能 GPU 的离散元计算在近年来取得了迅速的发展，计算规模已达到 10^7（千万级）单元。虽然如此，受颗粒形态、接触模型、颗粒与流体、颗粒与工程结构的耦合模型和计算规模等因素的影响，离散元方法及相关计算软件在面向工程应用时，其在计算精度、计算效率等方面仍面临很大的挑战。

跨尺度和跨学科问题是离散单元法当前研究的重点。近年来发展壮大的无网格方法与离散元既有联系，又有区别，离散元法具备了无网格法的许多特征，这对算法的有效融合具有重要的意义。颗粒元的应用现已不仅仅局限于力学领域，还可以应用于同力学相关的其他学科中。由于它可以突出地表现颗粒的个体性质，而不像连续介质模型那样过分地依赖于高度简化的、规定性的本构关系，因而在处理复杂颗粒流时表现出较强的精确性和适用性。离散元法与有限元法、边界元法等有机结合起来，会发挥各自的长处，可以极大地扩大这些数值方法的适用范围；离散元法与分子动力学方法、无网格法及其他粒子方法等新兴算法具有很大的相似性，有助于建立这些算法的统一平台；此外，当颗粒材料处于流体环境之中时，还需要发展离散元－流体动力学的耦合分析方法。不同算法的通用化和统一化所产生的通用计算平台可以大大地扩展算法的应用范围，由此可见，离散元与其他算法的融合是其未来发展的必然趋势。

离散元计算软件的通用发展是今后研究的一个趋势。目前，离散元商用程序比较有名的要属 ITASCA 集团公司开发的二维 UDEC 和三维 3DEC 块体离散元程序，基于二维圆盘和三维圆球单元的程序 PFC2D 和 PFC3D，以及英国 DEM Solutions 公司研发的 EDEM 等商业软件；此外，奥地利 Johannes Kepler Linz 大学的 LIGGGHTS、澳大利亚 Queensland 大学的 ESyS-Particle、法国 Domaine 大学的 Yade 等离散元分析软件分别在颗粒材料热传导、流固耦合、多面体单元等方面具有独特的性能。我国离散元方法和相关程序软件的发展源于 20 世纪 80 年代在岩土力学中的应用，即由东北大学研发的 2D-Block 和 TRUDEC。近年来，中国科学院力学研究所、大连理工大学、北京大学、中国科学院过程工程研究所、吉林大学等研发了 CDEM、SDEM、SUPER-DEM 等离散元程序。特别是高性能 GPU 计算技术在离散元计算中的应用有力地促进了离散元大规模计算的发展。虽然我国有关离散元方法及其工程应用的研究取得了诸多进展，但均为专业性很强的离散元软件，在算法、前后处理系统、物态方程及材料数据库等方面同有限元商业软件的泛用性相比，尚有一定差距，仍需展开进一步的研究。

三、重要研究内容

1. 计算力学辛体系和新型有限元

三维弹性静力学、弹性动力学和黏弹性问题的辛数值方法；周期性结构的辛计算方法；基于辛体系发展高性能有限元，特别是面向几何、物理、接触非线性问题的有限元理论与算法；刚柔耦合系统、约束动力系统的高性能保辛算法；辛体系在流体力学中的推广应用；结构动力学和波动问题的高效率精细积分算法及高性能时程积分法；壳体应力位移和屈曲分析的有限元法；断裂问题的内聚元、扩展有限元法。

2. 无网格方法

无网格方法的理论基础研究；无网格方法的插值技术研究；hp 云法；单位分解有限元方法；有限点方法；径向基点插值配点方法；自适应无网格方法；弱式（积分）无网格法高效积分方法研究；稳定的强式（配点）无网格法研究；基于无网格法的断裂破坏分析；流体 - 结构相互作用的无网格方法；无网格法软件开发与集成系统。

3. 等几何分析

等几何分析框架下的几何造型理论；剪裁 CAD 模型等几何分析；边界

条件施加方式及收敛性分析；基于T样条的等几何分析方法；板壳结构分析及动力学问题；结构优化问题；断裂、接触、多物理、多尺度分析问题；湍流和流固耦合问题；样条有限胞元法；等几何分析软件平台。

4. 离散单元法

复杂形态颗粒的离散元细观接触模型；离散单元的快速接触搜索算法；基于颗粒离散元法的散体材料宏观力学行为及类固－液转化的本构模型；离散元大规模计算的高性能并行算法；离散元－连续体模型的多尺度耦合方法；离散元法－计算流体动力学的耦合模型；复杂颗粒系统的离散元软件开发。

第七节　工程结构优化

一、需求分析

当今世界面临着资源短缺与人口增长、经济快速发展与可持续增长之间的尖锐矛盾。结构优化的研究旨在为设计人员提供改进和优化工程结构设计的系统理论与方法。通常，结构优化的问题提法包括：在有限资源的条件下使结构的功能优化；或在确保结构功能的条件下减少资源消耗。特别是在航空航天、交通运输、战略武器及微电子系统等高新技术领域，对结构优化的重视日益增长，并已有相当多的成功应用。在这些领域中，由于结构的重量往往和制造及运行成本密切相关，因此结构优化的重要目标是轻量化。重大土木工程的设计和建设的周期长，建设投资巨大，在确保结构性能的前提下，降低项目投资，或在项目投资基本不变的前提下，结构性能得到显著提高，都是非常重要的。

结构优化方法已经成为产品创新设计平台的重要组成部分。随着研究对象的复杂程度不断提高，研究对象的范围不断扩大，在结构优化的学科发展前沿也产生了更具挑战性的基础科学问题。因此，有关结构优化理论和应用的研究成为近30年来工程力学领域的热点方向。在工程力学领域的国内外期刊及国际会议上，近年来，结构优化的研究工作明显地以较大的幅度增长。

结构优化需要把工程优化问题的建模、优化算法与力学分析方法结合起来，建立一套科学、系统、可靠而又高效的方法，改进和优化受各种条件限制的承载结构设计。结构优化设计通常按层次可划分为截面（或尺寸）优化、形状优化、拓扑优化、布局优化及结构类型和材料选择优化等。随着结构优化层次的提高，优化问题的数学描述更具有挑战性，其求解难度也越来越大。例如，在结构尺寸优化时，设计变量是有限维的向量；在形状优化时，设计变量是描述形状的函数，数值求解时需要解决几何形状的描述和离散化问题；结构拓扑的数学描述更困难，也因此产生了基于单元的人工密度法、基于形状的水平集法、集尺寸和形状于一体的可移动变形组件法等一些不断发展完善的方法。

结构优化在航空航天、汽车工程等领域的应用已经取得了显著成绩，虽然土木工程领域是结构优化很早关注的一个领域，也已经有拱坝、建筑结构优化设计等成功应用的工程实例，但仍然面临推广应用的重任。土木工程结构优化问题除了分析复杂、设计变量与约束条件庞大、荷载与结构具有很强的不确定性外，优化目标和约束条件不仅多样而且难以表示成简单的数学表达式。例如，大量的和规范规程相关的约束条件将造成优化问题建模的困难，这些特点使得必须结合土木工程的需求发展结构优化设计理论与方法。代理模型法和智能算法的结合，在优化问题的建模上具有更多的灵活性，适合土木工程中很多优化问题的求解，因此，近年来土木工程领域的优化研究和应用明显增加。但是，这些智能优化算法计算工作量很大，对较大规模问题的应用仍然面临巨大挑战。

二、国内外研究现状和趋势

从本质上说，结构设计的目标和途径包含了优化的理念。结构优化设计是结构设计理论的重要发展。结构优化设计的研究是从 19 世纪麦克斯韦（Maxwell）理论和米歇尔桁架（Michell，1904）出现开始的，早期的结构优化研究者很多都具有土木工程的背景，如 Prager、Rozvany 等。我国涉足结构优化研究的老一辈学者，如钱令希、钟万勰、朱伯芳、王光远、汪树玉等也都具有土木工程的背景。其研究工作也以土木工程中广泛采用的梁板壳结构构件及桁架、框架、网架等为主要对象。近 40 年来，结构优化在理论、算法和应用方面都取得了很大的进展。

结构优化中采用的优化方法一般分为准则法和数学规划法。准则法多依靠工程师的实践经验，如满应力法、同步失效准则和最优准则。准则法的优点是收敛快，原理简单、直观，易为工程设计人员接受与掌握。因为这些优点，在复杂大型结构的优化算法中往往仍然采用准则法来处理应力约束等大量的局部约束，拓扑优化设计的渐进结构优化法（evolutional structural optimization，ESO）则吸收了准则法的基本思想。但由于依赖具体问题，准则法的通用性受到限制。此外，准则法的递推公式缺乏数学基础，且没有收敛性证明。数学规划法将工程结构优化问题抽象成数学规划形式，然后采用数学规划理论中发展起来的方法求解。数学规划是一个发展很成熟的应用数学分支，已经研究出大量的不同方法和软件，这类方法具有严格的理论基础，通用性也较好。但是，这些方法没有考虑结构优化问题的特殊数学结构，对于大型结构优化问题，往往迭代次数多、重分析工作量大、计算效率不高。

由于准则法和数学规划法各有其优缺点，两者的结合应用往往会起到更好的效果。20 世纪 80 年代，人们将准则法和数学规划法结合，构造了多种序列近似规划法，成为当时结构优化领域研究的热点。Schmit、Fleury、Svanberg 和我国学者钱令希、夏人伟、隋允康等都做出过重要的贡献。序列近似规划法将原规划化为一系列的近似规划来求解，上一次近似规划的优化解被用来作为下一次近似规划优化求解的初始解，如此进行直到计算收敛。典型的序列近似规划法包括序列线性规划法、序列二次规划法，构造高精度、高效率及收敛性好的近似规划对于整个方法的求解效率和收敛性非常重要。Fleury 发展了近似凸规划及其对偶算法，Svanberg（1987）发展了移动渐近线方法，并向优化界提供了精心研发的程序 MMA、GCMMA，MMA 成为结构优化领域广泛采用的方法。钱令希（1983）吸收了结构力学中计算位移的莫尔公式、构件内力对截面变化不敏感的静定化假定等，构造出具有特色的序列二次规划，并开发了多约束、多构件、多工况的结构优化软件（DDDU），解决了一批结构优化问题。夏人伟提出的包络对偶法对于工程优化问题具有通用性和高效率的优点，已成功应用于飞机、卫星等的结构优化设计中。

在序列近似规划法中，需要计算目标函数和约束函数的梯度（灵敏度），虽然梯度可以采用有限差分法计算，但这不仅效率非常低而且面临计算误差带来的困难。因此，高效的梯度计算是确保序列近似规划法等优化算法是否高效的核心。20 世纪 80 年代以来，结构优化界开展了大量的研究工作，主要研究结构的各种静动力性能，如结构柔顺度、结构节点位移、应力、结构自振频率和失稳临界荷载等，对结构尺寸、形状变量的灵敏度解析计算公式和适用于不同条件的各种实现方法，如直接法（又称虚荷载法）、伴随法（又称拟荷载法）。为了在具有非常丰富的单元库的有限元程序中集成解析灵敏度分析，Haftka、程耿东等提出了半解析灵敏度算法，Cheng 和 Olhoff

（1993）还深入研究了半解析灵敏度分析方法的误差及消除非正常误差的方法，很多商用优化程序采用了这些高效的灵敏度计算方法及序列近似规划算法。对于材料、几何非线性问题及需要进行时程分析的动力学问题，人们还缺乏这样简单的灵敏度计算方法，相关的研究尚在进行中。

对于目标函数、约束函数及其对设计变量的灵敏度计算成本昂贵的优化问题，以响应面法、径向基函数、支持向量机、神经网络、Kriging模型、高维模型表征（HDMR）等为代表的代理模型得到了关注和研究。这些算法采用实验设计方法（design of experiment，DOE）得到设计空间中的样本点，利用大规模有限元分析及其他分析软件为黑箱，对样本点进行结构响应分析，利用在样本点上的响应值构造代理模型，再采用求得的代理模型建立优化问题，求得近似的最优解。引入保真的代理模型不仅可以大幅度提高工程分析和优化效率，降低计算量，还可以极大地降低软件开发的工作量。

近年来发展的遗传算法、模拟退火算法、粒子群及蚁群算法、和声搜索、混沌优化等计算智能软算法，无需计算响应的灵敏度，利用计算机的高速计算能力，以适用范围广泛及编程简单的优势在一些问题上得到应用。将代理模型法和这些智能软算法结合，可以用很少的编程工作量实现对目标和约束都很复杂的优化问题的求解。对于土木工程面临的一些优化问题，这些方法很有吸引力。例如，采用蚁群算法和并行算法，Aydogdu 和 Saka（2012）求解了具有 1860 根杆件的 20 层钢空间框架，优化设计的列式中考虑了美国钢结构协会的设计规范对结构设计的约束，钢框架杆件的截面是从供应商可以提供的离散截面集中选择。土木工程结构优化中的很多课题还有待系统、深入的研究。在桁架、框架等杆系建筑结构的优化设计研究中，基于全寿命造价最小化的尺寸优化得到了较大的关注和发展。将结构拓扑及尺寸优化集成，将离散结构（桁架或刚架）和连续体优化相结合，对高层建筑抵抗侧向水平力的斜撑系统进行优化设计等方面已有很多研究（Spencer，2011；Stromberg et al.，2012；Guan and Xie，2013；Beghini et al.，2014；Bobby et al.，2014，2015）。我国学者陈俊文、李刚等在高层建筑结构优化方面的研究工作已在实际中得到应用。而且，渐进结构优化法被用于实际工程结构的设计，包括日本的 Akutagwa 河畔办公楼及卡塔尔国际会展中心（谢亿民等，2011）。

20 世纪 80 ～ 90 年代，结构形状优化曾经是一个非常活跃的领域，Arora、Choi、Fleury 等的研究工作集中在结构形状的各种描述方法、相应的灵敏度分析及其计算机实现。

结构拓扑 / 布局优化一直是近年来的一个研究热点。离散结构拓扑优化研究桁架、框架和网架等离散结构的节点和杆件连接方式。最早的桁架拓扑优化是米歇尔桁架理论（1904 年），研究在给定荷载和支撑的条件下，受到应力约束的桁架结构的最轻拓扑设计。利用虚功原理或变分方法，可以推导出米歇尔桁架杆件布局的准则。对于简单的情况，Prager、Rozvany、Chan、Hemp、Lewinski 等先后得到解析解，这些解析解可以用做数值解的测试基准。近年来，Rozvany、Lewinski 和 Sokol 提出了米歇尔桁架的数值解法。1964 年，Dorn 等提出基结构途径求解桁架结构拓扑优化，结构拓扑优化从一个包含了连接给定节点和支撑的所有可能杆件或其子集的基结构出发，进行杆件截面面积的优化，随着优化迭代的进行，将截面面积接近零的杆件删除，迭代最后保留下的杆件组成最优拓扑。基结构途径成为结构拓扑优化的一个最基本途径，当前也有研究人员试图从一个初始非常简单的结构通过迭代逐步生长为一个最优拓扑。采用基结构途径求解多个工况作用、考虑应力约束的桁架结构拓扑优化时，Sved 和 Ginos（1968）遇到了奇异最优解问题，从基结构出发，采用数学规划法无法得到优化问题的最优解，认为这些最优解是设计空间中的奇异点。Cheng 和 Guo（1997）在考虑应力和稳定性约束的桁架结构拓扑优化奇异最优解问题上的研究工作指出，结构拓扑优化奇异最优解的实质是应力约束和稳定性约束等在桁架杆件截面面积为零时不连续，这使得全局最优解位于分离的低维退化可行域的端点，普通的梯度类优化算法很难搜索到该全局最优解。通过对原问题优化列式的修改，使分离的可行设计域逐渐地近似连通，这种 ε 松弛连续化方法可以高效率、大幅度地提高获得全局最优解的概率。

和离散结构的拓扑优化相比，连续体结构拓扑优化的研究工作仅在 20 世纪 80 年代开始。连续体结构拓扑优化需研究二维三维连续体的连通性，即内部孔洞的位置、数量和大小。程耿东和 Olhoff（1981，1982）有关弹性实心板的最优化设计的工作是近代结构布局理论的先导性工作。这些工作清晰地表明在最优结构设计中会自然地出现具有微结构的材料，引发一系列将微结构引入问题列式的工作。Bendsoe 和 Kikuchi（1988）首先提出的拓扑设计的均匀化方法可看做是这些研究的自然继续，并通过计算获得连续体结构的最优拓扑。基于均匀化理论的拓扑优化方法通过在材料微结构层次引入尺寸参数作为设计变量，将结构的拓扑优化问题转化为常规的尺寸优化问题，实现了宏观结构拓扑优化问题的有效求解。之后，均匀化方法被广泛地用于求解包括动力、热弹性、特异性质材料微结构的设计等不同的结构拓扑优化问题。为提高拓扑优化的计算效率，后来的研究者（Zhou and Rozvany，1991）提出了基于 SIMP（solid isotropic material with penalty，各向同性实体材料惩罚）插值格式的拓扑优化方法，被称为 SIMP 方法或人工密度法。这一方法取结构有限元模型中的单元人工密度为设计变量，单元的弹性模量依赖于单元密度的 p 次方，当 $p>1$ 时，这一插值公式对于取中间密度的单元予以惩罚，从而保证最后的优化结果中只有很少的单元取中间密度。优化迭代算法按照优化问题的目标和约束逐步修改单元密度分布，在结束优化迭代时，优化结果中密度为 1 的单元有材料，密度为 0 的单元无材料，成为孔洞，从而获得了结构的最优拓扑构型。由于简单易行且具有较高的计算效率，SIMP 方法一经提出，即在不同的学科领域中得到广泛应用，并在工程实际结构的优化中取得了一大批具有优异功能特性的创新的构型设计。结构拓扑优化功能已经成为各大主流计算机辅助设计商用软件的必备功能，并且如 OptiStruct、Tosca 和 Genesis 等优化软件在工业界的应用日渐广泛，取得了良好的社会和经济效益。然而，拓扑优化仍然存在很多理论和数值计算问题，如全局最优解及解的存在性问题、灰度单元、棋盘格及孤岛现象、结果的网格相关性问题等。为此，Sigmund 等提出了基于敏度的过滤格式，有效地解决了 SIMP 方法常见的数值不稳定问题（Sigmund and Petersson，1998；Sigmund，2007）。另外，拓扑优化中常常出现的中间密度单元及“纤细”杆件也给优化结果的可制造性带来了挑战。因此，Guest 等（2004）提出了一种基于节点插值策略的拓扑优化方法，通过引入非线性的 Heaviside 函数减少边界上的中间敏度单元，获得了更为清晰的拓扑构型。近年来，Xu 等（2010）提出的一种体积守恒的非线性过滤格式，在有效消除拓扑优化结果中的灰度单元的基础上，可使得优化迭代过程更加稳定。此外，最近拓扑优化方法还被应用于结构功能构件及其支撑结构的协同布局优化的研究。面向复杂飞行器结构系统设计，张卫红等提出了组件结构整体式拓扑优化的方法（Zhu et al.，2009），形成了一系列结构优化设计技术。

基于单元密度分布的连续体结构拓扑优化方法还有 Steven、Xie 等提出的渐进结构优化法（ESO）及其多种变体（谢亿民等，2011），隋允康提出的独立 - 连续 - 映射方法（ICM）等（隋允康和叶红玲，2013）。为了克服棋盘格式等数值困难，还可以取有限元节点的材料密度值作为设计变量。

基于水平集方法的连续体结构拓扑优化（Wang et al.，2003）是近年来结构优化领域的一个研究热点。水平集方法的核心思想在于引入形状描述函数，通过其零水平集识别结构的边界和拓扑。水平集函数的演化通过目标函数和约束函数的形状导数来实现。目前，水平集方法被广泛应用到结构动态响应、多材料结构、能量传递等不同的领域，获得了不少结构 / 材料创新构型。集尺寸和形状于一体的可移动变形组件法（MMC）是郭旭等近年提出的结构拓扑优化新方法（Guo et al.，2014）。

随着多尺度分析在计算力学领域的快速发展，同时考虑宏观结构与材料微结构形式的多尺度优化方法也正在受到结构优化界的关注。2002 年 Rodrigues 等提出了一种两尺度层级设计的结构优化方法，并对单工况下的结构柔顺性优化问题进行了求解，给出了宏观逐点不同的结构 / 材料层级两尺度优化设计结果，并将这种方法拓展到三维结构的层级优化。考虑到材料微结构的可制造性，假定材料的微结构在整个结构内是均匀的，一种两尺度协同优化的优化方法也在不断发展之中。

考虑设计参数不确定性的可靠 / 鲁棒性优化可分为基于概率模型和非概率模型的两类算法，是结构与多学科优化领域的另一个研究热点和前沿问题，国内有多个团队从事这一方向的研究。在基于概率模型的不确定性优化方法中，通常假设参数的不确定性可以通过概率密度函数进行刻画，优化问题的目标常选为在给定失效概率条件下，最小化设计造价或同时最小化目标函数的平均值和结构响应的方差。由于可靠度优化是一个优化和可靠度双层嵌套的问题，求解计算量巨大，有很多研究旨在降低计算工作量。此类问题的数值解法包括双循环算法、单循环算法和解耦算法。针对可靠度优化嵌套问题的本质困难，近年 Cheng 等（2006）吸收结构优化中序列近似规划法的思想，提出了可靠度优化的序列近似规划法（SAP），将可靠度分析与结构优化纳入单层列式的学术思想，实现了可靠度分析与结构优化的高效求解和同步收敛，吸引人们将注意力转向基本列式研究。针对结构可靠度分析和概率优化迭代计算过程的不收敛问题，Yang 等（2006）揭示了迭代算法收敛失败的混沌动力学机理，发展了收敛控制的稳定转换法。与基于概率模型的不确定性优化方法相比，基于非概率模型的方法较少依赖不确定参数的统计信息，因而适用范围较广，是近年研究的一个热点。对于有界不确定性结构非概率可靠度优化，Kang 和 Luo（2010）提出了可反映不同关联特征的多椭球凸模型及可靠性度量，构造了正则化列式和高效数值方法，建立了非概率可靠性优化的新理论框架，使可求解问题的复杂度和规模显著改观；建立了基于随机有限元的结构鲁棒性度量及其多目标数学规划列式与求解框架，成为“鲁棒性优化设计常用列式”。

在考虑多物理场的多学科优化领域，Du 和 Olhoff（2007）针对双材料构成的弹性结构的振动问题，运用拓扑优化方法最小化结构表面的声发射强度。Wang 等将拓扑优化技术引入热传导和特异电磁波传输性能的多孔材料设计领域，取得了良好的效果。

尽管取得了长足的进步，但在土木工程结构优化的建模方面，今后相当长一段时期内仍需要进一步发展。其基础算法研究方面仍存在一些问题，具体表现在：对于面向模拟的大规模结构优化问题尚缺乏高效的求解算法；已有算法在处理非凸问题时收敛稳定性差、中间结果往往不可行且易于陷入局部最优解，对于拓扑优化问题中某些奇异性问题的求解存在困难；已有可靠性 / 鲁棒性优化算法列式和求解算法对优化结果的可置信性考量不足；已有的多尺度层级优化仅考虑整体的目标或约束泛函问题，没有考虑应力、稳定性的局部响应；CAD 几何造型与分析、优化没有做到在统一的框架下无缝连接；对多学科优化中处于核心位置的多层嵌套优化问题，目前对其性质尚缺乏深入的理论研究；能够有效求解多学科、多目标大规模实际应用问题的算法还相当匮乏。这些基础算法方面存在的问题严重限制了结构优化方法的推广应用，亟待开展相关研究。

三、重要研究内容

1. 工程结构多学科多功能优化设计理论和方法

面向土木工程结构优化设计的建模及优化方法；基于性能的结构抗灾与分灾优化设计；智能材料结构系统与多物理场耦合系统的优化设计及控制 - 优化的一体化设计；材料与结构的多功能一体化设计；工程优化的代理模型和计算智能软算法；复杂结构的智能优化算法及多目标优化算法；基于梯度算法或准则法与智能算法的优化混合算法。

2. 面向重大工程及工程系统的高性能优化设计

结构多学科优化设计的高效基础算法，面向大规模优化问题和多尺度层级优化算法的理论与方法；CAD 几何建模与结构分析、优化一体化算法体系；双层优化的理论与计算方法。

3. 考虑不确定性的工程结构优化设计

工程结构系统不确定性的建模理论；考虑不确定性的工程结构优化设计的数值分析理论与方法；重大工程中力学与多学科性能的可靠性分析与基于可靠性的优化设计；基于近似代理模型的工程可靠性优化设计的高效算法；结构鲁棒性优化，非概率可靠性优化设计。

参考文献

巴曙松 . 2013. 从城镇化的推进看不同区域的基础设施投资重点 . 现代产业经济，9：7-11.

白以龙，夏蒙棼，柯孚久 . 2007. 固体损伤的演化诱致灾变和预测 . 失效分析与预防，2（1）：1-6.

曹鸿钧，段宝岩 . 2005. 基于凸集合模型的非概率可靠性研究 . 计算力学学报，22（5）：546-549.

陈厚群 . 2011. 混凝土高坝抗震研究 . 北京：高等教育出版社 .

陈政清 . 2013. 工程结构的风致振动、稳定与控制 . 北京：科学出版社 .

窦国仁 . 1981. 紊流力学（上册）. 北京：人民教育出版社 .

范立础，王志强 . 2001. 桥梁减隔震设计 . 北京：人民交通出版社 .

方秦，杜茂林，陈力 . 2009. 非线性弹性大变形材料梁的抗爆特性 . 爆炸与冲击，29（1）：7-12.

冯康 . 1965. 基于变分原理的差分格式 . 应用数学和计算数学，2（4）：237-261.

葛耀君 . 2011. 大跨度悬索桥抗风 . 北京：人民交通出版社 .

工程技术发展研究综合专题组 . 2004. 2020 年的中国工程技术发展研究 . 北京：中国土木工程学会 .

郭书祥，吕震宙 . 2002. 基于非概率模型的结构可靠性优化设计 . 计算力学学报，19（2）：198-201.

国家发展和改革委员会 . 2015. 推进一批重大交通基础设施项目建设 .http：//www.gov.cn/xinwen/2015-02/22/content_2821218.htm［2015-02-22］.

国家统计局 . 2015. 中华人民共和国 2014 年国民经济和社会发展统计公报 . http：//www.gov.cn/xinwen/2015-02/26/content_2822060. htm［2015-02-26］.

国家自然科学基金委员会，中国科学院 . 2012a. 未来10年中国学科发展战略・力学 . 北京：科学出版社 .

国家自然科学基金委员会，中国科学院 . 2012b. 未来 10 年中国学科发展战略・工程科学 . 北京：科学出版社 .

国家自然科学基金委员会工程与材料科学部 . 2011. 水利科学与海洋工程学科发展战略研究报告（2011~2015）. 北京：科学出版社 .

韩林海，宋天诣 . 2012. 钢 - 混凝土组合结构抗火设计原理 . 北京：科学出版社 .

韩其为，何明民 . 1984. 泥沙运动统计理论 . 北京：科学出版社 .

郝圣旺，白以龙，夏蒙棼，等 . 2014. 准脆性固体的灾变破坏及其物理前兆 . 中国科学：物理学 力学 天文学，44（12）：1262-1274.

胡海昌 . 1954. 论弹性体力学和受范性体力学中的一般变分原理 . 物理学报，10（3）：259-290.

胡聿贤 . 2006. 地震工程学（第 2 版）. 北京：地震出版社 .

胡聿贤，周锡元 . 1962. 弹性体系在平稳和平稳化地面运动下的反应 . 中国科学院土木建筑研究所地震工程研究报告集（第 1 集）. 北京：科学出版社 .

金伟良，袁迎曙，卫军，等 . 2011. 氯盐作用下混凝土结构耐久性理论与设计方法 . 北京：科学出版社 .

孔宪京 . 2015. 混凝土面板堆石坝抗震性能 . 北京：科学出版社 .

赖远明，张明义，李双阳 . 2009. 寒区工程理论与应用 . 北京：科学出版社 .

李刚，程耿东 . 2004. 基于性能的结构抗震设计——理论、方法与应用 . 北京：科学出版社 .

李国强 . 2006. 钢结构及钢—混凝土组合结构抗火设计 . 北京：中国建筑工业出版社 .

李宏男，霍林生 . 2008. 结构多维减震控制 . 北京：科学出版社 .

李宏男，任亮 . 2008. 结构健康监测光纤光栅传感技术 . 北京：中国建筑工业出版社 .

李惠，欧进萍 . 2006. 斜拉桥结构健康监测系统的设计与实现（Ⅱ）：系统实现 . 土木工程学报，39（4）：45-53.

李杰，任晓丹 . 2010. 混凝土静力与动力损伤本构模型研究进展述评 . 力学进展，40（3）：284-297.

李云贵 . 2010. 工程结构设计中的高性能计算 . 建筑结构学报，31（6）：89-95.

李忠献，师燕超 . 2015. 建筑结构抗爆分析理论 . 北京：科学出版社 .

林家浩，张亚辉 . 2004. 随机振动的虚拟激励法 . 北京：科学出版社 .

龙驭球，龙志飞，岑松 . 2004. 新型有限元论 . 北京：清华大学出版社 .

陆新征，李易，缪志伟，等 . 2007. 建筑结构在灾害作用下的高性能仿真分析 . 上海：中国建筑学会首届工程设计高性能计算（HPC）技术应用论坛论文集 .
吕西林 . 2015. 复杂高层建筑结构抗震理论与应用 . 第 2 版 . 北京：科学出版社 .
吕西林，陈云，毛苑君 . 2011. 结构抗震设计的新概念——可恢复功能结构 . 同济大学学报，39（7）：941-948.
倪晋仁，王兆印，王光谦 . 2008. 江河泥沙灾害形成机理及其防治 . 北京：科学出版社 .
聂建国 . 2005. 钢 - 混凝土组合梁结构——试验、理论与应用 . 北京：科学出版社 .
聂建国 . 2009. 钢 - 混凝土组合结构原理与实例 . 北京：科学出版社 .
牛荻涛 . 2003. 混凝土结构耐久性与寿命预测 . 北京：科学出版社 .
欧进萍 . 2003. 结构振动控制：主动、半主动和智能控制 . 北京：科学出版社 .
欧进萍，关新春，李惠 . 2006. 应力自感知水泥基复合材料及其传感器的研究进展 . 复合材料学报，23（4）：1-8.
潘鹏，王涛，中岛正爱 . 2013. 在线混合实验进展——理论与应用 . 北京：清华大学出版社 .
钱令希 . 1983. 工程结构优化设计 . 北京：水利电力出版社 .
钱宁，万兆惠 . 1983. 泥沙运动力学 . 北京：科学出版社 .
茹继平，刘加平，曲久辉，等 . 2011. 建筑、环境与土木工程：国家自然科学基金委员会、中国科学院 2011-2020 学科发展战略研究专题报告集 . 北京：中国建筑工业出版社 .
沈聚敏，周锡元，高小旺，等 . 2015. 抗震工程学 . 第 2 版 . 北京：中国建筑工业出版社 .
隋允康，叶红玲 . 2013. 连续体结构拓扑优化的 ICM 方法 . 北京：科学出版社 .
唐立民，陈万吉，刘迎曦 . 1980. 有限元分析中的拟协调元 . 大连工学院学报，19（2）：19-35.
田红旗 . 2007. 列车空气动力学 . 北京：中国铁道出版社 .
王光谦，张红武，夏军强 . 2006. 游荡型河流演变与模拟 . 北京：科学出版社 .
王进廷，徐艳杰，金峰 . 2014. 实时耦联动力试验理论与实践 . 北京：中国建筑工业出版社 .
王礼立 . 2001. 爆炸与冲击载荷下结构和材料动态响应研究的新进展 . 爆炸与冲击，21（2）：81-88.
王同光，李慧，陈程，等 . 2015. 风力机叶片结构设计 . 北京：科学出版社 .
维亚洛夫 C C. 2005. 冻土流变学 . 刘建坤，刘尧军，徐艳译 . 北京：中国铁道出版社 .
吴佰建，李兆霞，汤可可 . 2007. 大型土木结构多尺度模拟与损伤分析——从材料多尺度力学到结构多尺度力学 . 力学进展，37（3）：321-336.
吴智深，张建 . 2015. 结构健康监测先进技术及理论 . 北京：科学出版社 .
吴智深，汪昕，吴刚 . 2011. 面向重大工程应用 FRP 若干核心研究问题 . 杭州：第七届全国建设工程 FRP 应用学术交流会论文集 .
项海帆，葛耀君，朱乐东，等 . 2005. 现代桥梁抗风理论与实践 . 北京：人民交通出版社 .
项海帆，沈祖炎，范立础 . 2007. 土木工程概论 . 北京：人民交通出版社 .
谢鉴衡 . 1997. 河床演变及治理 . 北京：中国水利水电出版社 .
谢礼立，马玉宏，翟长海 . 2009. 基于性态的抗震设防与设计地震动 . 北京：科学出版社 .
谢亿民，黄晓东，左志豪，等 . 2011. 渐进结构优化法（ESO）和双向渐进结构优化法（BESO）的近期发展 . 力学进展，41（4）：462-471.
徐世烺 . 2011. 混凝土断裂力学 . 北京：科学出版社 .
叶列平 . 2006. 土木工程科学前沿 . 北京：清华大学出版社 .
伊廷华，李宏男 . 2009. 结构健康监测：GPS 监测技术 . 北京：中国建筑工业出版社 .
俞茂宏 . 2011. 强度理论新体系：理论、发展和应用 . 第 2 版 . 西安：西安交通大学出版社 .
翟婉明，夏禾 . 2011. 列车－轨道－桥梁动力相互作用理论与工程应用 . 北京：科学出版社 .
张楚汉，金峰，等 . 2008. 岩石和混凝土离散－接触－断裂分析 . 北京：清华大学出版社 .
郑晓静，黄宁，周又和 . 2004. 风沙运动的沙粒带电机理及其影响的研究进展 . 力学进展，34（1）：76-86.
中国科学院 . 2014. 中国学科发展战略・流体动力学 . 北京：科学出版社 .
钟登华 . 2008. 高混凝土坝施工仿真与实时控制 . 北京：中国水利水电出版社 .
钟万勰 . 1995. 弹性力学求解新体系 . 大连：大连理工大学出版社 .
钟万勰 . 2006. 应用力学的辛数学方法 . 北京：高等教育出版社 .
周福霖 . 1997. 工程结构减震控制 . 北京：地震出版社 .
周锡元 . 2013. 周锡元院士论文选集——地震工程和防灾减灾研究与实践 . 北京：科学出版社 .
朱位秋 . 2003. 非线性随机动力学与控制——Hamilton 理论体系框架 . 北京：科学出版社 .
庄茁，柳占立，成斌斌，等 . 2012. 扩展有限单元法 . 北京：清华大学出版社 .
973 计划工程科学领域战略研究工作组 . 2015. 973 计划工程科学战略研究报告 . 北京：科学技术部基础研究司 .
Alavi B，Krawinkler H. 2004. Behavior of moment-resisting frame structures subjected to near-fault ground motions. Earthquake Engineering and Structural Dynamics，33（6）：687-706.
American Society of Civil Engineers（ASCE）. 2009. Achieving the Vision for Civil Engineering in 2025：A Roadmap for the Profession. Reston，Virginia.
Andersland O B，Douglas A G. 1970. Soil deformation rate and activation energies. Geotechnique，20（1）：1-16.
Beghini L L，Beghini A，Katz N，et al. 2014. Connecting architecture and engineering through

structural topology optimization. Engineering Structures，59：716-726.

Belytschko B，Lu Y Y，Gu L. 1994. Element free Galerkin methods. International Jornal of Numerical Methods in Engineering，37：229-256.

Bendsoe M P，Kikuchi N. 1988. Generating optimal topologies in structural design using a homogenization method. Computer Methods in Applied Mechanics and Engineering，71（2）：197-224.

Benioff M R，Lazowska E D. 2005. Computational Science：Ensuring America's Competitiveness. President's Information Technology Advisory Committee，Arlington，Virginia.

Bertero V V，Mahin S A，Herrera R A. 1978. Aseismic design implications of near-fault San Fernando earthquake records. Earthquake Engineering and Structural Dynamics，6（1）：31-42.

Bessa M A，Foster J T，Belytschko T，et al. 2014. A meshfree unification reproducing kernel peridynamics. Computational Mechanics，53：1251-1264.

Bobby S，Spence S M J，Bernardini E，et al. 2015. Performance-based topology optimization for buildings under wind and seismic hazards. Proceedings of ASCE Structures Congress，2218-2229.

Bozorgnia Y，Bertero V V. 2004.Earthquake Engineering：From Engineering Seismology to Performance-based Engineering. Boca Raton：CRC Press.

Cermak J E. 1975. Application of fluid mechanics to wind engineering–A Freeman Scholar Lecture. Journal of Fluids Engineering，ASME，97（1）：9-38.

Chen J S，Wu C T，Yoon S，et al. 2001. A stabilized conforming nodal integration for Galerkin mesh-free methods. International Journal for Numerical Methods in Engineering，50：435-466.

Cheng G D，Olhoff N. 1993. Rigid body motion test against error in semianalytical sensitivity analysis. Computers and Structures，46：515-527.

Cheng G D，Guo X. 1997. ε-relaxed approach in structural topology optimization. Structural Optimization，13：258-266.

Cheng G D，Xu L，Jiang L. 2006. A sequential approximate programming strategy for reliability-based optimization. Computers and Structures，84（21）：1353-1367.

Cheng K T，Olhoff N. 1981. An investigation concerning optimal design of solid elastic plates. International Journal of Solids and Structures，17（3）：305-323.

Cheng K T，Olhoff N. 1982. Regularized formulation for optimal design of axisymmetric plates.

International Journal of Solids and Structures，18（2）：153-170.

Chopra A K. 2014. Dynamics of Structures：Theory and Applications to Earthquake Engineering（4th edition）. Hong Kong：Pearson Education Limited.

Cottrell J A，Hughes T J R，Bazilevs Y. 2009. Isogeometric Analysis：Toward Integration of CAD and FEA. London：John Wiley & Sons.

Courant R. 1943. Variational methods for the solution of problems equilibrium and vibration. Bulletin of the American Mathematical Society，49：1-23.

Cummings P T，Glotzer S C. 2010. Inventing a New America through Discovery and Innovation in Science，Engineering，and Medicine. Baltimore：World Technology Evaluation Center Inc.

Cundall P A. 1971. A computer model for simulating progressive large scale movement in block rock systems. Proceedings of International Symposium on Rock Mechanics，1，Paper No. 8.

Cundall P A，Strack O D L. 1979.A discrete numerical model for granular assembles. Geotechnique，29（1）：47-65.

Davenport A G. 1961. The spectrum of horizontal gustiness near the ground in high winds. Quarterly Journal of the Royal Meteorological Society，87：194-211.

Det Norske Veritas（DNV）. 2010. Offshore Standard DNV-OS-J101，Design of Offshore Wind Turbine Structures. Oslo，Norway.

Det Norske Veritas（DNV），Riso National Laboratory. 2002. Guidelines for Design of Wind Turbines（2nd Edn）. Copenhagen，Denmark.

Ditlevsen O. 1979. Narrow reliability bounds for structural systems. Journal of Structural Mechanics，7（4）：435-472.

Du J B，Olhoff N. 2007. Minimization of sound radiation from vibrating bi-material structures using topology optimization. Structural and Multidisciplinary Optimization，33：305-321.

Duan Q L，Belytschko T. 2009. Gradient and dilatational stabilizations for stress-point integration in the element-free Galerkin method. International Journal for Numerical Methods in Engineering，77：776-798.

Duan Q L，Gao X，Wang B B，et al. 2014. Consistent element-free Galerkin method. International Journal of Numerical Methods in Engineering，99：79-101.

Faber M H，Stewart M G. 2003. Risk assessment for civil engineering facilities：Critical overview and discussion. Reliability Engineering and System Safety，80：173-184.

Gottmann J. 1976. Megapolitan systems around the world. Ekistics，243：109-113.

Guest J，Prevost J，Belytschko T. 2004. Achieving minimum length scale in topology optimization using nodal design variables and projection functions. International Journal for

Numerical Methods in Engineering，61（2）：238-254.

Guo X，Zhang W S，Zhong W L. 2014. Doing topology optimization explicitly and geometrically—a new moving morphable momponents masede framework. Journal of Applied Mechanics，81：081009.

Haldar A，Mehrabian A. 2008. Structural engineering in the new millennium：Opportunities and challenges. Structural Survey，26（4）：279-301.

Hughes T J R，Cottrell J A，Bazilevs Y. 2005. Isogeometric Analysis：CAD，finite elements，NURBS，exact geometry and mesh refinement. Computer Methods in Applied Mechanics and Engineering，194：4135-4195.

International Organization for Standardization. 2015. ISO 2394：2015，General Principles on Reliability for Structures . Geneva, Switzerland.

Jiang C，Han X，Liu G P. 2007. Optimization of structures with uncertain constraints based on convex model and satisfaction degree of interval. Computer Methods in Applied Mechanics and Engineering，196：4791-4800.

Kang Z，Luo Y. 2010. Reliability-based structural optimization with probability and convex set hybrid models. Structural and Multidisciplinary Optimization，42：89-102.

Kassner M E，Nemat-Nasser S，Suo Z G，et al. 2005. New directions in mechanics. Mechanics of Materials，37：231-259.

Li H，Xiao H G，Yuan J，et al. 2004. Microstructure of cement mortar with nano-particles. Composites Part B Engineering，35：185-189.

Li J. 2016. Probability density evolution method：Background，significance and recent developments. Probabilistic Engineering Mechanics，44：111-117.

Li J，Chen J B. 2009. Stochastic Dynamics of Structures. Singapore：John Wiley & Sons.

Lin J H，Zhang W S，Williams F W. 1994. Pseudo-excitation algorithm for nonstationary random seismic responses. Engineering Structures，16：270-276.

Liu G R，Dai K，Nguyen T. 2007. A smoothed finite element method for mechanics problems. Computational Mechanics，39：859-877.

Liu W K，Jun S，Zhang Y F. 1995. Reproducing kernel particle methods. International Journal of Numerical Methods in Fluids，20：1081-1106.

Mehta P K. 1991. Concrete durability：Fifty year's progress. Proceeding of 2nd International Conference on Concrete Durability，ACI SPI 26-1：1-33.

Michell A G M. 1904. The limits of economy of material in frame-structures. Philosophical Magazine，8（6）：589-597.

Moes N, Dolbow J, Belytschko T. 1999. A finite element method for crack growth without remeshing. International Journal of Numerical Methods in Engineering, 46（1）: 131-150.

Moustafa A, Takewaki I. 2010. Deterministic and probabilistic representation of near-field pulse-like ground motion. Soil Dynamics and Earthquake Engineering, 30（5）: 412-422.

Oden J T, Belytschko T, Babuska I, et al. 2003. Research directions in computational mechanics. Computer Methods in Applied Mechanics and Engineering, 192: 913-922.

Oden J T, Belytschko T, Fish J, et al. 2006. A Report of the National Science Foundation Blue Ribbon Panel on Simulation Based Engineering Science. Washington D C: National Science Foundation.

Qiu Z P, Wang X J. 2003. Comparison of dynamic response of structures with uncertain-but-bounded parameters using non-probabilistic interval analysis method and probabilistic approach. International Journal of Solids and Structures, 40: 5423-5439.

Roesset J M, Yao J T P. 2002. State of the art of structural engineering. ASCE Journal of Structural Engineering, 128（8）: 965-975.

Sigmund O. 2007. Morphology-based black and white filters for topology optimization. Structural and Multidisciplinary Optimization, 33（4-5）: 401-424.

Sigmund O, Petersson J. 1998. Numerical instabilities in topology optimization: A survey on procedures dealing with checkerboards, mesh-dependencies and local minima. Structural and Multidisciplinary Optimization, 16（1）: 68-75.

Simiu E, Scanlan R. 1996. Wind Effects on Structures: Fundamentals and Applications to Design（3rd Edition）. London: John Wiley and Sons Inc.

Somerville P G, Smith N F, Graves R W, et al. 1997. Modification of empirical strong ground motion attenuation relations to include the amplitude and duration effects of rupture directivity. Seismological Research Letters, 68（1）: 199-222.

Stromberg L L, Beghini A, Baker W F, et al. 2012. Topology optimization for braced frames: Combining continuum and beam/column elements. Engineering Structures, 37: 106-124.

Svanberg K. 1987. The method of moving asymptotes—a new method for structural optimization. International Journal of Numerical Methods in Engineering, 24: 359-373.

Sved G, Ginos Z. 1968. Structural optimization under multiple loading. International Journal of Mechanical Sciences, 10（10）: 803-805.

Turner M J, Clough R W, Martin H C, et al. 1956. Stiffness and defection analysis of complex structures. Journal of Aeronautical Sciences, 23: 805-823.

UNESCO. 2010. Engineering: Issues, Challenges and Opportunities for Development. Paris:

UNESCO Publishing.

Wang M Y，Wang X M，Guo D M. 2003. A level set method for structural topology optimization. Computer Methods in Applied Mechanics and Engineering，192（1-2）：227-246.

Wu B，Wang Q Y，Shing P B，et al. 2007. Equivalent force control method for generalized real-time substructure testing with implicit integration. Earthquake Engineering and Structural Dynamics，36：1127-1149.

Xu S L，Cai Y W，Cheng G D. 2010. Volume preserving nonlinear density filter based on Heaviside functions. Structural and Multidisciplinary Optimization，41：495-505.

Yang D X，Zhou J L. 2015. A stochastic model and synthesis for near-fault impulsive ground motions. Earthquake Engineering and Structural Dynamics，44：243-264.

Yang D X，Li G，Cheng G D. 2006. Convergence analysis of first order reliability method using chaos theory. Computers and Structures，84（8-9）：563-571.

Yang D X，Pan J W，Li G. 2009. Non-structure-specific intensity measure parameters and characteristic period of near-fault ground motions. Earthquake Engineering and Structural Dynamics，38（11）：1257-1280.

Yu M H. 2004. Unified Strength Theory and Its Applications. Berlin：Springer.

Zhai C H，Xie L L. 2007. A new approach of selecting real input ground motions for seismic design：The most unfavourable real seismic design ground motions. Earthquake Engineering and Structural Dynamics，36（8）：1009-1027.

Zhai C H，Chang Z W，Li S，et al. 2013. Quantitative identification of near-fault pulse-like ground motions based on energy. Bulletin of the Seismological Society of America，103（5）：2591-2603.

Zhou M，Rozvany G I N. 1991. The COC algorithm，Part II：Topological geometrical and generalized shape optimization. Computer Methods in Applied Mechanics and Engineering，89：197-224.

Zhu J H，Zhang W H，Beckers P. 2009. Integrated layout design of multicomponent system. International Journal of Numerical Methods in Engineering，78：631-651.

Zhu W Q. 2006. Nonlinear stochastic dynamics and control in Hamiltonian formulation. Applied Mechanics Review，59：230 - 248.

Zienkiewicz O C，Taylor R L，Zhu J Z. 2005. The Finite Element Method（6th Edition）. Singapore：Elsevier.

关键词索引

A

安全服役 1，19，22，27，33，34，36，40，119，143，144
安全管理 43
安全极限 19，37
安全评价 39，41，42，43，45，47，57，72，73
安全性 5，11，12，13，15，20，21，35，36，42，44，46，47，48，50，51，52，55，56，58，60，64，71，72，75，78，85，86，89，92，95，96，105，108，116，119，130，133，134，135，138，143
安全运营 7，140

B

半主动控制 70
爆炸灾害 79，80
爆炸作用 47，81
本构理论 16，17，22，91，92，119，120，121，123，124，125，126，128，132
本构模型 31，41，42，43，67，78，82，91，92，93，119，120，121，122，123，124，125，126，127，128，129，146，154，156，166，175
变分原理 151，152，156，158，161，174，175
变形 7，9，10，22，36，37，41，42，43，47，52，55，57，58，63，67，75，81，90，106，118，119，121，122，123，125，126，127，129，130，131，132，133，140，141，143，146，148，149，152，159，161，167，172，174
并行计算 43，109，111，114，115，164
不确定性 4，13，15，18，22，28，31，32，45，47，64，71，80，81，95，101，106，108，110，111，112，113，119，120，130，133，134，135，137，139，147，149，167，172，173

C

材料非线性 9，67，131，132，133，156
城镇化 3，19，26，27，34，60，174
传感技术 11，97，98，99，100，113，175
传感器 15，75，90，98，99，111，176

D

大变形 55，58，67，81，131，133，140，141，152，159，161，174
大跨度桥梁 28，30，69，136
大数据 11，109，116，117
等几何分析 22，105，108，151，153，155，161，162，163，165，166
地下工程 7，11，13，16，20，27，33，34，35，37，148
地震动 15，32，37，41，42，45，46，47，60，62，63，66，67，93，94，95，109，113，130，131，139，177
地震工程 14，16，17，18，30，62，63，64，65，66，94，109，175，177
地震灾变 21，41，61
地震作用 4，12，28，30，35，41，42，45，46，47，56，62，65，66，67，95，116，135
地质灾害 16，21，28，43，71，72，73，74，75，102，113，126，140
动力灾变 15，18，35，58，60，97，111，130，131
冻土 37，126，127，128，132，176
断裂力学 16，41，121，155，177
多场耦合 18，86，92，105，108，109，117，126，132，143
多尺度分析 143，145，146，147，149，166，172
多尺度力学 22，23，143，144，145，146，148，150，176
多物理场 13，74，120，128，133，140，144，150，153，172，173
多学科 15，16，17，18，22，23，24，60，74，90，117，172，173
多重灾害 71

F

反应谱 63
防灾减灾 5，14，15，20，21，28，29，31，32，40，42，43，46，47，60，61，68，73，74，75，78，79，80，82，83，88，130，177
非概率可靠性 137，139，172，173，174
非线性力学 32，130，142，150
分布计算 115
分析软件 22，104，107，109，129，163，165，166，169
分灾设计 93，94，95，139
风电 20，22，38，49，51，53，54，55，56，57，58，71，98，132，143
风工程 12，14，17，18，68，69，70，71，116，132，143
风力机 54，55，56，57，58，176
风险分析 21，32，47，134，137，139
风险评估 16，19，22，32，37，43，138
风致灾变 21，68，71
风致振动 30，174

G

概率设计 139
钢材 4，8，28，77，86，88，89，91，119，120，123，124
钢结构 8，9，10，30，49，65，77，80，86，87，88，123，124，129，143，145，169，175
高坝 4，15，39，40，42，43，60，61，75，174
高层建筑 1，4，5，9，20，27，28，

32，64，76，80，85，87，93，96，98，103，129，132，136，143，169，176
高速公路　9，28，34，126
高速铁路　1，28，33，34，35，36，37，96，126，136
高性能计算　12，22，103，105，107，114，115，116，117，154，175，176
高性能结构　5，6，11，21，85，86，87，89，91，92，93
隔震　30，46，63，64，67，90，94，174
工程结构　3，4，5，6，7，11，13，14，15，17，18，20，21，22，23，24，28，29，30，31，32，34，35，43，46，47，50，52，59，60，61，62，63，64，65，66，67，68，69，71，77，79，80，82，83，85，86，88，89，90，91，92，93，94，95，96，97，100，101，104，105，108，110，111，113，114，117，119，120，121，123，129，130，131，132，133，134，135，136，137，138，139，140，141，143，144，145，146，149，150，153，162，164，166，167，168，169，173，174，175，176，177
工程力学　1，2，4，5，6，7，8，9，10，12，13，14，15，16，17，18，19，22，23，24，25，81，103，118，119，129，130，134，144，148，152，155，161，166，184

H

海洋工程　7，8，13，49，50，51，52，56，96，103，104，110，118，140，141，142，175
海洋能源　20，38，48，49，51
核电站　39，44，45，46，47
核能　13，20，44，46，47，48，85，132
滑坡　47，71，72，75，130，142，148，154
混凝土　1，4，7，8，9，16，28，30，31，39，41，42，43，46，47，48，56，76，77，80，81，86，87，88，89，90，91，92，99，112，119，120，121，122，123，124，128，129，143，145，146，154，163，174，175，176，177
混凝土结构　7，8，16，31，42，76，77，81，86，88，90，91，99，112，120，129，143，145，175，176
火灾　12，18，29，31，32，45，75，76，77，78，79，80，81，82，83，91，116，123，128，130

J

基础设施　1，2，3，5，7，11，13，16，18，19，20，21，22，26，27，28，31，34，35，36，38，39，48，51，53，54，59，60，61，71，84，96，97，98，119，121，129，130，133，140，143，174
极端环境荷载　29，133
极端条件　22，129，130，133
计算机辅助工程　4，105，107，108，109
计算机辅助设计　4，12，13，171
计算技术　66，103，114，115，116，117，119，133，150，165
计算力学　7，9，13，16，17，22，23，150，151，152，154，155，156，157，158，161，165，172，174

计算流体动力学 51，70，132，166
减震 30，42，61，62，63，64，65，66，67，68，94，175，177
建筑群 31
健康监测 12，15，18，19，21，22，32，50，70，96，97，98，99，100，113，117，175，177
交通工程 8，11，13，16，20，27，33，36，85，86，118
节能减排 13，21，32，39，84
结构动力学 14，17，58，131，156，157，165
结构分析 15，17，21，22，41，46，65，77，95，97，99，103，104，105，106，135，136，137，139，145，158，162，166，173
结构计算 29，86
结构抗爆 80，132，175
结构抗火 76，77，78，87，175
结构理论 9，29，86
结构试验 29，42，66，86，110，112，113
结构优化 22，23，58，81，83，119，152，161，162，166，167，168，169，171，172，173，176，177
近断层地震动 62，63，66，131
经济性 11，13，21，53，56，85，87，89，96，100

K

抗风设计 30，69，70
抗灾设计 30，32
抗震分析 35，43，62，136
抗震设计 30，37，39，46，47，62，63，64，65，67，93，136，175，176
可持续发展 2，5，6，10，11，13，14，16，18，19，20，21，22，27，38，40，50，54，60，61，84，85，86，87，89，92，93，119，121
可恢复功能结构 15，18，32，93，94，95，176
可靠度 10，11，21，42，78，93，95，98，101，102，116，121，134，137，138，139，172
可靠度优化 172
可靠性 1，5，13，14，17，18，20，22，32，51，54，64，70，71，78，85，92，98，99，101，103，108，116，119，134，135，137，138，139，144，149，172，173，174
可再生材料 21，88，89，91
空间结构 4，13，28，61，123
恐怖袭击 44，45，79，80，138
跨尺度关联 23，143，144，148，149
扩展有限元 106，151，155，165

L

离散元法 151，154，155，163，164，166
理论分析 15，41，48，60，69，70，71，102，109，111，119，130
连续倒塌 21，28，29，30，32，65，80，81，82，83，131，138
连续介质力学 41，106，133，147，150，151，163
流固耦合 22，23，30，53，56，70，73，108，140，142，143，152，154，162，163，165，166
流体力学 7，22，23，107，119，139，140，142，143，144，151，161，165
鲁棒性 15，32，99，134，138，139，

157，172，173

M

模型确认与验证　106，108
模型试验　15，35，41，42，52，53，60，65，70，82，94，110，131
模型修正　99，100，113，149

N

耐久性　1，4，11，13，15，18，21，28，29，31，32，36，85，86，87，88，89，90，91，92，95，96，97，99，100，119，121，130，175，176
拟动力试验　66，111，113

O

耦合效应　14，69，71，82，101，108，112，122，126，131，133，139

P

破坏准则　22，32，119，120，123，124，131，133

Q

气动力学　17，55，58，69，71，140，142，143，176
气候变化　2，6，10，39，70，71，85，90
强度　9，16，33，41，43，48，52，57，62，64，71，72，73，89，90，97，98，120，122，124，127，130，132，133，150，173，177
强震观测　62，65，66，97
强震作用　40，43，45，46，47，131
清洁能源　38，39，104
屈曲　9，52，88，158，165
全寿命设计　19，20，21，27，29，31，32，85，95，96，98

S

设防标准　32，41，43，95
设防烈度　4，28
设计软件　4，12，13，21，28，103，104，108
深海工程　50，51，132
生命线工程　31，78，103，117
失效破坏　67，129，149
时变特征　36
适用性　12，70，87，88，92，95，100，116，164
寿命预测　21，96，99，176
舒适性　21，36，60，85
数值仿真　22，35，41，104，107，132，155
数值模拟　12，15，21，22，30，43，46，47，52，58，60，62，66，68，70，71，82，87，96，102，103，104，105，106，107，108，109，110，111，113，114，117，124，130，131，132，133，134，135，140，141，142，146，147，151，154，157
数字化　7，10，11，12，18，19，21，22，36，102，103，104，105，106，107，108，109，117
数字化设计　12，19，22，103，104，105，106，107，108
水电　13，16，20，27，34，38，39，

40，42，43，53，60，71，75，140，177
水利水电工程 20，34，38，39，40，42，43，60，75
随机振动 17，134，135，136，175
隧道 1，7，10，13，20，34，35，71，77，80，96，98，132，142，143
损伤累积 67，93，124，143
损伤力学 16，41，121，122，124
损伤破坏 15，29，30，32，43，47，48，57，60，63，66，80，81，82，83，87，93，127，130，131，133，149
损伤识别 99，100，149

T

台风 14，15，28，32，48，50，51，59，60，68，71，75，120，130，142，144
弹塑性力学 127
土木工程 1，2，3，4，5，6，7，8，9，10，11，12，13，14，15，16，17，18，19，20，21，22，23，24，25，29，31，38，54，55，60，62，66，69，72，77，80，84，85，86，87，88，89，90，91，92，93，94，96，97，98，102，103，104，105，106，108，109，110，112，114，115，116，117，118，119，120，121，123，124，125，128，129，130，138，143，144，145，146，147，153，154，166，167，169，173，174，175，176，177，184
土木工程材料 7，21，22，85，90，91，112，119，120，121，128，146，154
拓扑优化 83，166，167，170，171，172，173，176

W

网格计算 22，114，115，116，117
网络化 19，27，34，113，114，117
稳定性 9，43，55，56，57，58，71，73，75，78，90，98，99，114，129，130，132，141，156，157，160，170，173
无网格法 22，129，151，152，153，155，158，159，160，161，163，164，165
物理模拟 31，42，71，103，109，110，111，113，130
物理实验 12，22，102，105，109，110，111，113，135

X

纤维增强复合材料 31，86，90，124，125，129
现场实测 15，22，60，68，69，70，71，74，102，104，109
辛体系 155，165
信息化 2，5，10，11，12，19，21，22，25，102，103，104，117
信息技术 11，12，18，21，33，35，62，97，98，102，107，109，113，115，152
性能设计 4，5，17，21，22，28，29，30，31，32，41，42，62，63，64，70，71，89，92，93，95，101，119
性能演化 29，31，33，35，36，42，58，75，96
虚拟技术 115

Y

延性设计 63
岩土工程 11，17，35，37，71，74，75，106，109，112，154
易损性 71，95
硬件 103，105，108，114，117，146
油气开发 49，50
有限元 16，17，22，42，46，47，70，81，103，105，106，108，109，111，114，115，129，131，135，145，147，150，151，152，153，154，155，157，158，159，160，161，162，163，164，165，168，169，171，172，176
有限元法 22，70，106，147，151，152，155，158，159，160，164，165
云计算 11，22，115，116，117

Z

灾变演化 37，46，47
灾害预警 32，74
灾害作用 4，6，31，32，45，53，58，85，91，101，123，130，133，176
振动控制 15，42，43，50，60，91，110，111，176
振动台 42，46，65，66，110，111，113，114
智能材料 12，15，24，67，89，90，91，92，97，129，133，173
智能化 2，10，11，12，19，25，107，108，117
智能算法 151，167，173
子结构试验 110，112，113
组合结构 7，10，77，87，88，123，129，146，147，175，176

致　谢

在“土木工程与工程力学学科发展战略研究”项目的研讨、报告撰写和修改过程中，得到了我国相关领域的一批院士、专家的鼎力支持和帮助。他们在研讨会上提出了宝贵、中肯的意见与建议，参加了有关报告内容的撰写、修改和审阅工作，对提高研究报告的质量做出了重要贡献。

对本项目提供支持和帮助的院士、专家名单如下（按照拼音排序），我们谨致诚恳的谢意。

白以龙院士、陈祖煜院士、崔俊芝院士、方岱宁院士、胡海岩院士、胡文瑞院士、赖远明院士、林皋院士、聂建国院士、欧进萍院士、钱七虎院士、沈祖炎院士、宋振骐院士、王光谦院士、伍小平院士、项海帆院士、于起峰院士、翟婉明院士、张楚汉院士、钟万勰院士、朱位秋院士；陈飚松教授、陈国兴教授、陈健云教授、崔维成教授、段庆林副教授、杜修力教授、冯夏庭教授、范峰教授、方秦教授、高强副教授、郭旭教授、何政教授、季顺迎教授、亢战教授、孔宪京教授、李宏男教授、李杰教授、李世海教授、李锡夔教授、李忠献教授、林家浩教授、刘晶波教授、吕西林教授、钱稼茹教授、茹继平研究员、滕斌教授、严登华研究员、叶如棠教授、伊廷华教授、袁勇教授、詹世革研究员、张洪武教授、赵振东教授、庄茁教授、宗智教授等。

程耿东

大连理工大学

2016 年 6 月